CB122961

A Casa de Morada de Família no Processo Insolvencial de Pessoa Singular

A Casa de Morada de Família no Processo Insolvencial de Pessoa Singular

2023

Letícia Marques Costa
Sara Sousa Passos

ALMEDINA

A CASA DE MORADA DE FAMÍLIA
NO PROCESSO INSOLVENCIAL
DE PESSOA SINGULAR

AUTORAS
Letícia Marques Costa
Sara Sousa Passos

EDITOR
EDIÇÕES ALMEDINA, S.A.
Avenida Emídio Navarro, 81, 3D
3000-151 Coimbra
Tel.: 239 851 904 • Fax: 239 851 901
www.almedina.net • editora@almedina.net

DESIGN DE CAPA
FBA

PRÉ-IMPRESSÃO
EDIÇÕES ALMEDINA, S.A.

IMPRESSÃO E ACABAMENTO

Abril, 2023

ISBN
978-989-40-1140-8.

DEPÓSITO LEGAL

ALMEDINA | GRUPOALMEDINA

A presente obra corresponde, grosso modo, à Dissertação de Mestrado em Direito com especialização em Ciências Jurídico-Empresariais, de Sara Sousa Passos, levada a cabo no ano de 2021, orientada e aprimorada pela Professora Doutora Letícia Marques Costa, e apresentada a provas públicas em julho de 2021, na Faculdade de Direito e de Ciência Política da Universidade Lusófona do Porto, com a designação "*O Papel da Casa de Morada de Família no seio do Processo Insolvencial de Pessoa Singular*".

Por opção, manteve-se a sua versão original, apenas com uma ou outra modificação decorrente das alterações legislativas ocorridas entretanto.

À minha mãe Rosa, a minha primeira "casa"
e lar de todas as horas para sempre.

Letícia Marques Costa

À minha mãe Carminho e ao meu pai Delfim,
os primeiros e eternos amores da minha vida.

Sara Sousa Passos

RESUMO

Enquanto meio apto para a concretização do direito fundamental à habitação condigna, consagrado internacional e constitucionalmente em nome do princípio da dignidade da pessoa humana, mostra-se necessário efetuar uma análise da relevância da casa de morada de família e a exploração das caraterísticas que a definem. Tendo em conta que este é um bem com especial importância, reconhece-se a proteção que lhe é atualmente conferida no ordenamento jurídico português e, consequentemente, à respetiva família que nela reside. O problema coloca-se quando, no âmbito do processo de insolvência, a casa de morada de família é afetada, seja ela arrendada ou própria do devedor (enquanto pessoa singular), o que pode trazer consequências nefastas para a vida da sua família que ali também habita. Desta forma, é fundamental averiguar quais os mecanismos que a lei portuguesa dispõe atualmente para que não ocorra este prejuízo. Em oposição a esta, confrontamos a proteção conferida à casa de morada de família noutros ordenamentos jurídicos com os mecanismos que a lei portuguesa atualmente dispõe e aqueles que irá introduzir brevemente para proteção do devedor e da sua família, sem prejudicar injustamente os credores e a satisfação dos seus direitos de crédito.

Palavras-chave: insolvência de pessoa singular; casa de morada de família; direito à habitação condigna; sobreendividamento das famílias; credor hipotecário.

ABSTRACT

As a suitable mean for the realization of the fundamental right to adequate housing, internationally and constitutionally enshrined in the name of the principle of human dignity, it is necessary to analyze the relevance of the homestead and the characteristics that define it. Bearing in mind that this is an asset with special importance, it is recognized the protection that is currently granted in the portuguese legal system and, consequently, to the respective family that resides in it. The problem arises when, as part of the insolvency proceedings, the homestead is affected, whether rented or owned by the debtor (as natural person), which can have harmful consequences for the life of his family who also live there. Thus, it is essential to find out what mechanisms portuguese law currently has, so that this damage does not occur. Opposing this, we confront the protection afforded to the homestead in other legal systems and try to explore a proposal to be adopted in Portugal that allows to protect the debtor and his family, without unfairly harming creditors and the satisfaction of their credit rights.

Keywords: bankruptcy of natural person; homestead; right to adequate housing; household over-indebtedness; hypothecary creditor.

ABREVIATURAS E SIGLAS

A. / AA.	Autor(a) / Autores(as)
AAVV	Autores vários
Ac.	Acórdão
al. / als.	alínea / alíneas
ALP	Associação Lisbonense de Proprietários
ANP	Associação Nacional de Proprietários
art. / arts.	artigo / artigos
ATA	Autoridade Tributária e Aduaneira
CC	Código Civil
CDFUE	Carta dos Direitos Fundamentais da União Europeia
Cfr.	Confrontar
CIRE	Código da Insolvência e da Recuperação de Empresas
CMVM	Comissão de Mercado de Valores Mobiliários
Cons.	Conselheiro(a)
coord.	coordenação
CP	Código Penal
CPC	Código de Processo Civil
CPEREF	Código dos Processos Especiais de Recuperação da Empresa e de Falência
CPPT	Código de Procedimento e de Processo Tributário
CRP	Constituição da República Portuguesa
CT	Código do Trabalho
DECO	Associação Portuguesa para a Defesa do Consumidor
DL	Decreto-Lei
DUDH	Declaração Universal dos Direitos Humanos
EAJ	Estatuto do Administrador Judicial

ed.	edição
FIIAH	Fundo de Investimento Imobiliário para Arrendamento Habitacional
IHRU	Instituto da Habitação e Reabilitação Urbana
IMT	Imposto Municipal sobre Transmissões Onerosas de Imóveis
INE	Instituto Nacional de Estatística
InsO	*Insolvenzordnung*
IRN	Instituto dos Registos e do Notariado
IRS	Imposto sobre o Rendimento das Pessoas Singulares
liv.	livro
LUF	Lei da Protecção das Uniões de Facto
n.º	número
n.ºs	números
NRAU	Novo Regime do Arrendamento Urbano
ob. cit.	obra citada
OCDE	Organização para a Cooperação e Desenvolvimento Económico
p. ex.	por exemplo
p. / pp.	página / páginas
PARI	Plano de Ação para o Risco de Incumprimento
PERSI	Procedimento Extrajudicial de Regularização de Situações de Incumprimento
PIDESC	Pacto Internacional dos Direitos Económicos, Sociais e Culturais das Nações Unidas
Proc.	Processo
REX	Regime Extraordinário de Proteção dos Devedores de Crédito à Habitação
Séc.	Século
ss.	seguintes
STJ	Supremo Tribunal de Justiça
tit.	título
v.g.	*verbi gratia*
Vol.	Volume
vs.	*versus*

Introdução

Enquanto bem de significativa importância para a estabilidade, para o desenvolvimento e para a realização pessoal do indivíduo que integra uma sociedade que se espera organizada, a casa assume ainda mais relevo quando serve de morada de família. Assim, não só permite a concretização do direito fundamental à habitação de cada um dos membros daquele agregado familiar[1], em nome do princípio da dignidade humana, como serve de meio para a proteção daquele grupo 'família'.

Mostra-se fundamental analisar quais as características que definem este conceito e que poderão ser essenciais para a qualificação de um bem como casa de morada de família e, por isso, revestido de especial importância. Ciente desta, o legislador português postulou medidas de proteção para aquela no Código Civil para certas vicissitudes surgidas na pendência do matrimónio, na hipótese de divórcio ou separação de pessoas e bens e no caso de falecimento de um dos cônjuges. Adicionalmente, existem algumas medidas relevantes presentes na Lei Processual Civil e no Código de Procedimento e de Processo Tributário.

Atendendo ao facto de que muitas famílias necessitam de recorrer à concessão do crédito à habitação para conseguirem adquirir ou construir a sua própria casa de morada de família própria, de forma a atenuar as consequências do incumprimento do mesmo face à situação de sobreendividamento destas famílias, foram promulgados sucessivos diplomas que analisaremos.

[1] Art. 65.º da Constituição da República Portuguesa (CRP).

Tendo em conta a situação epidemiológica relativa à pandemia da Covid-19 provocada pelo vírus SARS-COV-2 e à consequente obrigação de recolher obrigatório no domicílio, a habitação mostrou-se ainda mais indispensável, e, por isso, foi necessário implementar medidas protetoras do devedor e a sua família.

O ponto fulcral deste estudo passa pela análise e ponderação dos efeitos da declaração de insolvência na casa de morada de família. E, enquanto o legislador insolvencial previa um regime excecional para o caso do arrendamento habitacional quando está em causa a insolvência do devedor-inquilino, até à data nada previu para o caso de estar em causa, de forma especial, o bem casa de morada de família própria do insolvente e que é apreendido para a massa insolvente, com risco de ser liquidado como qualquer outro bem do devedor. As únicas hipóteses previstas no Código da Insolvência e da Recuperação de Empresas (CIRE) para a salvaguarda do património do devedor não estavam especialmente adequadas ao valor envolvido quando se tratava de uma casa de família e, por isso, demonstraram-se inúteis para tal. E é aqui que, na prática, pode residir o grande problema.

Estudaremos a proteção que outros ordenamentos jurídicos oferecem a este bem e refletiremos, junto das propostas apresentadas por alguns Autores, quanto a uma possível solução a adotar no âmbito do nosso sistema legal, em nome de uma maior tutela deste bem tão importante.

Capítulo I
A Casa de Morada de Família

1.1. O lar: a família e a casa

Após o seu nascimento e ao ver-se obrigado a abandonar o seu primeiro abrigo natural, o ventre que o acolhe, a casa onde o ser humano se desenvolve tanto a nível pessoal como a nível social é um espaço físico de extrema importância. Contudo, não se pode olhar apenas para a casa como um conjunto de blocos e cimento, como um bem despido do conforto e da afetividade emocional das pessoas que nela habitam. Tal lugar representa para alguém e para a sua família um íntimo e aconchegante lar. Para este e para aqueles, a casa não é apenas mais um mero bem existente no sistema jurídico, nem pode ser vista como tal. Apesar de não se poder, obviamente, menosprezar o seu valor patrimonial enquanto bem jurídico-económico e tendo em conta que este pode ser um dos únicos bens de considerável valor patrimonial de uma família, a casa tem sobretudo um valor extrapatrimonial e constitucionalmente reconhecido no art. 65.º da Constituição da República Portuguesa (doravante, CRP).

Assim, esta importante dimensão pessoal sobrepõe-se valorativamente à dimensão patrimonial da casa, o que faz com que esta adquira, por isso, ainda maior relevância quando habitada por uma família. E quem fala de família *"fala de amor, pois a família é uma sede privilegiada do dar, do ser para os outros e para com os outros"*[2].

[2] Campos, Diogo Leite de (2004). Eu-tu: o amor e a família (e a comunidade) (eu-tu-eles). *In* AAVV, *Comemorações dos 35 anos do Código Civil e dos 25 anos da Reforma de 1977* (Vol. I, pp. 41-ss). Coimbra: Coimbra Editora, p.41.

Muito embora se trate de um espaço físico e individual que serve *"de base de vida"*[3] e de desenvolvimento particular de cada sujeito, a casa pode ser ainda um espaço comum do grupo íntimo e familiar que nela habita, sendo este espaço crucial para o desenvolvimento de relações entre os membros da família deste grupo e para a realização pessoal de cada um daqueles enquanto pessoa[4]. Este é, por isso, um meio útil que permite assegurar, por excelência, o mínimo necessário à existência e sobrevivência da família enquanto instituição por forma a equilibrarem-se a estabilidade desta e os direitos dos seus membros particulares.

O conceito legal de família parece ser juridicamente exigente de propor, não tendo sequer sido conseguido pelo próprio – "diploma tipicamente definidor de conceitos" – Código Civil no seu Livro IV, talvez pela *"dificuldade do recorte da própria instituição familiar"*[5]. Entre nós temos que, apesar disto, e contrariamente a outros conceitos que tratam uma realidade estática, a "culpa" desta ausência poderá assentar ainda na permeabilidade do Direito da Família enquanto complexo de normas jurídicas que obriga a transformações da ideia deste conceito. Algumas das alterações vivenciadas pela sociedade e claramente influenciadoras para uma mudança do sistema jurídico e legislativo[6/7], ocorridas principalmente na Europa e América do Norte, dão-se *"muitas vezes ao arrepio do sentimento social"*[8]. Até porque o Direito da Família parece estabelecer uma regulação sobre as relações existentes entre pessoas e os seus bens, baseada

[3] Cid, Nuno de Salter (1996). *A protecção da casa de morada da família no Direito Português.* Coimbra: Almedina, p.27.

[4] Paumier-Bianco, Madalena Sofia (1992). *Família e imposto – A tributação da casa de morada de família*, Coimbra: Coimbra Editora, p.8.

[5] Pinheiro, Jorge Duarte (2013). *O Direito da família contemporâneo – Lições* (4.ª ed.). Lisboa: AAFDL, p.33.

[6] Uma das principais características do Direito da Família. Cfr. Pinheiro, J. D. *O Direito da Família contemporâneo – Lições, ob. cit.*, p.81.

[7] *v.g.* o divórcio permitido com a Lei do Divórcio (Decreto de 3 de novembro de 1910) tornou-se uma vicissitude "normal" no seio familiar; a proteção legal da união de facto com a Lei n.º 135/99, de 28 de agosto.

[8] Campos, Diogo Leite de (2005). *Lições de Direito da Família e das Sucessões* (2.ª ed.). Coimbra: Almedina, p.132.

mais na moral e na religião do que, propriamente, na realidade existente no sistema em causa.

Por isso, a análise deste conceito terá sempre de ser feita tendo em conta o panorama social, económico e ideológico do país onde se insere. Contudo, hoje, em Portugal, a extensão da família é bem menor do que já foi, presenciando-se uma grande queda na sua dimensão sendo esta mais pequena comparativamente a anos anteriores, o que contrasta com o crescimento do número de casais sem filhos e dos nascidos fora de um matrimónio, assim como das famílias monoparentais e da construção de famílias no seio da estabilidade proporcionada por uma união de facto[9].

Como é natural da própria evolução da sociedade, as alterações mais significativas provocam o aparecimento de novas realidades sociais e jurídicas. Aquilo que não se pode negar, independentemente do período temporal e do contexto espacial, é o facto de a família ser um elemento inerente a todo e qualquer ser humano, mais antigo que a própria ideia de Estado e, consequentemente, do direito escrito. A essencialidade deste elemento da sociedade é reconhecida internacionalmente pela Declaração Universal dos Direitos Humanos (art. 16.º, n.º 3), pelo Pacto Internacional sobre os Direitos Civis e Políticos (art. 23.º, n.º 1), pelo Pacto Internacional sobre os Direitos Económicos, Sociais e Culturais (art. 10.º, n.º 1) e pela Carta dos Direitos Fundamentais da União Europeia (art. 7.º e art. 33.º).

Neste sentido, tem também proteção nacional imposta pela lei fundamental portuguesa na parte I (*Direitos e Deveres Fundamentais*), Título III (*Direitos e deveres económicos, sociais e culturais*), Capítulo III (*Direitos e deveres sociais*), no art. 67.º[10] da CRP. É esta essencialidade da família na sociedade que legitima a intervenção do Estado que por lhe garantir proteção também não pode permitir a quebra da sua ordem e unidade, pois

[9] INE (2014), *Dia internacional da família – Famílias em Portugal*, disponível em https://www.ine.pt/xportal/xmain?xpid=INE&xpgid=ine_destaques&DESTAQUESdest_boui=216875336&DESTAQUESmodo=2&xlang=pt.

[10] Na versão inicial de 1976 tal preceito dispunha apenas que o *"Estado reconhece a constituição da família e assegura a sua proteção..."*. Aquando da revisão constitucional de 1982, o legislador constitucional fez questão de reforçar a ideia de que a família é um *"elemento fundamental da sociedade"* e chamou a atenção para a *"realização pessoal dos seus membros"*.

é esta estabilidade protegida que, por outro lado, propicia à realização pessoal de cada um dos seus membros.

Apesar do Estado garantir esta proteção, cabe-lhe a si[11] e ainda à sociedade a efetivação da mesma, exemplificando-se no n.º 2 do mesmo preceito algumas formas de ação com vista a proteger a família, enquanto pilar fundamental da sociedade. Contudo, quer o Estado quer a sociedade devem proteger a família também por omissão: não poderão ser praticados atos que ponham em causa a estabilidade desta última.

De notar que o mencionado artigo 67.º da CRP é só o ponto de partida desta proteção. Existem outros preceitos constitucionais com vista a complementá-la, *v.g.* artigos 68.º, n.º 1 e n.º 2; 36.º, n.º 5; 69.º, n.º 1; 70.º, *etc.*

E o facto de a família ser merecedora de proteção é independente do facto de a lei considerar que o grupo de pessoas que se interligam por relações familiares não constitui, em si próprio, uma pessoa jurídica[12] (nomeadamente coletiva) e, consequentemente, não lhe conceder personalidade jurídica. Apesar disto, a lei não nega à instituição família a garantia da sua proteção pelo Estado e pela sociedade. Mas note-se: embora se veja legalmente protegido o *"bem da família"*[13] e o *"interesse da família"*[14] estas expressões não significam a proteção de um *"interesse jurídico autónomo de uma entidade coletiva"*[15] e nem trata dos interesses pessoais de cada membro, esses já diferenciados na lei. No fundo, *«o "bem da família" resulta do somatório do bem de cada um dos seus membros, da felicidade que o agregado familiar pode proporcionar a cada um»*[16].

Aquilo que com a proteção da família se consegue é tentar assegurar a prossecução dos interesses próprios e pessoais dos seus membros no seio desta íntima comunidade que, simultaneamente, se tem de revelar

[11] Exemplificativamente podemos mostrar reflexos desta incumbência na Lei n.º 3/84, de 24 de março cujo diploma é todo pensado na proteção da família.

[12] Coelho, Francisco Pereira, & Oliveira, Guilherme (2008). *Curso de Direito da Família – Introdução ao Direito Matrimonial* (4.ª ed., Vol. I). Coimbra: Coimbra Editora, p.33; Pinheiro, J. D. *O Direito da Família contemporâneo – Lições, ob. cit.*, p.33.

[13] Cfr. art. 1671.º, n.º 2 do CC.

[14] Cfr. art. 1677.º-C, n.º 1 do CC.

[15] Pinheiro, J. D. *O Direito da Família contemporâneo – Lições, ob. cit.*, p.34.

[16] Oliveira, Guilherme (2001). *Sobre a verdade e a ficção no direito da família. In* AAVV, *Temas de Direito da Família* (2.ª ed.). Coimbra: Coimbra Editora, p.9.

um meio apto para a realização pessoal de cada um daqueles[17]. No fundo, é proporcionar a estabilidade necessária que permita as conquistas individuais de cada membro da família. Por isso, pode-se dizer que os direitos e interesses protegidos pela lei não se dirigem ao grupo família, em si, enquanto pessoa. Ao analisarmos atentamente, deles beneficiarão os seus membros. A realização pessoal e individual de cada um destes tem de partir de início do bem-estar existente no agregado familiar onde este se insira.

A instituição familiar tem as suas próprias regras intimistas e enraizadas pela força da tradição e da cultura que formam uma espécie de ordenação íntima que dificilmente se vê invadida pela lei familiar codificada e pela força do Estado. Quando esta intervenção se mostra necessária, as normas de Direito da Família aplicáveis são maioritariamente imperativas e coexistem com um grupo de normas dispositivas (estas embora apenas para o tocante a certos aspetos unicamente patrimoniais).

Quanto ao conceito legal de "família"[18], apesar da inexistência do mesmo, a doutrina[19/20/21] tem-se apoiado no Código Civil para conseguir dele extrair uma ideia jurídica. Autores estes que, seguindo o mesmo entendimento de Jorge Pinheiro[22], consideram que, através deste

[17] Campos, D. L. *Lições de Direito da Família e das Sucessões, ob. cit*, p.19.

[18] A palavra família parece ter surgido diretamente do vocábulo *famelia* que significa *"conjunto de filhos, servos e demais elementos que viviam sob a chefia e proteção de um mesmo pater"* que, por sua vez, derivou do vocábulo *faama* resultado da troca, nos dialetos latinos, do *dh* da palavra *dhaman* (em sânscrito, casa) pelo *f*. Assim, pode concluir-se que *"[e]xiste ligação muito estreita, até proverbial, entre família e moradia. O ideal seria que esta não faltasse àquela."* Cfr. Credie, Ricardo Arcoverde. (2009). *Bem de família – Teoria e prática* (3.ª ed.). São Paulo: Editora Saraiva, p. 13; É, por isto, muito fácil ver ambas as palavras confundirem-se no seio da palavra *"lar"*.

[19] *"À família de uma pessoa pertencem, pois, não só o seu cônjuge como ainda os seus parentes, afins, adoptantes e adoptados: este conceito assim tão lato é que corresponde à noção jurídica de família"*. Cfr. Coelho, F. P., & Oliveira, G. *Curso de Direito da Família – Introdução ao Direito Matrimonial* (4.ª ed., Vol. I) *ob. cit.*, p.31.

[20] Campos, D. L. *Lições de Direito da Família e das Sucessões, ob. cit*, p.19.

[21] *«E família é "o conjunto das pessoas unidas por vínculos emergentes do casamento, do parentesco, da afinidade e da adopção"»;* Cfr. CID, N. S. *A protecção da casa de morada da família no Direito Português, ob. cit.*, p.428.

[22] Pinheiro, J. D. *O Direito da Família contemporâneo – Lições, ob. cit.*, pp.32-33.

diploma, é possível entender a família *"como o grupo de pessoas unidas entre si por qualquer uma das relações jurídicas familiares que se extraem do art. 1576.º"*. Mota Pinto[23] chama a atenção para o facto de este preceito atribuir uma noção ampla ao conceito de família. A verdade é que, de uma forma geral e maioritária, a família que intimamente coabita é, desde o século XIX[24], praticamente apenas a pequena família, a família nuclear ou conjugal[25] (cônjuges e filhos). O problema coloca-se quando novas realidades[26] conquistam cada vez mais espaço na sociedade às quais o Direito da Família necessita de se mostrar sensível: como aquelas que partindo de relações tidas como não familiares dão lugar a laços juridicamente familiares, *v.g.* filhos gerados de uma relação ocasional. Apesar de, neste caso, o "casal" não ser juridicamente "família", a relação que existe entre cada um destes e o seu descendente direto é indubitavelmente uma relação familiar de parentesco. Uma outra forma de criar uma família parece ser a união de facto ainda que esta seja entendida por si só enquanto relação, pela maioria da doutrina portuguesa, como uma relação não familiar[27]. Independentemente desta qualificação, a relação existente entre os unidos de facto e possíveis descendentes é também uma relação familiar de parentesco.

Outro modelo familiar cada vez mais presente é o da monoparentalidade. Apesar de não haver dúvidas do carácter familiar originado pela relação de parentesco existente, esta realidade contraria a ideia da "pequena família" conjugal. A pequeníssima família aqui presente não pode, contudo, perder a sua qualificação enquanto tal só por ter menor extensão que outras. E, hoje em dia, estas novas realidades podem justi-

[23] Pinto, Carlos Alberto da Mota (2005). *Teoria geral do Direito* Civil (4.ª ed.). Coimbra Editora, Coimbra, pp.162-163.

[24] Coelho, F. P., & Oliveira, G. *Curso de Direito da Família – Introdução ao Direito Matrimonial* (4.ª ed., Vol. I) *ob. cit.*, p.101.

[25] Oliveira, Guilherme (2001). Observações sobre os regimes de bens. *In* AAVV, *Temas de Direito da Família* (2.ª ed.), Coimbra: Coimbra Editora, p.281.

[26] Pereira Coelho & Guilherme Oliveira demonstram ter plena consciência de que a noção de família que consideram proposta pelo legislador civil não corresponde à "realidade social". Cfr. Coelho, F. P., & Oliveira, G. *Curso de Direito da Família – Introdução ao Direito Matrimonial* (4.ª ed., Vol. I) *ob. cit.*, p. p.33.

[27] *Vide* ponto 1.2.2.5.

ficar-se pela, cada vez mais, independência da família a nível produtivo e, sobretudo, a nível económico que cada membro deste grupo consegue adquirir[28]. Posto isto, é necessário o devido cuidado com a análise das realidades familiares existentes que se possam ver afetadas com qualquer decisão legislativa ou judicial.

A família representa o centro de todo o desenvolvimento de um cidadão que é parte integrante numa sociedade. *«Sem família – sem os "outros", sem todos os outros – o ser humano não consegue deixar de ser um bárbaro, um ser que não fala, só balbucia, nunca chegando a ser humano»*[29]. Então, pode dizer-se que a família é amplamente responsável pela inclusão na comunidade de um cidadão realizado e desenvolvido, enquanto sobre o Estado recai outra responsabilidade: a obrigação de a proteger, de forma a mantê-la resguardada de perigos e ameaças exteriores para que tal função familiar seja executada. É inegável que, de entre outras funções, a família é insubstituível na tarefa de transmissão de regras comportamentais assim como para a conformação de valores absolutamente fundamentais para a convivência social e a estabilidade da sociedade. Como dizem Pereira Coelho & Guilherme Oliveira, a família *«é responsável pelo "segundo nascimento" do homem depois do seu "primeiro nascimento" como indivíduo físico»*[30]. Tendo em conta esta importância, é determinante a existência de um espaço físico que permita a realização pessoal de cada familiar e, por conseguinte, a solidez e o equilíbrio desejados no seio de uma família que se une e se interajuda nas conquistas individuais de cada um dos membros. *"A família, como agregado de indivíduos, só se realiza como família, como unidade, se possuir um espaço"*[31]. Este espaço, manifestador da vontade de criação de uma família, tem de ser entendido não só como crucial para a convivência familiar, mas também como espaço individual essencial para a intimidade de cada um dos membros com consequências visíveis numa parte do seu desenvolvimento individual e pessoal. Daí que proteger esta

[28] Campos, D. L. *Lições de Direito da Família e das Sucessões, ob. cit*, p.65.

[29] Campos, D. L. Eu-tu: o amor e a família (e a comunidade) (eu-tu-eles). *In ob. cit.*, p.41

[30] Coelho, F. P., & Oliveira, G. *Curso de Direito da Família – Introdução ao Direito Matrimonial* (4.ª ed., Vol. I) *ob. cit.*, p.101.

[31] Paumier-Bianco, M. *Família e imposto – A tributação da casa de morada de família, ob. cit.*, p.10.

necessidade básica e essencial de sobrevivência do ser humano habitar uma casa é proteger a estabilidade de um indivíduo que, para além de integrar uma família consequentemente também integra uma sociedade que se espera ordeira. Deve, por isso, ter-se em conta que tal proteção satisfaz não só o interesse individual como o interesse familiar, mas também o interesse social na medida em que permite a preservação e estabilidade desta mesma sociedade. Em suma, *"[p]reserva-se a sociedade ao se proteger o grupo familiar mediante o bem de família"*[32].

Neste sentido, uma outra tarefa do Estado na promoção da proteção da família é ainda assegurar o direito à habitação, constitucionalmente protegido pelo art. 65.º da CRP. E este preceito enfatiza as duas preocupações acabadas de mencionar: o legislador constitucional teve o cuidado de atribuir e proteger o direito à habitação para cada um mas também para a família[33].

Após acabarmos de ver o quanto a estabilidade da família é relevante individual e socialmente, veremos que importância jurídica é dada a temas que lhe interessam como a imprescindível proteção da sua casa de morada de família enquanto espaço físico comum e individual que permita a realização das aspirações pessoais de cada pessoa do agregado, sobretudo a nível do processo insolvencial de pessoa singular[34]. Pois, se a família é amor, a casa desta é um inegável lugar de amor por excelência, pelo que existe a necessidade de se proteger o valor da família em detrimento de qualquer valor patrimonial.

1.2. A casa de morada de família

1.2.1. Enquadramento

Até 2019 não existia uma única definição legal para o conceito de "casa de morada de família"[35]. O próprio legislador constitucional eximiu-se

[32] Credie, R. A. *Bem de família – Teoria e prática, ob. cit.*, p. 4.

[33] Cfr. art. 65.º, n.º 1: *"Todos têm direito, para si e para a sua família, a uma habitação..."*.

[34] A casa de morada de família é de tal ordem importante que é circunstância agravante do crime de violência doméstica quando praticado no seu interior, conforme artigo 152.º, n.º 2 do Código Penal. Cfr. Acórdão do Supremo Tribunal de Justiça, de 25-09-2019, (Vinício Ribeiro), Proc. n.º 150/17.4JASTB.L1.S1, disponível em www.dgsi.pt.

[35] Sob inspiração da lei francesa *"Loy du bien de famille"* de 12 de julho de 1909, Portugal

de o fazer no art. 65.º da CRP. Apesar de se tratar de uma compilação de preceitos já imponente, o Código Civil de 1966 na sua redação inicial, não apresentava também nenhuma menção à expressão "casa de morada de família". Contudo, já outras expressões que podiam dizer respeito ao mesmo tema eram anteriormente utilizadas pelo legislador, como "residência habitual comum"[36]. A utilização de expressões como "residência conjugal" (art. 53.º n.º 2), "residência da família" (art. 85.º n.º 1 e art. 1673.º) e "casa de morada de família" (nos artigos 1682.º-A, n.º 2, 1682.º-B, 1775.º, 1793.º, 2103.º-A e 2103.º-B)[37] só aconteceu onze anos depois da promulgação do Código Civil de 1966 com a Reforma de 1977[38] que, de forma a adaptar tal diploma às alterações efetuadas pela Constituição da República Portuguesa de 1976[39], permitiu a introdução de uma pequena quantidade de preceitos para acautelar e resolver um pequeno grupo de certos diferendos.

Claro é que a maior preocupação foi, desde sempre, a aplicação prática da proteção da habitação em detrimento de toda e qualquer definição conceitual escrita no papel. Até porque, na realidade, nunca será a lei a alojar uma família e sim os efetivos lares habitacionais, essenciais à satisfação das necessidades mais básicas do ser humano enquanto pessoa individual e inserido numa coletividade familiar

Contudo, tendo em conta a importância que uma definição legal poderia comportar para se aferir do sentido e alcance do conceito em estudo, de forma a se balizar a proteção que lhe é conferida pelo regime legal

regulamentou esta matéria, pela primeira vez, no Decreto n.º 7003 de 16 de outubro de 1920 sob a denominação do instituto "casal de família" (complementado pelo Decreto n.º 7034 da mesma data) que foi reformulado posteriormente pelo Decreto n.º 18511, de 3 de julho de 1930. Este "casal de família" teria como objeto a casa que servisse de habitação ao titular/instituidor e à sua família e podia abranger terrenos de cultivo ou dependências anexas necessárias ao exercício da sua atividade da qual beneficiava aquela família (artigo 2.º). Cfr. Azevedo, Álvaro Villaça. (2010). *Bem de família – Com comentários à Lei 8.009/90* (6.ª ed.). São Paulo: Atlas, pp.50-51.

[36] Cfr. p.ex.: artigos 52.º, n.º 2; 56.º, n.º 2; 57.º, n.º 1 e 60.º, n.º 2 do CC.

[37] Atualmente ainda nos artigos 1105.º e 1106.º com a redação dada pela Lei n.º 6/2006, de 27 de fevereiro (NRAU) e no artigo 1707.º-A, n.º 3 aditado pela Lei n.º 48/2018, de 14 de agosto.

[38] Decreto-Lei n.º 496/77, de 25 de novembro.

[39] Cfr. artigo 293.º, n.º 1 ao qual corresponde o atual artigo 290.º, n.º 2.

existente (e a eventual ou necessária a conferir), o legislador português estabeleceu no n.º 3, do art. 10.º, da Lei n.º 83/2019, de 3 de setembro[40] (doravante Lei de Bases da Habitação) que *"A casa de morada de família é aquela onde, de forma permanente, estável e duradoura, se encontra sediado o centro da vida familiar dos cônjuges ou unidos de facto"*. É interessante que esta definição legal parece ter sido inspirada naquela que a jurisprudência, já antes da entrada em vigor deste diploma, seguiu[41].

1.2.2. Características inerentes

Independentemente da existência de um primeiro e muito básico conceito jurídico plasmado legalmente, existem algumas coordenadas características de que nos podemos socorrer para qualificarmos um bem como casa de morada de família.

1.2.2.1. Titularidade

Talvez um dos distintivos mais essenciais seja a necessidade indubitável de que algum dos membros daquele agregado familiar possua a titularidade de um qualquer direito[42] que lhe permita, a si e à sua família, habitar aquele local[43]. Na generalidade dos casos falamos num direito de propriedade ou num direito de arrendamento, na medida em que tanto a casa própria como o imóvel arrendado que serve de morada para o arrendatário e a sua família, podem vir a ser qualificados como casa de morada de

[40] Que entrou em vigor a 1 de outubro de 2019.

[41] *"A casa de morada de família é aquela onde de forma permanente, estável e duradoura, se encontra sediado o centro da vida familiar dos cônjuges (ou unidos de facto), conforme resulta do disposto no art.º 1672.º do CC, e mantém a sua relevância mesmo após a dissolução do casamento ou união de facto."* Cfr. Acórdão do Tribunal da Relação de Coimbra, de 20-06-2017, (Maria Domingas Simões), Proc. n.º 1747/14.0T8LRA.C1, disponível em www.dgsi.pt.

[42] Apesar de o legislador brasileiro ter referido no art. 1.º da Lei n.º 8.009/90 apenas *"[o] imóvel residencial próprio do casal, ou da entidade familiar"* como impenhorável, a jurisprudência entendeu que o bem de família pode ser composto por imóvel não titulado pela família. Como tal, não são penhoráveis os direitos possessórios de quem nela resida a título meramente possessório. É o caso do imóvel residência propriedade da empresa executada que serviu de residência à família que ocupava aquele bem e que o Supremo Tribunal de Justiça do Brasil entendeu como igualmente impenhorável. Cfr. REsp 949.499/RSS, rel. Min. Paulo Galotti, 4.ª T., j. 05-08-2008.

[43] CID, N. S. *A protecção da casa de morada da família no Direito Português, ob. cit.*, pp.53-54.

família[44]. Contudo, noutras situações podem existir contratos de outro tipo, como o comodato[45] que permita à família o gozo daquela casa, assim como a titularidade de outro qualquer direito real de gozo como os direitos de usufruto[46] ou de uso e habitação[47/48].

No entanto, X que meramente habita com a sua família na casa dos seus pais não tem, para os efeitos e por si só, título de propriedade sobre aquela residência. Ainda que aquele seja o seu domicílio legal (e o da sua família) aquela é a casa de morada de família propriedade dos seus pais, e não sua.

Contudo, este título pode não ser suficiente para aquela habitação ser qualificada como uma casa de morada de família, na medida em que existem mais características essenciais que necessitam de se verificar.

1.2.2.2. Objeto "casa de morada de família": bem imóvel ou bem móvel

Enquanto no ordenamento jurídico brasileiro o denominado "bem de família" diz respeito a um direito, a uma imunidade a atos de apreensão

[44] Já assim era com o "casal de família" estabelecido no Decreto n.º 7033, de 16 de outubro de 1920 (reformulado em 1930) no seu artigo 8.º (*"Só podem fazer parte de um casal de família bens imobiliários que pertençam ao instituidor..."*) e no seu artigo 9.º (*"Não é necessário consentimento do senhorio directo para instituir um casal de família num prédio emprazado ..."*).

[45] Nomeadamente pode ser celebrado o acordo sobre a atribuição da casa de morada de família no caso de divórcio, tal como se esta casa fosse arrendada, nos termos dos artigos 1105.º do CC e 4.º da Lei n.º 7/2001, de 11 de maio e sem necessidade do consentimento do comodante. Cfr. Acórdão do Supremo Tribunal de Justiça, de 05-06-2018, (Olindo Geraldes), Proc. n.º 1281/13.5TBTMR.E1.S1, disponível em www.dgsi.pt.

[46] Cfr. Acórdão do Tribunal da Relação de Lisboa, de 06-04-2017, (Ondina Carmo Alves), Proc. n.º 29/16.7T8PST.L1-2, disponível em www.dgsi.pt.

[47] CID, N. S. *A protecção da casa de morada da família no Direito Português, ob. cit.*, ponto 2, p. 56.

[48] *"Com a atribuição da casa de família, no processo de divórcio, a favor de um dos cônjuges, está-se a constituir um direito de utilização de habitação a favor desse cônjuge, o que difere do mero empréstimo resultante de um contrato de comodato."*, Cfr. Acórdão do Tribunal da Relação de Évora, de 16-12-2010, (Silva Rato), Proc. n.º 1743/09.9TBCTX, disponível em www.dgsi.pt; *"É que a lei é clara: o direito de uso e habitação é reconhecido em função das necessidades do titular e da sua família."* Cfr. Acórdão do Supremo Tribunal de Justiça, de 05-02-2019, (Fátima Gomes), Proc. n.º 122/16.6 T8FAR.E1.S1, disponível em www.dgsi.pt.

judicial e não diretamente ao bem-objeto que abriga a família e sobre o qual incide[49/50], no nosso ordenamento jurídico parece não ser possível dizer o mesmo. Ainda que o Decreto n.º 7033 de 16 de outubro de 1920 reformulado pelo Decreto n.º 18551, de 3 de Julho de 1930 (ambos altamente ultrapassados[51/52]) estabelecesse a impenhorabilidade do "casal de família" que podia ter como objeto o bem imóvel que se trate de uma residência familiar (artigo 8.º), não se confundindo este bem com aquele meio de defesa do mesmo, de todas as poucas vezes que o legislador se referiu a "casa de morada de família" (quer no Código Civil, quer na Lei de Bases da Habitação) fê-lo sempre tendo em conta de que esta se trata diretamente de um bem qualificado pelas suas especiais características (e não de um direito sobre um bem) [53] e que, por isso, deve ser objeto de uma proteção diferenciada relativamente aos restantes[54].

[49] Credie, R. A. *Bem de família – Teoria e prática, ob. cit.*,p. 13.

[50] Cfr. Artigos 1.711 e ss. do Código Civil Brasileiro (Lei n.º 10.406, de 10 de janeiro de 2002) e Lei n.º 8.009/90, de 29 de março de 1990.

[51] *"No direito português atual — ao contrário do que se passava nos anos vinte e trinta, em que as leis estabeleciam a impenhorabilidade do "casal de família" — a casa de morada da família não está protegida contra uma penhora."*, Cfr. Coelho, Francisco Pereira, & Oliveira, , Guilherme (2016). *Curso de Direito da Família – Introdução ao Direito Matrimonial* (5.ª ed., Vol. I). Imprensa da Universidade de Coimbra, p. 460, disponível em http://www.centrodedireitodafamilia.org/sites/cdb-dru7-ph5.dd/files/eBook_-_Curso_de_Direito.pdf.

[52] Cfr. Acórdão do Supremo Tribunal de Justiça de 05-03-2015, (João Trindade), Proc. n.º 3762/12.9TBCSC-B.L1.S1, disponível em www.dgsi.pt.

[53] Igualmente entende a jurisprudência. Denota-se em expressões como " *Decretado o divórcio pode o tribunal dar de arrendamento a qualquer dos cônjuges, a seu pedido, a casa de morada da família, quer esta seja um bem comum do casal, quer seja própria do outro,...*" (sublinhado nosso), Cfr. Acórdão do Tribunal da Relação de Lisboa, de 24-04-2012, (Pimentel Marcos), Proc. n.º 2249/09.1TBCSC-B.L1-7, disponível em www.dgsi.pt.

"Penhorado o imóvel, casa de morada de família, e que é bem próprio do cônjuge executado...", *"A norma que admite a penhora de imóvel que funcione como casa de morada de família não atenta contra o direito constitucional à habitação."*, (Sublinhados nossos), Cfr. Acórdão do Tribunal da Relação de Guimarães, de 07-05-2013, (Manso Rainho), Proc. n.º 1267/06-1, disponível em www.dgsi.pt.

"A proibição da realização da venda de imóvel que constitua a casa de morada do agregado familiar ...", (sublinhado nosso), Cfr. Acórdão do Tribunal Central Administrativo Sul, de 21-06-2018, (Jorge Cortês), Proc. n.º 214/18.7BESNT, disponível em www.dgsi.pt.

Convenhamos que, muito para lá de maioritariamente, esta casa dirá respeito a um bem imóvel. Aliás, o Código Civil menciona-o em preceitos como os artigos 1682.º-A n.º 2 (sob a epígrafe de "*Alienação ou oneração de imóveis e de estabelecimento comercial*") e 1682.º-B relativo ao arrendamento deste bem, naturalmente, imóvel. Mas este espaço físico que serve de base a uma família, fundamental para o desenvolvimento humano pessoal e social pode ser criado num bem móvel, uma vez que não existe nenhuma exigência legislativa e constitucional para que a casa de morada de família possa ser assim qualificada apenas quando esteja em causa um bem imóvel. A própria definição do conceito prevista no artigo 10.º, n.º 3 da Lei de Bases da Habitação não o diferencia.

Ou seja, aqueles preceitos desenvolvidos pelo legislador para casos em que a casa de morada de família se situa num espaço imóvel poderão ser interpretados extensivamente de forma a ser protegida aquela casa fixada num bem móvel. Dado que a lei não proíbe a aplicação dos preceitos sugeridos a uma casa de morada de família quando esta se fixe num bem móvel, esta extensão é compreendida pela *ratio legis* de proteção da mesma e da família em questão, seja lá a categoria de bem que estiver em causa[55/56].

Nem todos os bens (mesmo que residenciais) poderão ser qualificados como casa de morada de família, mas a casa de morada de família a que nos referimos é, sem dúvida, um bem (móvel ou imóvel). Noutros ordenamentos jurídicos como o brasileiro, o "bem de família" incide sobre o bem imóvel residencial propriamente dito mas também sobre as plantações, benfeitorias nele realizadas, equipamentos ou acessórios

"*No fundo, o imóvel afeto à casa de morada de família adquire um estatuto próprio, que se revela independente da sua natureza de bem próprio de um dos cônjuges ou de bem comum do casal e que pode ser submetido a arrendamento.*", (Sublinhados nossos), Cfr. Acórdão do Tribunal da Relação do Porto, de 09-10-2018, (Maria Cecília Agante), Proc. n.º 1363/08.5TBMCN.P1, disponível em www.dgsi.pt.

[54] Cfr. art. 10.º, n.º 4 da Lei de Bases da Habitação.

[55] CID, N. S. *A protecção da casa de morada da família no Direito Português, ob. cit.*, ponto 6, p.56.

[56] No Direito Inglês, em 1977, uma roulotte assente em tijolos, com fornecimento de eletricidade e água local foi considerada casa de habitação (Markins vs Elson). Cfr. *Ibidem*, p. 41.

que guarnecem a casa, móveis de recheio e valores mobiliários cuja renda possa servir para a conservação do imóvel e ao sustento familiar[57]. Já em Portugal, quando o legislador se refere a "casa de morada de família" parece referir-se ao "abrigo" em si e não ao recheio[58], este último (contrariamente ao primeiro)[59] protegido de atos de apreensão judicial e consequente penhora na medida da sua indispensabilidade e imprescindibilidade e tendo em conta a natureza da dívida exequenda[60].

1.2.2.3. Permanência ou habitualidade

A habitualidade de residência naquele local físico é também uma destas características essenciais[61/62], levada em conta até pelo próprio Código

[57] Cfr. Artigos 93.º e 1.712.º do Código Civil Brasileiro e Artigos 1.º, parágrafo único e 2.º , parágrafo único, da Lei n.º 8.009/90.

[58] *Vide* art. 2103.º-A do CC onde o legislador distingue o direito de habitação da casa de morada da família do direito de uso do recheio, não incluindo este no conceito do outro, estabelecendo os direitos sobre este último nos preceitos imediatamente seguintes (arts. 2103.º-B e 2103.º-C); *Vide* também artigo 5.º da Lei n.º 7/2001, de 11 de maio.

[59] No caso em apreço no Acórdão do Tribunal da Relação de Lisboa, de 18-06-2013, a casa de morada de família foi penhorada mas o seu recheio não, o que demonstra claramente o entendimento de que um conceito não se inclui no outro. Cfr. Acórdão do Tribunal da Relação de Lisboa, de 18-06-2013, (Dina Monteiro), Proc. n.º 2384/11.6TBPDL-C.L1-7, disponível em www.dgsi.pt.

[60] De entre outros abrangidos pelas regras do CPC, são impenhoráveis os bens imprescindíveis para a economia doméstica e que se encontrem na casa de habitação, salvo se a execução tiver como objetivo o pagamento do preço da sua aquisição ou do custo da sua reparação, nos termos do artigo 737.º, n.º 3 do CPC. Acresce ainda que, apesar de poderem não ser considerados indispensáveis ao agregado familiar, os bens de reduzido valor económico são absolutamente impenhoráveis (artigo 736-.º, al. c)). Quanto a estes últimos, *vide* Acórdão do Tribunal Central Administrativo Sul, de 05-03-2020, (Tânia Meireles da Cunha), Proc. n.º 350/19.2BECTB, disponível em www.dgsi.pt.

[61] CID, N. S. *A protecção da casa de morada da família no Direito Português, ob. cit.*, pp.53-54; *"residência efectiva e permanente da família constituída"*, Cfr. CARDOSO, João Lopes (1991). *Partilhas judiciais* (4.ª ed., Vol. III). Coimbra: Almedina, p.373.

[62] Em Espanha, a casa de morada de família é aquela onde o contribuinte habita por, pelo menos, três anos contínuos, para efeitos da disposição adicional vigésima terceira da *Ley del Impuesto sobre la Renta de las Personas Físicas* (Lei n.º 35/2006, de 28 de novembro) e do artigo 41.º bis do *Real Decreto* 439/2007, de 30 de março.

Civil no seu art. 1673.º[63]. O art. 82.º do CC também remete para tal característica uma vez que a família que tenha domicílio naquela residência passível de ser qualificada como casa de morada de família fá-lo com carácter de habitualidade, visto que "a pessoa tem domicílio no lugar da sua residência habitual". E não é o facto de periodicamente se encontrar em residência diversa que a habitação onde residem de forma duradoura, certa e habitual perde aquela ligação vinculativa à família. Por isto, não é considerada casa de morada de família aquela onde esta não habita usualmente, como as residências secundárias. Daqui ficam logo excluídas residências tidas como casa de férias e outras sem ligação afetiva de habitabilidade das quais cuja família seja meramente proprietária, simplesmente consideradas como puros espaços físicos iguais a quaisquer outros e que em nada influenciam na realização pessoal e coletiva da família. Em suma, a qualificação daquela morada principal como casa de morada de família não fica precludida pela verificação de vivências esporádicas numa residência secundária, *v.g.* veraneio (que, pelo seu significado literal da palavra, quer dizer passar férias de verão em lugar distinto ao que se reside[64]), desde que o mais frequente seja a habitação familiar naquela primeira, tida como residência efetiva da família. Já a falta de utilização do bem enquanto casa de morada de família de forma definitiva leva à natural descaracterização deste objeto enquanto tal. O importante parece ser, desde logo, proteger-se a residência onde efetivamente a família se desenvolve enquanto grupo e na individualidade de cada um dos membros, considerada o centro dos seus interesses, ainda que se esteja a tratar daquela habitação atribuída a título precário[65].

[63] Apesar de não o expressar diretamente, o legislador do CC atenta nesta característica ao pedir aos cônjuges para escolherem a residência da família de acordo com *"as exigências da sua vida profissional e aos interesses dos filhos"*, uma vez que esta será fixada no local onde habitam habitualmente. Será *"aquela que pela sua estabilidade e solidez seja a sede e o centro da maioria dos interesses, das tradições e das aspirações familiares em apreço"*. Cfr. Sousa, Rabindranath Capelo (1993). *Lições de Direito das Sucessões* (2.ª ed., Vol. II). Coimbra: Coimbra Editora, nota 969, p.246.

[64] *Vide* https://www.infopedia.pt/dicionarios/lingua-portuguesa/veraneio.

[65] Isto não faz com que aquela deixe de ser qualificada como casa de morada da família tendo-se, no entanto, cuidado com especiais particularidades a ter em conta. Por exemplo, tal como nota o Ac. do Tribunal da Relação do Porto de 19/11/1987, cujo Relator não

Na Lei de Bases da Habitação, o próprio legislador fez questão de verter legalmente[66] a necessidade de a casa de morada de família ser aquela habitada *"de forma permanente, estável ou duradoura"* de tal maneira a que seja ali, naquele preciso local, que se encontra o "*centro da vida familiar*". Quer se trate de uma morada familiar, quer se trate daquela que é apenas residida pelo indivíduo singular, a habitação permanente é tida, pelo n.º 1 do art. 10.º, como aquela que é "*utilizada como residência habitual e permanente*" (passa-se o pleonasmo).

1.2.2.4. Exclusividade (ou não?)

Segue-se uma das características que causa maior controvérsia na doutrina: a exclusividade (ou não) de uma residência passível de ser qualificada como casa de morada de família na esfera jurídica do agregado familiar.

Existem Autores que defendem ser possível uma família ter mais que uma residência passível de assim ser qualificada. É o caso de França Pitão[67] que exemplifica esta possibilidade com o caso de existirem causas aceitáveis para tal acontecer, *v.g.* motivos profissionais, como o exercício de atividade de um membro em local diverso da casa onde a família antes coabitava. Nuno Gomes da Silva[68], no mesmo sentido, considera que pode existir mais do que uma casa de morada de família se estas tiverem *"igual importância como centros de convivência familiar"*, sem nunca se confundir com a situação de existência de uma casa principal e outra secundária (*v.g.* de férias). Este A. utiliza como exemplo a situação (meramente doutrinária, parece-nos) em que ambos os cônjuges habitam alternadamente entre duas casas, repartindo a sua vida familiar igualitariamente entre ambas sem que uma prevaleça sobre a outra (v.g. caso em que habi-

foi possível apurar, *"sendo casa de morada de família uma habitação destinada a famílias pobres ou indigentes, que é atribuída a título precário, não pode o cônjuge do beneficiário a haver para si, em acção de divórcio"*. Cfr. Sousa, R. C. *Lições de Direito das Sucessões, ob. cit.*, nota 4295, p.375.

[66] Cfr. art. 10.º, n.º 3 da referida Lei.

[67] Pitão, José França (2005). *A posição do cônjuge sobrevivo no actual Direito Sucessório Português* (4.ª ed.). Coimbra: Almedina, p. 54.

[68] Silva, Nuno Gomes (1981). Posição sucessória do cônjuge sobrevivo. *In Reforma do Código Civil*. Lisboa: Ordem dos Advogados, p.72.

tam casa de campo e cidade por seis meses de cada ano). FRANÇA PITÃO[69] não concorda com este exemplo visto que, a ser assim, nenhuma delas é habitada de forma mais permanente que a outra para poder ser atribuída a qualquer uma delas a qualificação de casa de morada de família.

JORGE DUARTE PINHEIRO[70] alega que só pode ser qualificado como casa de morada de família um único bem. Esta qualificação exclusiva de um único bem como casa de morada de família é entendida pelo A. tendo em conta as consequências que esta provoca no comércio jurídico. Pensemos que, no caso de uma proteção de impenhorabilidade da casa de morada de família, a poder qualificar-se como tal mais do que um bem – bem este que, na maioria das famílias, pode representar aquele de maior valor – os interesses dos credores na satisfação dos seus créditos ficariam fortemente limitados. Seria, por isso, motivo de um exagerado desequilíbrio de interesses. Como tal, parece que neste caso e avaliando casuisticamente, a família que, verificados os requisitos, se encontre numa situação de "pluriresidência" familiar que habita de forma igualitária mais do que um bem, terá de indicar qual destes pretende ver qualificado como casa de morada de família para efeitos de proteção[71], sob pena de poder vir a ser decidido judicialmente (artigo 1673.°, n.° 3 do CC).

Em relação às regras do domicílio legal, estabelece o n.° 1, do artigo 82.° do CC que, no caso de uma pessoa residir alternadamente em lugares diferentes, *"tem-se por domiciliada em qualquer deles"*. Mas sempre num, e apenas num dos locais. Nunca em dois em simultâneo. Ademais, é certo que, apesar de nem todos os domicílios poderem ser qualificados como

[69] PITÃO, J. F. *A posição do cônjuge sobrevivo no actual Direito Sucessório Português, ob. cit.*, nota 66, p. 54.

[70] PINHEIRO, J. D. *O Direito da Família contemporâneo – Lições, ob. cit.*, p.567.

[71] Tal e qual como acontece no ordenamento jurídico brasileiro. Apesar de poder existir mais do que um imóvel residencial familiar, só poder ser objeto do bem de família a residência desta – entendida nos termos do artigo 5.° da Lei n. 8.009/90 como *"um único imóvel"* utilizado de forma permanente. Quando uma família possua mais do que um bem imóvel utilizado como residência nos termos expostos (ou seja, igualmente de forma permanente) deve indicar qual pretende que constitua o bem de família sob pena de ficar protegido apenas o de menor valor (artigo 5.°, parágrafo único).

"casa de morada de família", uma casa de morada de família é sempre o domicílio de quem nela habita[72].

O próprio legislador, no artigo 10.º, n.º 3 da Lei de Bases da Habitação, ao definir a casa de morada de família como *"aquela* (sublinhado nosso) *onde, de forma permanente, estável e duradoura"* a família tem a sua sede de vida familiar, parece indiciar que nenhum outro bem poderá ser tido como tal.

Ademais, parece que, apesar da existência de mais do que um bem imóvel residencial na esfera jurídica daquela família, apenas um (por um motivo ou por outro), conseguirá preencher todos os caracteres necessários para a sua qualificação como casa de morada de família.

Segundo Capelo de Sousa[73], o art. 2103.º-A do Código Civil não nos deixa margem para aceitar tal ideia já que parece que, pela letra do preceito aliada à sua *ratio legis,* ao se impor a caducidade dos direitos de habitação e de uso se o cônjuge não habitar tal casa por mais de um ano, o legislador realça o carácter de unicidade de uma residência familiar. É aquela casa de morada de família onde o cônjuge sobrevivo vivia com o falecido e restante família que é tutelada por tal preceito e não uma outra qualquer. Daí que o Autor entenda que, se o legislador não lhe confere direitos para outra residência, tal significa que só pode ser qualificada como casa de morada de família apenas uma habitação: aquela onde morava com o seu cônjuge antes do falecimento deste, com uma certa permanência. Logo, ausentando-se desta casa por mais de um ano, ainda que possua outra, o cônjuge sobrevivo perde tais direitos sobre aquela que parece ser única e exclusivamente considerada pelo legislador como casa de morada de família.

Já Salter Cid[74] apresenta uma conceção no sentido favorável de admitir a existência de mais de uma casa de morada de família embora admita que esta realidade possa surgir de forma pouco frequente. Porém, pacifica este entendimento com um pormenor essencial e cauteloso: dúvidas existem quanto à possibilidade de serem aplicadas todas as regras do

[72] Cid, N. S. *A protecção da casa de morada da família no Direito Português, ob. cit.,* ponto 5, pp.58-59.

[73] Sousa, R. C. *Lições de Direito das Sucessões, ob. cit.,* nota 970, p. 247

[74] Cid, N. S. *A protecção da casa de morada da família no Direito Português, ob. cit.,* pp.32-33.

mesmo regime tutelador vigente a todas as casas de morada de família pertencentes à mesma e desta forma assim qualificadas, sob pena de soluções desajustadas. Ou seja, até aceita ser subsumível no conceito mais que uma casa de morada de família, contudo duvida que a mais do que uma residência familiar possa ser aplicável o mesmo regime de proteção legal de forma completa.

a) Problemática de inexistência de casa de morada de família

Existem Autores que entendem que poderá não existir uma casa de morada de família. É o caso de FRANÇA PITÃO[75] que dá como exemplo para um desses casos a situação em que ambos os cônjuges dividem a vida familiar por duas casas sem haver prevalência de uma sobre a outra (*v.g.*, partilha da vida familiar de forma igualitária, entre duas casas e a cada seis meses do ano)[76]. A si junta-se também SALTER CID[77] e ambos apontam ainda como exemplo o caso em que aquela não chegou a ser fixada pelos cônjuges na pendência do casamento (*v.g.*, nunca terem chegado a acordo nem terem requerido ao Tribunal para a fixar).

SALTER CID[78] acrescenta ainda que, na possibilidade de o casal se ter separado de facto (diferentemente do caso de separação temporária), também poderá deixar de existir uma casa de morada de família. Mas, porque este não é um efeito da separação de facto por si só, para tal acontecer, parece ser necessário que, a par desta rutura, os cônjuges estabeleçam um acordo (expresso ou tácito, cfr. art. 217.º, n.º 1 do CC) que vá ao encontro do interesse das partes em desqualificar aquela residência como casa familiar. Até porque naquela casa poderá continuar a habitar um dos cônjuges com descendentes. Contudo, se a par da separação, ambos decidirem abandonar a casa familiar que antes habitavam conjuntamente, aquele bem deixa de assim poder ser qualificado por nele ter deixado de existir uma família.

[75] PITÃO, J. F. *A posição do cônjuge sobrevivo no actual Direito Sucessório Português, ob. cit.*, nota 66, p.54.

[76] Neste caso, parece não conseguir concretizar-se o requisito da permanência ou habitualidade já mencionado no ponto 1.2.2.3.

[77] CID, N. S. *A protecção da casa de morada da família no Direito Português, ob. cit.*, p.33.

[78] *Ibidem*, pp. 33 e 153-154.

JORGE PINHEIRO[79] salienta que não haverá casa de morada de família no caso de separação de pessoas e bens visto que os cônjuges já *"não estão reciprocamente vinculados ao dever de coabitação"*, como estipulado no artigo 1795.º-A do CC.

Relativamente ao divórcio, apesar de existirem regras legais protetivas da família de forma a resguardar-se a mesma dos *"efeitos desagregadores"* desta dissolução, nomeadamente as relacionadas com o pedido de atribuição da casa de morada de família (art. 1793.º do CC), destas deve-se fazer uso na mesma época em que se dissolve o matrimónio uma vez que, após este momento, deixa *"de existir casa de morada de família referente àquele casamento"*[80]. Ademais, *"[a] venda de imóvel que aquando da venda a casa já não era há muito casa-morada-de família, não implica o conhecimento de ambos os cônjuges"*[81]. O mesmo se deverá entender quanto à rutura da relação de união de facto (protegida pela LUF, nomeadamente o artigo 4.º).

Contudo, o facto de ter deixado de existir a casa de morada da família referente àquela relação não pode significar imediatamente que tenha deixado de existir uma casa de morada de família. Entendeu o Tribunal da Relação de Coimbra[82] que, *«[c]omo resulta da expressão "casa de morada de família " , uma qualquer casa só poderá ter essa dita qualificação quando for nela que habitualmente more ou habite a família"*, constituída designadamente pelos filhos, menores ou maiores, do casamento ou da união de facto. Apesar de não ser possível qualificar como tal um bem meramente comum do casal nunca utilizado pela família onde, após o divórcio e consequente saída daquele que era (e continua a ser) um lar familiar passou a residir exclusivamente um ex-cônjuge, a casa onde o outro ex-cônjuge continuou a habitar permanentemente com os filhos de forma a manter a estabilidade familiar habitual não perdeu tal qualificação.

[79] PINHEIRO, J. D. *O Direito da Família contemporâneo – Lições, ob. cit.*, p.567.

[80] Acórdão do Tribunal da Relação de Lisboa, de 23-09-2008, (Rijo Ferreira), Proc. n.º 5505/2008-1, disponível em www.dgsi.pt.

[81] Acórdão do Tribunal da Relação de Évora, de 05-05-2016, (Elisabete Valente), Proc. n.º 2367/14.4T8STB-B.E1, disponível em www.dgsi.pt.

[82] Acórdão do Tribunal da Relação de Coimbra, de 01-03-2005, (Jaime Ferreira), Proc. n.º 4220/04, disponível em www.dgsi.pt.

Em suma, devemos ter atenção a este tipo de situações: *"o imóvel que foi morada de família, na pendência do casamento ... ser ainda a casa de morada de família da ex-mulher do A. e dos 3 filhos de ambos que a seu cargo ficaram"*[83].

Logo, não deixará de existir casa de morada de família pela simples saída de um deles ou pela quebra do dever de coabitação. Esta afirmação só se tornará verdadeira para a família meramente conjugal (sem descendência) e nas condições *supra* referidas. Como tal, é sempre necessária uma avaliação casuística cautelosa.

1.2.2.5. A família que habita na casa de morada de família

Chegados aqui importa salientar que, mesmo que pareça óbvio, para um bem ser considerado uma casa de morada de família é necessário que esta seja a residência de – como o próprio nome indica – uma família[84]. Até porque a proteção deste bem é instrumento para a proteção do bem-estar da família. Apesar de, no contexto deste estudo, as expressões "casa" e "morada" não nos oferecem dúvidas quanto ao lugar físico que serve de base para o desenvolvimento individual de cada membro de um agregado familiar constituído por vínculos de sangue ou de afinidade, torna-se importante desvendar quem é a "família" para efeitos deste tema. Esta característica é *conditio sine qua non* para a qualificação de um espaço físico como casa de morada de família[85/86].

Inicialmente, o legislador civilista aproveitou a Reforma de 1977 para estabelecer um regime especial para a casa de morada de família onde

[83] Acórdão do Supremo Tribunal de Justiça, de 17-01-2013, (Abrantes Geraldes), Proc. n.º 2324/07.7TBVCD.P1.S1, disponível em www.dgsi.pt.

[84] «*Como resulta da expressão "casa de morada de família", uma qualquer casa só poderá ter essa dita qualificação quando for nela que habitualmente more ou habite a família, designadamente com os filhos, menores ou maiores, do casamento ou da união de facto, formando todos uma economia comum.*», Cfr. Acórdão do Tribunal da Relação de Coimbra, de 01-03-2005, (Jaime Ferreira), Proc. n.º 4220/04, disponível em www.dgsi.pt.

[85] PINHEIRO, J. D. *O Direito da Família contemporâneo – Lições, ob. cit.*, p.566.

[86] Por isso, não será qualificada como casa de morada de família a casa de pessoa solteira. Existe ainda quem entenda que, no caso de os cônjuges se separarem de pessoas e bens, anula-se o dever conjugal de coabitação e extingue-se a qualificação daquela habitação como casa de morada de família a partir desse momento. Cfr. *Ibidem*, pp.567 e 603.

habitem em conjunto os cônjuges[87] ou onde habitaram anteriormente os agora ex-cônjuges ou viúvos[88]. Mais tarde, em 2006, o NRAU[89] estabeleceu regras para o regime de arrendamento da casa de morada de família dos cônjuges aquando da dissolução do matrimónio por morte (artigo 1106.º do CC), assim como para o caso em que este foi dissolvido por divórcio ou simplesmente se deu a separação judicial de pessoas e bens (artigo 1105.º do CC).

O facto de o legislador ter começado por estabelecer preceitos apenas para vicissitudes originadas no seio de uma família conjugal não quer – e nem pode querer – significar que só a habitação deste agregado assim composto possa ser qualificada como casa de morada de família. *"[A] ideia de família não pressupõe a obrigatoriedade de um vínculo matrimonial, podendo existir sem ele (v.g., união de facto)"*[90]. Até porque, de há 50 anos para cá, a dimensão interior das famílias portuguesas tem decaído de forma um tanto expressiva para a chamada "família nuclear-conjugal" composta por cônjuges e um, cada vez mais baixo, número de filhos. E, apesar de o casamento ser, culturalmente, ainda bastante enraizado[91], acrescido da circunstância das uniões de facto nem sempre terem sido aceites quer pela sociedade, quer pelo Estado, com a mesma facilidade com que são hoje, os números não deixam margens para dúvidas: desde 1991 até à avaliação do INE de 2011, a quantidade de relações de união de facto quase quadruplicou[92].

[87] Cfr. artigo 1673.º do CC.

[88] Cfr. artigos 1682.º-A, n.º 2; 1682.º-B; 1775.º; 1793.º; 2103.º-A e 2103.º-B do CC.

[89] Cfr. Lei n.º 6/2006, de 27 de fevereiro.

[90] Rocha, Ana (2017). *Os limites da penhorabilidade e os meios de defesa legalmente previstos quando violados.* Dissertação de Mestrado (Solicitadoria), Instituto Superior de Contabilidade e Administração de Coimbra, p.31, disponível em https://comum.rcaap.pt/bitstream/10400.26/18532/1/Ana_Rocha.pdf.

[91] Apesar de, na avaliação de 2020, o INE ter constatado que o número de casamentos em 2019 caiu quase 4% relativamente aos anos anteriores que demonstravam uma tendência de crescimento desde 2015. Mais de metade destes casais já possuíam residência anterior comum. Cfr. INE (2020), *Nados-vivos, óbitos e casamentos*, disponível em https://www.ine.pt/xportal/xmain?xpid=INE&xpgid=ine_destaques&DESTAQUESdest_boui=411265794&DESTAQUESmodo=2.

[92] INE (2014), *Dia internacional da família – Famílias em Portugal, ob. cit.*

Relativamente a estas, as mudanças constitucionais de 1976 traduziram-se no ponto de partida para as alterações ao Código Civil que ocorreram com a Reforma de 1977 e que permitiram, pela primeira vez, o reconhecimento da união de facto nos artigos 1911.º, n.º 3 e 2020.º do CC. Não obstante, só em 1999 surgiu o primeiro diploma[93] comprometido em proteger estas relações e que já previa nos seus artigos 3.º, al. *a)* e 4.º uma proteção à casa de morada de família. Este entendimento foi igualmente seguido pela Lei que revogou tal diploma em 2001, a Lei da Protecção das Uniões de Facto (doravante, LUF)[94], inicialmente nos seus equivalentes artigos 3.º, al. *a)* e 4.º e, a partir de 2010[95], ainda no artigo 5.º.

Todavia, apesar de ser incontestável que a união de facto pode ser fonte geradora de relações familiares, controvérsia doutrinária existia historicamente no tocante à qualificação desta relação enquanto familiar. Questão esta que poderia afetar, consequentemente, a qualificação daquela casa como casa de morada de família, não fosse a Lei de Bases da Habitação, em 2019, ter incluído tais relações na definição de tal conceito. O art. 10.º, n.º 3 deste diploma estipulou que a casa de morada de família é aquela que representa o *"centro da vida familiar dos cônjuges ou unidos de facto"*.

Desta forma, a qualificação da união de facto como família (importante para a qualificação da casa onde habitam como casa de morada de família) é agora irrelevante. Contudo, não se pode deixar de fazer menção a tais divergências e aos argumentos que, possivelmente, influenciaram o legislador a seguir tal opção.

A nível doutrinário, PEREIRA COELHO & GUILHERME OLIVEIRA consideram que as uniões de facto não podem ser qualificadas como relações familiares por aquelas não terem associadas a si um cunho material de intenção de constituir uma vida em comum, característica implícita ao casamento[96], embora o primeiro A. reconheça que a união de facto possa

[93] Lei n.º 135/99, de 28 de agosto.

[94] Lei n.º 7/2001, de 11 de maio.

[95] Com a alteração pela Lei n.º 23/2010, de 30 de agosto.

[96] COELHO, F. P., & OLIVEIRA, G. *Curso de Direito da Família – Introdução ao Direito Matrimonial* (4.ª ed., Vol. I) *ob. cit.*, p.57.

ser qualificada como relação familiar mas apenas para certos efeitos reconhecidos pela lei[97].

Outra das vozes contra é a de Diogo Leite de Campos[98] que, apesar de reconhecer que, com o passar do tempo, existem mais relações de união de facto do que matrimónios, não compreende tal relação como familiar. Não aceita que se lhes atribuam os mesmos efeitos do casamento porque caso os unidos de facto os desejassem obter teriam sempre essa possibilidade disponível ao contraírem matrimónio. Todavia, parece que, como veremos, foi o próprio legislador a atribuir-lhes alguns dos efeitos semelhantes aos produzidos nas famílias matrimoniais. E, além disso, não parece que a escolha por um ou outro tipo de relação se prenda com a obtenção de mais ou menos efeitos, mas sim com a escolha de cumprimento de uns ou outros deveres e na facilidade existente em dissolver a união de facto que não se mostra tão simples no matrimónio.

Se as condições em que vivem há mais de dois anos os unidos de facto são *"análogas às dos cônjuges"*, como refere o art. 1.º, n.º2 da LUF, e não se verifica nenhum impedimento estabelecido no art. 2.º do mesmo diploma, então à relação criada pela união de facto pode ser dada a mesma perceção familiar que tem uma mera relação matrimonial. Não se deverá, à partida, dizer que esta relação não tem o intuito de fazer nascer uma família. Pensemos que tanto podem existir membros de uma união de facto com intenção de criar uma autêntica família mas que não se vinculam matrimonialmente nem se sujeitam ao regime e a todos os deveres que aquele vínculo acarreta, como podem existir cônjuges vinculados pelo matrimónio que, analisada esta relação intrinsecamente, em nada é família. E nem parece ser preciso o nascimento de descendentes para que os próprios unidos de facto[99/100], assim como os cônjuges, cooperem mutuamente

[97] Carvalho, Telma (2004). A união de facto: A sua eficácia jurídica. *In* AAVV, *Comemorações dos 35 anos do Código Civil e dos 25 anos da Reforma de 1977* (Vol. I, pp. 221-255). Coimbra: Almedina., p. 224.

[98] Campos, D. L. *Lições de Direito da Família e das Sucessões, ob. cit*, pp. 21-22 e 108.

[99] *"Não há dúvidas de que a relação entre unidos de facto e filhos que dali sejam gerados é uma relação de família."* Cfr. Coelho, F. P., & Oliveira, G. *Curso de Direito da Família – Introdução ao Direito Matrimonial* (4.ª ed., Vol. I) *ob. cit.*, p.59.

[100] *"Discute-se se a união de facto constitui ou não uma relação jurídica familiar, mas esta questão, apesar de muito debatida, não deve ser enfatizada, uma vez que a união de facto será sempre,*

para uma vida familiar estável em que exista uma comunhão de vida, de leito, de mesa e, sobretudo, uma coabitação prolongada e em nada passageira. Estarão duas pessoas nestas condições há mais de dois anos[101], *"em condições análogas às dos cônjuges"*[102], sem a intenção de se constituírem como família? É precisamente esta intenção finalística que lhe é inerente que, uma vez associada à evolução social e jurídica pela qual tem passado, torna a união de facto merecedora de qualificação familiar[103]. À partida, não se pode considerar uma ou outra relação mais ou menos familiar por isto, sob pena de se cometerem discriminações. Nem o próprio legislador o fez, desde 1999 e na LUF de 2001, pois previu sempre alguns dos efeitos para esta relação como se de uma família se tratasse[104]. A união de facto enquanto relação familiar parece ser a justificativa para o facto

pelo menos, fonte de relações familiares ...", Cfr. Acórdão do Supremo Tribunal de Justiça, de 11-05-2017, (Pinto de Almeida), Proc. n.º 1560/11.6TVLSB.L1.S1-A, disponível em www.dgsi.pt.

[101] Os *"dois anos"* previstos no art. 1.º, n.º 2 são cruciais para caracterizar a união de facto protegida. No período anterior aos dois anos, também existe uma união de facto, contudo ainda sem estabilidade suficiente para ser protegida pelo legislador. Cfr. Pinheiro, J. D. *O Direito da Família contemporâneo – Lições, ob. cit.*, p.62.

[102] Em condições de "comunhão de mesa, leito e habitação" tal como no casamento, sendo certo que é necessário integrar-se a partilha de intimidade na comunhão de leito sendo esta, na maioria das vezes, de caracter sexual. Mas não só, nem apenas.; *«Não cremos, todavia que, apesar da exigência de intimidade, esta seja, em todos os casos, de reportar ao cariz sexual. Sê-lo-á na esmagadora maioria, mas pode haver casos em que a idade, a doença ou a opção pessoal afastem o convívio sexual, mas permitam outras formas de vivência íntima, que são próprias do casamento ou de quem optou por viver "em condições análogas". Não se justifica que se subtraiam à união de facto pessoas cuja realidade sexual as não impediria de casar. Aliás, a alusão à convivência sexual não é uma constante.»*, Cfr. Acórdão do Supremo Tribunal de Justiça, de 09-07-2014, (João Bernardo), Proc. n.º 3076/11.1TBLLE.E1.S1, disponível em www.dgsi.pt.

[103] Carvalho, T. A união de facto: A sua eficácia jurídica. *In ob. cit.*, p. 226.

[104] Cfr. Artigo 3.º da LUF; *"É inconstitucional, por violação do princípio da igualdade e do direito a uma segurança social universal (arts. 13.º e 63.º, ambos da CRP), a interpretação da versão originária do n.º 3 do art. 3.º da Lei n.º 7/2001, de 11-05, segundo a qual o membro sobrevivo de união de facto não poderia beneficiar da protecção por morte por o falecido membro dessa relação familiar (ou, pelo menos, para-familiar) estar abrangido por um regime especial de segurança social (substitutivo do regime geral) por este não o prever especificadamente."*, (sublinhado nosso). Cfr. Acórdão do Supremo Tribunal de Justiça, de 03-05-2016, (Júlio Gomes), Proc. n.º 1560/11.6TVLSB.L1.S1, disponível em www.dgsi.pt.

de o legislador qualificar a sede residencial destes como casa de morada de família[105] (sublinhado nosso). Não se crê que a tenha designado desta forma por mero descuido, pois no que concerne às relações de vida em economia comum[106/107], o legislador ciente de que estas podem em nada ter carácter familiar[108/109], fez questão de designar a casa protegida como "casa de morada comum". A nosso ver, tê-lo-ia feito também, se quisesse, na LUF.

Logo, ao proteger a casa de morada da família unida de facto, o próprio legislador cria como que um argumento válido para defender a tese de que estas relações poderão ser, sim, familiares a fim da qualificação desta residência como "casa de morada de família" para os efeitos que vamos estudar.

Nem o elenco do art. 1576.º do Código Civil pode ser suficiente para negar a familiaridade desta relação. Tenhamos em conta que este preceito não fornece uma definição de família, mas uma listagem de fontes de relações tidas como familiares. Este artigo data de 1966 e permanece inalterado e até inadequado para se coadunar às atualizações que o legislador foi fazendo até aos dias de hoje. O facto de nesta lista não estarem contidas as relações de união de facto não pode querer significar que

105 Cfr. artigos 3.º, al. a), 4.º e 5.º da LUF.

106 Nestas relações, sim, os seus membros vivem meramente e apenas em comunhão de mesa e de habitação há mais de dois anos– art. 2.º da Lei n.º 6/2001, de 11 de maio – não se lhes podendo impor o mesmo carácter que existe noutras relações incumbidas do cumprimento de outros deveres (caso das uniões de facto).

107 "*Se puder entender-se que a Lei n.º6/2001 prevê situações de agregação económica com motivação diversa da familiar,*", Cfr. Prata, Ana (2006) *Dicionário jurídico.* (4.ª ed., Vol. I). Coimbra: Almedina, p.554.

108 "*A convivência em economia comum será familiar ou não familiar conforme os membros do grupo estejam ou não unidos por laços familiares.*" Nos Estados Unidos, só a familiar tem proteção federal. Em Portugal não há distinção. Cfr. Pinheiro, J. D. *O Direito da Família contemporâneo – Lições, ob. cit.*, pp.683-684.

109 Contudo, parece que, a convivência em encomia comum em si, não terá, por si só, carácter familiar, pois nem sequer existe comunhão de leito. Não há sequer uma conotação íntima e sexual. E, se existir, confundir-se-á com a união de facto. Neste sentido, *vide* Acórdão do Tribunal da Relação de Lisboa, de 28-06-2006, (Maria do Rosário Morgado), Proc. n.º 3462/2006-7, disponível em www.dgsi.pt, onde se refere que deverá ser feita "*prova de uma real e efectiva integração na vida familiar*".

estas relações não são familiares quando o legislador parece ter ido no sentido de permitir qualificá-las como tal. Este elenco não pode, à luz dos dias de hoje, ser visto como um elenco taxativo[110/111/112/113].

Vejamos um argumento constitucional: a Constituição da República Portuguesa, dez anos após a entrada em vigor do Código Civil, no seu art. 36.º, n.º 1 dispôs o direito a celebrar matrimónio e o direito a constituir família, claramente não confundíveis[114/115] e, por isso, não aceita a «*redução do conceito de família à união conjugal baseada no casamento, isto é, à "família matrimonializada"*»[116]. Este direito a constituir família pode ser concretizado por outra via que não a matrimonial, como pode ser o caso da união de facto. Como já se referiu, o casal nascido desta relação – essas duas pessoas ligadas por esta relação – também são vistos constitucionalmente como uma família[117]. E, sendo família, a casa de morada onde habitam só pode ser familiar.

[110] PINHEIRO, J. D. *O Direito da Família contemporâneo – Lições, ob. cit.*, p. 57.

[111] GONZÁLEZ, José Alberto (2014), *Código Civil Anotado* (Vol. V). Lisboa: Quid Juris, p. 9

[112] *"Portanto o elenco das relações jurídicas familiares apresentadas no art. 1576.º do CCP deve ser considerado alargado, na medida em que poderão ser relações jurídicas familiares outras além das legalmente nominadas, como por exemplo a união de facto."*, Cfr. FACHINI, Natália Rodrigues (2017). *O pretenso princípio da afetividade como base estruturante das relações jurídicas familiares.* Dissertação de Mestrado (Ciências Jurídico-Políticas), Faculdade de Direito da Universidade Clássica de Lisboa, Lisboa, p.57, disponível em https://repositorio.ul.pt/handle/10451/33941.

[113] *"Parece mais ajustado tecnicamente procurar-se nas situações contempladas no art.º 1576.º a essência comum às mesmas, em ordem a admitir que possam relevar como tais outras que pisem os mesmos parâmetros, em termos analógicos."*; Cfr. CÔRTE-REAL, Carlos Pamplona. (2016). Relance crítico sobre o Direito de Família Português. *In* OLIVEIRA, G. (coord.), *Textos de Direito da Família: para Francisco Pereira Coelho* (p. 109 e ss.). Coimbra: Imprensa da Universidade de Coimbra, p.109.

[114] CANOTILHO, José Gomes, & MOREIRA, Vital (2007). *Constituição da República Portuguesa anotada* (4.ª ed., Vol. I). Coimbra: Coimbra Editora, p.561.

[115] Cfr. "Família" em PRATA, A. *Dicionário jurídico. ob.cit.*, p.553.

[116] CANOTILHO, J. G., & MOREIRA, V. *Constituição da República Portuguesa anotada, ob. cit*, p.561.

[117] É igual o entendimento de JORGE MIRANDA e RUI MEDEIROS. Os AA. consideram que, apesar de se poder não se tratar totalmente de igual forma a relação conjugal e a união de facto (embora não possam ocorrer discriminações injustificáveis e irrazoáveis), a Constituição não exclui esta relação como uma forma de constituição de família que se vem

Noutras áreas do Direito como a Fiscal, as famílias provenientes da união de facto ou do casamento não são diferenciadas. MADALENA PAUMIER-BIANCO[118] acentua que se a distinção das famílias emergentes de relação matrimonial das restantes nem sequer é feita pela CRP no seu art. 67.º[119], então serão igualmente tributadas (e da mesma forma) todas as famílias que se encontrem nas mesmas condições de composição e rendimento, *"independentemente de serem, ou não, fundadas no casamento"*.

Em suma, pode o legislador não lhe atribuir todos os efeitos do casamento até porque, por si só, são dois institutos diferentes que necessitam de ver essa diferença salvaguardada, mas não se pode *a priori* impedir a qualificação desta como família. Assim se justifica que não só as casas dos cônjuges e seus filhos sejam qualificadas como casas de morada de família, pelo que não poderá uma definição de tal conceito ser redutora a esse ponto. O próprio legislador da LUF reconhece *"a existência de uma unidade familiar, de uma casa de morada de família"*[120] e dá-lhes proteção legal com a Lei de Bases da Habitação, reforçando-se esta ideia.

Contudo, parece que, apesar do esforço – e diga-se – notável de adaptação legislativa às novas realidades sociais, o legislador poderia ter aproveitado para ir um pouco mais além. A nosso ver, qualquer família, sendo ela emergente de uma relação conjugal ou não, é digna de ver a sua casa qualificada como casa de morada de família, desde que preenchidos os restantes requisitos.

Ademais, as famílias monoparentais continuam de fora da definição legal de "casa de morada de família" estabelecido pelo legislador na Lei de Bases de Habitação e ainda que não tenha interesse legal para o regime existente poderá vir a ter para um regime a existir, pelo que a sua inclusão no conceito parece ser da maior importância.

adaptar às novas realidades. Cfr. MIRANDA, Jorge & MEDEIROS, Rui (2018). *Constituição Portuguesa anotada* (Tomo I, 2.ª ed.). Coimbra: Coimbra Editora, pp.815-816.

[118] PAUMIER-BIANCO, M. *Família e imposto – A tributação da casa de morada de família, ob. cit.*,p.26.

[119] Existe quem defenda que esta é uma mera "norma programática" não podendo daqui se extrair que a união de facto faz parte dos grupos familiares. Cfr. PINHEIRO, J. D. *O Direito da Família contemporâneo – Lições, ob. cit.*, p.108.

[120] CARVALHO, T. A união de facto: A sua eficácia jurídica. *In ob. cit.*, p. 249.

a) Famílias monoparentais

Ainda que noutros tempos as famílias monoparentais eram quase apenas aquelas resultantes de meros acidentes (*v.g.* morte de um cônjuge ou casos raros de divórcio)[121], analisados os números do INE[122] até 2020, as famílias monoparentais têm vindo a crescer, que podemos justificar por aqueles e outros motivos (nomeadamente relações ocasionais das quais nasce descendência).

Estas famílias não podem ser desmerecedoras da qualificação como família apenas por serem uma "pequeníssima família", diferente (em extensão) da família nuclear conjugal. Até porque, uma família monoparental, é igualmente uma família e nem o art. 1576.º do Código Civil o deixa negar, uma vez que existe entre aquele pai/mãe e filho(s) uma relação familiar de parentesco.

Apesar de estas famílias terem ficado de fora da definição legal de casa de morada de família na Lei de Bases da Habitação, o legislador, ciente da existência desta realidade, atribui-lhe medidas de proteção no tocante à política de habitação adotada[123]. Contudo, nem esse reconhecimento parece ter sido suficiente para aquele as incluir no pequeno grupo de famílias que podem ver a sua casa qualificada como casa de morada de família e ter, por isso, a "especial proteção legal"[124] tão clamada, o que poderá ter consequências na aplicação do regime existente.

Mas a casa habitada por esta família monoparental é ou não uma casa de morada de família?[125] A nosso ver, sim, sem margem para dúvidas, ainda que o regime legal atualmente existente em nada as possa afetar.

[121] Oliveira, Guilherme (2004). Transformações do Direito da Família. *In* AAVV, *Comemorações dos 35 anos do Código Civil e dos 25 anos da reforma de 1977* (Vol. I). Coimbra: Coimbra Editora, p. 775.

[122] Informação disponível em https://www.ine.pt/xportal/xmain?xpid=INE&xpgid=ine_indicadores&indOcorrCod=0007861&contexto=bd&selTab=tab2&xlang=pt

[123] Cfr. art. 8.º, n.º 3, al. d), da Lei de Bases da Habitação.

[124] Cfr. art. 10.º, n.º 4, da Lei de Bases da Habitação.

[125] No ordenamento jurídico brasileiro, além dos cônjuges, pode ainda, segundo o art. 1.º da Lei n.º 8.009, de 29 de março de 1990, a *"entidade familiar"* habitar um imóvel residencial objeto do bem de família. De acordo com o art. 226.º §3 e §4 da Constituição da República Federativa do Brasil, esta "entidade familiar" abrange tanto a união estável entre homem e mulher como também a família monoparental.

Mas, como veremos adiante, a definição proposta por alguns Autores para a casa de morada de família não se coaduna a esta realidade, muito menos a apresentada pelo legislador na Lei de Bases da Habitação.

Mesmo após um divórcio e saída de casa de um dos cônjuges, pode dar-se o caso de continuar a habitar ali uma família – agora monoparental – que possa necessitar de proteção. Como tal, não se lhes poderá negar a possibilidade de ver a casa onde esta família reside qualificada como "casa de morada de família", pois pode vir a tornar-se suficientemente importante para regimes legais protetivos futuros que as possam vir a salvaguardá-las.

1.3. Casa de morada de família *vs.* Domicílio

Esta habitação não pode ser confundida com outras expressões utilizadas no Código Civil como "domicílio". O domicílio a que se refere o art. 82.º do Código Civil diz respeito ao instituto jurídico que, ao ser estabelecido, revela o local onde a vida de cada pessoa singular, membro ou não de um agregado familiar, se desenrola estavelmente e manifesta abertamente a terceiros onde poderá ser encontrada. Este domicílio denuncia, assim, a residência habitual, pelo que esta última é o local onde frequentemente determinada pessoa habita[126].

Como já foi *supra* mencionado, a família não é jurídica e autonomamente considerada como uma pessoa, pelo que esta, por si só, não tem domicílio nos termos do art. 82.º[127], contrariamente aos membros do seu agregado. São estes últimos que têm domicílio na residência onde se desenvolve a casa de morada de família e que beneficiam da estabilidade da mesma e da unidade do seio familiar.

Ou seja, a casa de morada de família serve de domicílio e torna-se, por conseguinte, a residência dos membros daquela. A residência permanente de cada um destes sujeitos é, por isso, *"o centro da sua vida e onde, normalmente, vive e permanece, a ele regressando após uma eventual ausência breve ou mesmo mais prolongada"*[128]. Contudo, tenha-se em consideração que a casa de morada de família torna-se um pouco mais do que isto, nomea-

[126] NETO, Manuela (1993). *Dicionário de Direito* Civil. Porto: E.L.C.L.A. p.181.

[127] E nem sede, nos termos do art. 159.º.

[128] Cfr. NETO, Abílio (2004). *Código Civil anotado* (14.ª ed.). Lisboa: EDIFORUM, p.75.

damente porque a estabilidade deste local é necessária para a prossecução dos interesses individuais de cada um dos seus membros. Por isto, é a sede da vida individual mas também da vida familiar enquanto tal. Enquanto a residência nos dá apenas a simples ideia do local onde aquela vida se desenrola, a casa de morada de família diz respeito ao bem em si, à sua materialidade e imaterialidade, e a toda a carga que este carrega[129].

Note-se: ainda que a casa de morada da família seja o local onde aquelas pessoas que nela habitam têm o seu domicílio, nem todos os domicílios ou residências podem ser qualificados como casas de morada da família. Daí que SALTER CID assuma que "residência da família" e "casa de morada da família" são conceitos que não podem nunca ser tidos como conceitos iguais, pois *"nem toda a residência da família pode ser qualificada como casa de morada da família, embora a inversa seja necessariamente verdadeira"*[130].

No ordenamento jurídico francês, a utilização de diferentes expressões denuncia tal facto. Enquanto "*domicilie familial*" indica a localização da pessoa para efeitos de interesses de terceiros, no caso de querermos designar a casa de morada de família no sentido que aqui estudamos é utilizada a expressão "*logement familial*"[131].

1.4. O conceito

Apesar de só agora se encontrar uma definição avançada pelo legislador para o conceito de casa de morada de família no direito legal positivado – na Lei de Bases da Habitação –, ao longo de muitos anos, vários estudos doutrinários foram sendo apresentados na tentativa de propor uma definição esclarecedora para tal conceito.

Para SALTER CID[132] a casa de morada de família deve ser *"a residência habitual principal do agregado familiar, mas também que pelo menos um dos côn-*

[129] CID, N. S. *A protecção da casa de morada da família no Direito Português, ob. cit.*, ponto 5, pp.58-59.

[130] *Ibidem*, nota 28, p.28.

[131] Esta última expressão francesa designa a habitação onde a família nuclear coabita. Cfr. PAUMIER-BIANCO, M. *Família e imposto – A tributação da casa de morada de família, ob. cit.*, nota 27, p.19.

[132] CID, N. S. *A protecção da casa de morada da família no Direito Português, ob. cit.*, pp.53-54.

juges seja titular de um direito que lhe confira – e à família por inerência – a possibilidade de utilização desse espaço físico para a morada de família".

Na mesma linha de pensamento, NUNO GOMES DA SILVA[133] considera que *"casa de morada de família é a casa de residência comum dos cônjuges, o local em que 'os cônjuges, no exercício do seu comum poder de imprimir uma direção unitária à vida familiar (...) determinaram fixar a residência da família".*

GUILHERME DE OLIVEIRA[134] avança que a *"a residência da família é, por assim dizer, a sua sede; o lugar onde a família cumpre as suas funções relativamente aos cônjuges e aos seus filhos e onde assume os seus compromissos perante terceiros".*

FERREIRA-PINTO[135], de forma muito simplista, avança que a casa de morada de família *"é a casa em que ambos os cônjuges residem, vivem, habitam"* e é neste local que *"no cumprimento do dever de coabitação a que estão mutuamente obrigados estabeleceram o seu lar, de comum acordo e atendendo, nomeadamente, às exigências da sua vida profissional e aos interesses dos filhos e procurando salvaguardar a unidade de vida familiar".*

O Autor não deixa de realçar a extensão do regime legal existente sobre o tema às uniões de facto quer heterossexuais, quer homossexuais, estas últimas protegidas desde 2001[136]. Contudo, tendo em conta que tal obra está datada de 2004, no tocante à relação matrimonial é referido ainda "marido e mulher". Compreende-se, desde 2010, que os mesmos efeitos se aplicam a cônjuges do mesmo género[137].

Para PEREIRA COELHO[138] a casa de morada de família é a residência da família nos termos do art. 1673.º, fixada por acordo entre ambos os cônjuges que só é alterada se aqueles decidirem por essa alteração.

[133] SILVA, N. G. Posição sucessória do cônjuge sobrevivo. *In ob.cit.*, p.72.

[134] OLIVEIRA, Guilherme (1987). A família. *In Enciclopédia Legal.* Lisboa: Selecções do Reader's Digest, p.20.

[135] FERREIRA-PINTO, Fernando Brandão (2004). *Dicionário de Direito da Família e de Direito das Sucessões,* Lisboa: Livraria Petrony, pp. 57-58.

[136] *"A união de facto é a situação jurídica de duas pessoas que, independentemente do sexo, vivam em condições análogas às dos cônjuges há mais de dois anos."*, Cfr. Art. 1.º, n.º 2 da Lei n.º 7/2001, de 11 de maio.

[137] Cfr. Lei n.º 9/2010, de 31 de maio.

[138] Acórdão do Supremo Tribunal de Justiça de 10-05-1988, publicado na RLJ, ano 123.º, 1990, p. 366 s., com anotação de F.M. PEREIRA COELHO *apud* COELHO, F. P., & OLIVEIRA,

Como entende LEONOR BELEZA, *"a residência da família é o lugar onde em princípio habitam os cônjuges e os filhos menores"*[139] – e isto porque aquela está interligada com o dever de coabitação que incumbe aos primeiros e que se presume cumprido naquele local[140].

Todos os Autores analisados propõem uma definição que impõe uma correlação entre habitação familiar e relação conjugal[141]. A nosso ver, e apesar de se compreender que esta é a situação mais habitual, tal conceção parece encontrar-se ultrapassada para abrigar as novas realidades *supra* estudadas. Este entendimento parece também ter sido confirmado pelo legislador no art. 10.º, n.º 3 da Lei de Bases da Habitação.

Talvez se compreenda aqueles entendimentos doutrinários se pensarmos que o próprio Código Civil, no seu art. 1673.º, faz a ligação entre a casa de morada de família e a relação matrimonializada. Porém, não se pode esquecer que este artigo se encontra inalterado desde 1977 e apenas foram aceites e protegidas as uniões de facto, pelo sistema jurídico, num momento mais posterior.

Analisaremos as definições propostas por outros Autores que, de forma consciente ou inconsciente, não lhes aplicam o cunho da família matrimonializada para habitar a casa de morada de família, o que permite incluir as referidas famílias monoparentais, para além de que se coaduna com a definição legal existente e que inclui as uniões de facto[142].

CAPELO DE SOUSA[143] opta por qualificar a casa de morada de família de forma casuística ao defini-la como aquela *"que constitua a residência habitual*

G. *Curso de Direito da Família – Introdução ao Direito Matrimonial* (4.ª ed., Vol. I) *ob. cit.*, p. 390.

[139] BELEZA, Leonor (1980). Direito da Família. *In Apontamentos das Lições proferidas ao 3.ºAno/Dia no Ano Lectivo de 1980/1981.* Lisboa: A.A.F.D.L., p.88 *apud* CID, N. S. *A protecção da casa de morada da família no Direito Português, ob. cit.*, p.31.

[140] BELEZA, Leonor (1981). Os efeitos do casamento. *In Reforma do Código Civil.* Lisboa: Ordem dos Advogados, p.113.

[141] Apenas FERREIRA-PINTO refere os unidos de facto apesar de o fazer fora da definição proposta. Cfr. FERREIRA-PINTO, F. B. *Dicionário de Direito da Família e de Direito das Sucessões, ob. cit.*, pp. 57-58.

[142] A jurisprudência já tinha proposto uma definição neste sentido, mesmo antes da Lei de Bases da Habitação. Cfr. Acórdão do Tribunal da Relação de Coimbra, de 20-06-2017, (Maria Domingas Simões), Proc. n.º 1747/14.0T8LRA.C1, disponível em www.dgsi.pt.

[143] SOUSA, R. C. *Lições de Direito das Sucessões, ob. cit.*, p.236.

principal do agregado familiar" e que *"pela sua estabilidade e solidez seja a sede e o centro principal da maioria dos interesses, das tradições e das aspirações familiares em apreço"*. Apesar de toda a análise que o Autor faz posteriormente estar ligada à proteção que o Código Civil confere à habitação conjugal, nesta definição por si proposta não lhe confere uma interligação entre casa de morada de família e os cônjuges, mas, ao invés, associa-a àquela habitada pelo agregado familiar. E só com uma definição deste género se consegue abrir margem para a aceitação, neste conceito, de novas realidades sociais existentes em agregados familiares como os de menor extensão.

Neste sentido, também João Cardoso[144] define a casa de morada de família como *"a casa que serviu de residência efetiva e permanente da família constituída"*[145].

Mais atual, Jorge Pinheiro[146] apesar de fazer a típica menção de que tal local é *"o espaço privilegiado de realização da comunhão conjugal"* não se coíbe de afirmar que a casa de morada de família é aquela que é *"a sede da vida familiar, o local do cumprimento da obrigação de comunhão de habitação"*, pelo que esta definição pode abarcar outras factualidades.

Assim, podemos aproveitar estas últimas definições que não isolam no conceito de casa de morada de família apenas os casos de famílias nucleares conjugais, para podermos entender tal habitação como a constituída por quaisquer dos membros de um agregado ligados por relações familiares.

Por tudo o que vimos, a casa de morada de família pode assim ser entendida como o lugar físico destinado por excelência à convivência de um agregado de maior ou menor extensão, que se encontre interligado por um qualquer vínculo familiar, e que seja indispensável à estabilidade, à unidade e ao desenvolvimento pessoal e coletivo daquela família que possui um qualquer título que legitima a sua habitação permanente e habitual para tais efeitos.

[144] Cardoso, J. L. *Partilhas judiciais, ob. cit.*, p.373.

[145] Após dar uma breve definição sobre o conceito, o Autor fala na situação de divórcio ou separação dos cônjuges protegida no Código Civil como que mencionando apenas uma das realidades sociais possíveis de incluir neste conceito. ("*Com efeito – e no tocante aos cônjuges – ...*"). Cfr. *Ibidem*, p.373.

[146] Pinheiro, J. D. *O Direito da Família contemporâneo – Lições, ob. cit.*, p.566.

1.5. Proteção jurídica conferida à casa de morada de família

A casa é já considerada uma necessidade básica do ser humano por ser o local escolhido para aquele se desenvolver com o mínimo de dignidade e por se tratar de um local privilegiado para a realização de muitos outros direitos individuais.

Proteger-se a casa de morada de família é tutelar um dos meios encontrados pelo legislador para salvaguardar, em primeira instância, a saúde, o bem-estar e o desenvolvimento de cada indivíduo, mas, em última instância, também a família (enquanto grupo) que nela habita, e a privacidade e intimidade criada no seio desta. É ter em conta todo o valor extrapatrimonial que aquela representa, como um espaço de partilha, de desenvolvimento pessoal e de realização familiar. Daí que, tendo em conta os interesses envolvidos, se considere que este é um bem "*com uma especial dignidade*"[147] com um regime específico instituído.

1.5.1. O direito à habitação: a proteção internacional e constitucional

a) Proteção Internacional

O internacional e constitucionalmente reconhecido direito fundamental e social à habitação de forma condigna é uma das mais importantes formas de proteção da casa de morada de família.

Internacionalmente previsto na Carta Internacional dos Direitos Humanos, fulcralmente nos seus instrumentos jurídicos internacionais, tem origens no art. 25.º, n.º 1 da Declaração Universal dos Direitos Humanos (DUDH) de 1948[148], diploma fundamental para a proteção dos direitos humanos. Aparece mais tarde no art. 11.º do Pacto Internacional dos Direitos Económicos, Sociais e Culturais das Nações Unidas (PIDESC) de 1966[149]. Proclamada em 2000, a Carta dos Direitos Fundamentais da

[147] PINHEIRO, J. D. *O Direito da Família contemporâneo – Lições*, *ob. cit.*, p.566.

[148] "*Toda a pessoa tem direito a um nível de vida suficiente para lhe assegurar e à sua família a saúde e o bem-estar, principalmente quanto (...), ao alojamento (...)*".

[149] "*Os Estados-Signatários no presente Pacto reconhecem o direito de toda a pessoa a um nível de vida adequado para si e sua família, incluindo alimentação, vestuário e habitação adequados e a uma melhoria contínua das suas condições de vida.*"

União Europeia (CDFUE) menciona este reconhecimento no seu artigo 34.º, n.º 3[150].

Uma das características dos direitos humanos é a interdependência dos mesmos entre si que, só assim, permite a realização de todos aqueles. E no tocante ao direito à habitação não há exceção. A habitação é fundamental para o pleno exercício de outros direitos fundamentais como, entre outros, o direito à dignidade humana, à não discriminação, à reserva da intimidade privada e o próprio direito à família, não olvidando as liberdades como a de escolha de residência e, muitas vezes, a de expressão. Para que todos os restantes direitos humanos sejam efetivamente exercidos é necessário estar assegurada uma habitação, assim como a garantia dos restantes é importante para se gozar plenamente de um direito à habitação.

Por imposição dos diplomas internacionais[151], os Governos de cada Estado têm de adotar medidas no sentido de assegurar este direito, de forma imediata e utilizando os meios adequados, com o máximo de esforço no uso dos seus recursos disponíveis, além do reconhecimento legal exigido, para que se respeite e proteja tal direito à habitação[152].

O fundamento desta proteção do direito à habitação é, sobretudo, o princípio da dignidade da pessoa humana que assenta na própria ideia do que é ser, enquanto ser humano com necessidades básicas a ser supridas. E apesar de ser preciso ter também algo material essencial para ser um Ser realizado, não se pretende que se vá ao extremo do materialismo do "ter por ter", pelo que não se confunde com a mera propriedade, mas tão-só a possibilidade de habitar num espaço físico condigno cujo uso, em segurança e o mínimo de qualidade, saúde e segurança, permita que

[150] *"A fim de lutar contra a exclusão social e a pobreza, a União reconhece e respeita o direito a uma assistência social e a uma ajuda à habitação destinadas a assegurar uma existência condigna a todos aqueles que não disponham de recursos suficientes, de acordo com o direito comunitário e as legislações e práticas nacionais."*

[151] Cfr. Artigo 11.º do PIDESC – *"Os Estados-Signatários tomarão medidas apropriadas para assegurar a efectividade deste direito, reconhecendo para esse feito, a importância essencial da cooperação internacional baseada no livre consentimento."*

[152] Nações Unidas (s.d), *O Direito Humano a uma habitação condigna – Ficha Informativa n.º 21*, pp. 15-22, disponível em http://gddc.ministeriopublico.pt/sites/default/files/documentos/pdf/ficha_informativa_21_direito_habitacao_condigna.pdf.

tal dignidade seja respeitada. O direito à habitação será para todos, por todos termos direito à nossa dignidade individual, e não apenas para quem pode, por meio do direito de propriedade, ter uma casa onde possa constituir uma família, sob pena de discriminações. Não se trata de futilidade. Como direito fundamental que é, é também transversal a todas as pessoas (universal), tem carácter apenas pessoal, e é permanente no sentido em que só se extingue aquando da morte do seu titular. Até lá, é indisponível. Ademais, por não ter nenhuma natureza patrimonial associada, não é suscetível de qualquer avaliação pecuniária, pois está diretamente relacionado com a própria pessoa e com a sua vida[153].

b) Proteção Constitucional

No reconhecimento deste direito fundamental individual inerente à pessoa humana e, por extensão[154], à sua família, a Constituição da República Portuguesa concretiza no seu artigo 65.º, n.º 1 que *"Todos têm direito, para si e para a sua família, a uma habitação de dimensão adequada, em condições de higiene e conforto e que preserve a intimidade pessoal e a privacidade familiar"*. Este preceito tem fundamento no princípio da dignidade da pessoa humana presente no art. 1.º da CRP e que é diretriz da proteção dos direitos mais básicos e essenciais à vida do Homem enquanto tal.

O artigo 65.º da CRP não estabelece um direito absoluto uma vez que é necessária uma ponderação de outros valores. Além disto, configura uma norma meramente programática, o que implica uma efetiva concretização prática do seu conteúdo pelo legislador, tendo sempre em conta a sua aplicabilidade direta que vincula entidades públicas e privadas[155].

Como direito fundamental social que é, apresenta uma vertente positiva no sentido de atribuir o direito a habitação condigna e adequada, concretizável através de medidas políticas e estaduais que cabem ao

[153] Maldonado, S. (2016). *Direito à habitação como direito fundamental no contexto da etnia cigana.* Dissertação de Mestrado (Ciências Jurídico-Forenses), Faculdade de Direito da Universidade de Coimbra, Coimbra, p.15, Disponível em https://eg.uc.pt/bitstream/10316/35026/1/Direito%20a%20Habitacao%20como%20Direito%20Fundamental%20no%20contexto%20da%20etnia%20cigana.pdf.

[154] Não é apenas um direito individual mas também um *"direito da família"*; Canotilho, J. G., & Moreira, V. *Constituição da República Portuguesa anotada, ob. cit,* p.835.

[155] Cfr. artigos 17.º e 18.º da CRP.

legislador ordinário[156]. Ao Estado – enquanto único sujeito passivo deste preceito – cabe a obrigação constitucionalmente atribuída de promover através de ações positivas, políticas e medidas atinentes ao cumprimento deste direito à habitação, com a colaboração das autarquias locais e regiões autónomas na construção de habitações económica e sociais (artigo 65.º; art. 9.º, al. d) e art. 235.º, n.º 2 da CRP)[157].

Não quer isto significar que o direito à habitação seja apenas concretizável através do direito de propriedade[158]. O acesso à mesma pode ser obtido através de outros direitos, como o arrendamento ou o comodato.

Por outro lado, tem uma vertente negativa de forma a atribuir ao Estado a obrigação de não permitir privações meramente arbitrárias deste direito[159], sendo extremamente importantes as medidas existentes (e a criação das necessárias) para assegurar que não ocorram privações que afetem, de forma invasiva e inconstitucional, este direito à habitação.

A importância do reconhecimento e da defesa deste direito prende-se sobretudo com o facto de a habitação estar diretamente relacionada com o desenvolvimento do indivíduo e com a garantia da realização de outros direitos, como o direito à saúde, direito à higiene e outros direitos como os de personalidade.

O direito à habitação garante a proteção da habitação de pessoa singular que vive só, mas vai mais longe: é ainda instrumento de tutela da família ao ir no sentido do artigo 36.º (concretizado no artigo 67.º)[160], ao proteger ainda a realidade do grupo família cuja estabilidade depende do bem-estar individual e coletivo daqueles membros, também sujeitos de uma comunidade.

1.5.2. A proteção conferida pelo Código Civil

[156] Acórdão do Tribunal Constitucional n.º 131/92, de 01-04-1992, (Cons. Alves Correia), Proc. n.º 122/90, disponível em www.tribunalconstitucional.pt.

[157] Sob pena de o Tribunal Constitucional iniciar um procedimento de inconstitucionalidade por omissão. Cfr. art. 283.º da CRP.

[158] Não é confundível com o direito à propriedade. Cfr. MIRANDA, J., & MEDEIROS, R. *Constituição Portuguesa anotada, ob. cit.*, p.1327.

[159] Canotilho, J. G., & Moreira, V. *Constituição da República Portuguesa anotada, ob. cit*, pp.833-834.

[160] Miranda, J., & Medeiros, R. *Constituição Portuguesa anotada, ob. cit., p.* 1326.

Apesar de se tratar de uma compilação de preceitos já imponente, o Código Civil de 1966 não continha sequer uma única menção à expressão "casa de morada de família". Tal só se verificou onze anos depois com a Reforma de 1977[161/162], década das grandes alterações à lei civil, na maioria dos países europeus, que, de forma a adequar aquela lei à Constituição de 1976, permitiu a introdução de uma pequena quantidade de preceitos que conferiram a proteção para acautelar certos diferendos aquando de um divórcio ou do falecimento de um dos cônjuges e até de vicissitudes que possam surgir na pendência do matrimónio. A partir deste momento, mesmo que tenha sido de forma inconsciente, o legislador concedeu a este tipo de bem um estatuto jurídico particular e especial. Dali em diante, diferencia-o de um qualquer outro e simples imóvel, reconhecendo-lhe assim expressamente a sua importância. Até porque proteger o lugar onde uma família se desenvolve é, no fundo, proteger a estabilidade, a firmeza e a união da mesma. Como tal, as exigências passaram a ser outras.

a) Na pendência do matrimónio

Com o art. 36.º da CRP que proclama a igualdade entre os cônjuges, sobretudo no seu n.º 3, artigos como o 1678.º, n.º 1 do Código Civil – que na sua antiga redação "nomeava" o marido como chefe de família, confiando-lhe a administração de todos os bens (fossem eles do casal ou até os próprios da esposa) – foram revogados automaticamente, pelo que foi necessária nova resposta solucionadora[163]. Com o aditamento dos artigos 1682.º-A (com enfoque no seu n.º 2 para o tema em estudo) e 1682.º-B, a

[161] DL n.º 496/77, de 25 de novembro.

[162] Para que o Código Civil não ficasse lacunoso e se adaptasse à nova realidade social e política após 1974 e à consequente promulgação da nova Constituição da República Portuguesa de 1976 que, com a sua entrada em vigor, revogava os preceitos presentes na lei ordinária contrários aos novos princípios constitucionais. Cfr. artigo 293.º, n.º 1 que corresponde o atual artigo 290.º, n.º 2.

[163] Collaço, Isabel de Magalhães. (2004). A Reforma de 1977 do Código Civil de 1966. Um olhar vinte e cinco anos depois . *In* AAVV, *Comemorações dos 35 anos do Código Civil e dos 25 anos da Reforma de 1977* (Vol. I). Coimbra: Coimbra Editora, p. 18.

partir de 1977 passou a exigir-se como condição de validade[164/165] o consentimento de ambos os cônjuges para a alienação e oneração daquele bem que serve como lar de família, bem como para o arrendamento ou para a constituição de outros direitos reais de gozo sobre o mesmo, ainda que aquele que o pretenda fazer seja o único proprietário ou o único titular do direito ao arrendamento e independentemente do regime de bens por eles escolhido[166]. A mesma necessidade de consentimento de ambos passou ainda a ser prevista para legitimar a disposição do direito de arrendamento sobre a casa de morada de família arrendada (art. 1682.º-B do CC), igualmente independentemente do regime de bens adotado, o que mostra que para o legislador é *"tão relevante a posição do cônjuge arrendatário como a do não arrendatário, quando é a residência da família que está em causa"*[167]. Isto não é um atribuir da posição do arrendatário ao seu cônjuge, mas tão-só conferir-lhe o direito de pedir a anulação dos atos previstos no artigo 1682.º-B quando praticados pelo cônjuge arrendatário sem o seu consentimento, nos termos do artigo 1687.º do CC[168].

Este regime é apenas aplicado quando estamos perante este bem de especial qualificação, enquanto continuar a ser assim qualificado, até porque *"[a] venda de imóvel que aquando da venda a casa já não era há muito casa –morada-de família, não implica o conhecimento de ambos os cônjuges"*[169].

[164] Sob pena de anulabilidade dos atos de disposição dos direitos sobre a casa de morada de família, a pedido do cônjuge que não consentiu ou dos seus herdeiros, nos termos do art. 1687.º n.º 1 do CC.
A mesma orientação é seguida no art. 215.º do Código Civil Francês. Cfr. Paumier-Bianco, M. *Família e imposto – A tributação da casa de morada de família, ob. cit.* p.23.

[165] Acórdão do Tribunal da Relação de Coimbra, de 22-10-2019, (Fonte Ramos), Proc. n.º 806/18.4T8PBL.C1, disponível em www.dgsi.pt.

[166] Esta necessidade de consentimento de ambos os cônjuges para tais atos encontrou o seu impulso no art. 18.º da Lei Dinamarquesa de 18 de março de 1925 e nos arts. 14.º e 16.º da Lei Norueguesa de 20 de maio de 1927. Cfr. CID, N. S. *A protecção da casa de morada da família no Direito Português, ob. cit.*, nota 25, p. 11.

[167] Acórdão do Tribunal da Relação de Évora, de 19-12-2019, (Albertina Pedroso), Proc. n.º 1965/18.1T8PTM-A.E1, disponível em www.dgsi.pt.

[168] Neto, Abílio (1999). *Código Civil anotado* (12.ª ed.). Lisboa: EDIFORUM, anotação 3 do art. 1682.º-B, p.1246.

[169] Acórdão do Tribunal da Relação de Évora, de 05-05-2016, (Elisabete Valente), Proc. n.º 2367/14.4T8STB-B.E1, disponível em www.dgsi.pt.

Com este desvio às regras do direito comum obsta-se à insegurança e ao perigo que poderia pairar na constância de um matrimónio de, por única e livre vontade, um dos cônjuges – mesmo que exclusivo titular dos direitos sobre aquele bem – no uso dos seus poderes de disposição, alienação e oneração, conseguir colocar em risco o lar onde coabitam. A opção do legislador no n.º 2 do artigo 1682.º-A prende-se não tanto por uma questão de conservação do imóvel no património do casal, mas para garantir e salvaguardar a manutenção da residência da família enquanto tal, de forma a assegurar a estabilidade familiar, impedindo que um dos cônjuges decida sozinho os destinos daquele bem habitado por ambos e, ainda, que o cônjuge único proprietário do mesmo, casado no regime da separação de bens, disponha de tal residência sem o consentimento do outro que nela também reside, obrigando este último a abandonar aquela que é a casa de morada de família[170]. O artigo 1682.º-B parece ir também no sentido de proibir a disposição do direito ao arrendamento daquela que é a residência familiar sem o conhecimento e autorização do outro que nela também habita e que poderá ficar desprotegido se naquele ato não consentir.

b) Em caso de divórcio ou separação de pessoas e bens

Mesmo antes da Reforma de 1977, já estava estipulado que, no caso de divórcio ou separação de pessoas e bens, se estiver em causa uma casa arrendada, o direito ao arrendamento (pela comunicabilidade concedida) não caduca por tal motivo, o que permite aos ex-cônjuges acordar quem fica na posição de arrendatário: ou optam pela transmissão desta titularidade ao cônjuge não arrendatário ou concentram esta mesma num deles (art. 1105.º do CC). Na falta de tal acordo, poderá vir o Tribunal intervir e decidir consoante as necessidades de cada um, os interesses dos filhos ou outros fatores relevantes (artigo 1105.º, n.º 2 do CC e artigo 990.º do CPC). Contudo, fá-lo contra a vontade do outro ex-cônjuge. Em qualquer dos casos, o acordo judicialmente homologado ou a decisão

[170] Boletim do Ministério da Justiça n.º 366, p. 502 e ss. *apud* Cavaleiro, Tiago (2015). *A união de facto no ordenamento jurídico Português – Análise de alguns aspectos de índole patrimonial.* Dissertação de Mestrado (Direito), Faculdade de Direito da Universidade de Coimbra, Coimbra, p.43, disponível em https://eg.uc.pt/bitstream/10316/28646/1/A%20uniao%20de%20facto%20no%20ordenamento%20juridico%20portugues.pdf.

judicial são ambos notificados ao senhorio (art. 1105.º, n.º 3 do CC)[171]. Este não intervém na questão, mas pode sempre, querendo, requerer ao Tribunal a caducidade do arrendamento se circunstâncias supervenientes o justificarem (artigo 1793.º, n.º 2 do CC) ou resolver o contrato, hipótese salvaguardada nos termos dos artigos 1083.º, n.º 2 e 1084.º do CC[172].

Contrariamente, nunca nada com um calibre tão forte tinha sido previsto antes de 1977 quanto ao bem que fosse propriedade de ambos ou de apenas de um dos cônjuges. Isto é, poderia dar-se o caso do ex-cônjuge mais necessitado daquele bem não ficar protegido, por inexistir uma salvaguarda legal que lhe permitisse manter ali o seu lar.

Por isso, caso esteja em causa um bem comum do casal ou próprio de apenas um dos cônjuges, não existindo acordo quanto ao destino do mesmo (quer porque estamos perante um divórcio litigioso cuja conciliação não resultou, ou porque o divórcio por mútuo consentimento foi convertido em litigioso), dita o art. 1793.º[173] do CC que pode o cônjuge não proprietário ou comproprietário da casa familiar pedir ao Tribunal que a dê de arrendamento, tendo em conta "*as necessidades de cada um dos*

[171] Com origem no art. 45.º da Lei n.º 2030 de 22 de junho de 1948 e posteriormente presente no art. 1110.º do Código Civil de 1966 e no art. 84.º do RAU. Apesar destes preceitos nunca utilizarem a expressão "casa de morada de família" era evidente que só àquela se pretendiam aplicar tais disposições. Cfr. Coelho, F. P., & Oliveira, G. *Curso de Direito da Família – Introdução ao Direito Matrimonial* (4.ª ed., Vol. I) *ob. cit.*, p.674.

[172] Acórdão do Tribunal da Relação de Lisboa, de 11-07-2013, (Farinha Alves), Proc. n.º 9779/12.6YYLSB.L1-2, disponível em www.dgsi.pt.

[173] Inspirado no art. 285.º do Código Civil Francês.

cônjuges e o interesse dos filhos do casal[174]" (entre outras considerações[175/176]), seguindo as regras de um processo de jurisdição voluntária, regulado nos artigos 986.º e ss. do CPC, nomeadamente o artigo 990.º[177]. Pela lógica da questão, a casa objeto do conflito não poderá ser um bem próprio do cônjuge requerente.

Este pedido de atribuição deverá ser contemporâneo à época do divórcio (ainda que corra por apenso), dado que tal medida visa proteger a estabilidade familiar que fica abalada pela dissolução do matrimónio e tem atenção às necessidades atuais da mesma; todas as necessidades supervenientes são irrelevantes para a decisão e, como tal, não poderá ser "*invocado após aquela época uma vez que extinto o vínculo conjugal deixou de existir casa de morada de família referente àquele casamento*" por não se poder atribuir aquilo que já se extinguiu[178].

Pelo n.º 3 do artigo 1793.º, o regime sobre o destino da casa familiar estabelecido quer no acordo entre os cônjuges, quer na decisão judicial, pode ser alterado, nos termos dos artigos 986.º e ss. do CPC, sem sujeição a critérios de legalidade estrita mas atendendo-se à conveniência e oportunidade da solução para o concreto caso, desde que se verifiquem novas

[174] Para efeitos da atribuição da casa de morada de família neste contexto, só os filhos menores são tidos em conta. Caso sejam maiores, as suas necessidades apenas interessam para efeitos da atribuição de alimentos. Cfr. Campos, D. L. *Lições de Direito da Família e das Sucessões, ob. cit*, p.308.

[175] "*No juízo sobre a necessidade da casa de morada de família haverá que considerar uma série de factores relevantes, como a idade e o estado de saúde dos cônjuges ou ex-cônjuges, a localização da casa relativamente ao local de trabalho de um e outro, o facto de algum deles dispor eventualmente de outra casa em que possa estabelecer a sua residência, etc..*", Cfr. Acórdão do Tribunal da Relação de Évora, de 31-01-2019, (Conceição Ferreira), Proc. n.º 1319/17.7T8FAR.E1, disponível em www.dgsi.pt.

[176] Acórdão do Tribunal da Relação de Coimbra, de 09-01-2018, (Luís Cravo), Proc. n.º 238/13.0TMCBR-B.C1, disponível em www.dgsi.pt.

[177] Para este caso, é tido como "*inadequado o regime da compropriedade, designadamente pela aplicação do art.º 1406.º do CC*"., Cfr. Acórdão do Tribunal da Relação de Coimbra, de 20-06-2017, (Maria Domingas Simões), Proc. n.º 1747/14.0T8LRA.C1, disponível em www.dgsi.pt.

[178] Acórdão do Tribunal da Relação de Lisboa, de 23-09-2008, (Rijo Ferreira), Proc. n.º 5505/2008-1, disponível em www.dgsi.pt.

circunstâncias supervenientes que mereçam uma nova avaliação do caso (e, quiçá, alteração da solução anteriormente encontrada).[179]

Quando estejamos perante um bem próprio, o ex-cônjuge tido como o mais atingido pelo divórcio no tocante à manutenção da estabilidade da família e mais necessitado da casa poderá tornar-se titular de um direito de arrendamento sobre aquela. Mas para o proprietário tal representa uma *«"expropriação" sem indemnização»* que só se pode ver legitimada em nome do superior interesse da família[180], verificados que estejam os critérios para essa atribuição, apenas no caso de o cônjuge único proprietário do bem dele não necessitar[181] e se o outro não tiver uma outra solução de habitação[182].

Com esta Reforma de 1977, surgiu também a possibilidade de o destino deste bem ficar decidido logo num acordo[183] que acautele os interesses

[179] Acórdão do Tribunal da Relação de Guimarães, de 17-12-2018, (José Flores), Proc. n.º 1163/13.0TBPTL-G.G2, disponível em www.dgsi.pt.

[180] Existem Autores que defendem que tal possibilidade representa uma *"expropriação forçada, do uso da casa, que se deve considerar inconstitucional"*, só podendo ser entregue ao cônjuge não proprietário em casos excecionais. Cfr. Campos, D. L. *Lições de Direito da Família e das Sucessões, ob. cit*, p..307 e ainda CID, N. S. *A protecção da casa de morada da família no Direito Português, ob. cit.*, pp. 287 e ss.

Outros entendem que *"[é] o interesse da família que, legitimamente, sacrifica o direito de propriedade sem violação de nenhuma norma constitucional."* Cfr. Ac. Tribunal Relação do Porto de 26.02.1998, t.1, p.222 *apud* Coelho, F. P., & Oliveira, G. *Curso de Direito da Família – Introdução ao Direito Matrimonial* (4.ª ed., Vol. I) *ob. cit.*, p.675; *"A justificação destas soluções da lei, algo anómalas, passa certamente pela consideração da relevância constitucional atribuída à família e à respectiva protecção (cometida ao Estado), que seguramente abrange a sua desagregação pelo divórcio"*. Cfr. CID, N. S. *A protecção da casa de morada da família no Direito Português, ob. cit.*,p.342

No sentido da constitucionalidade do n.º 1 do artigo 1793.º do CC, Cfr. Acórdão do Tribunal Constitucional, n.º 127/13, de 27-02-2013, (Cons. Vítor Gomes), Proc. n.º 672/2012, disponível em www.tribunalconstitucional.pt.

[181] *"A casa de morada de família própria de um dos ex-cônjuges não deve ser atribuída em arrendamento ao outro, a seu pedido, quando o dono da mesma careça dela e não tenha meios económicos para encontrar outra habitação."*, Cfr. Acórdão do Tribunal da Relação do Porto, de 07-12-2011, (Pedro Lima Costa), Proc. n.º 10814/09.0TBVNG.P1, disponível em www.dgsi.pt

[182] Acórdão do Tribunal da Relação do Porto, de 21-06-2012, (Deolinda Varão), Proc. n.º 3023/09.0TBPVZ-B.P1, disponível em www.dgsi.pt.

[183] Enquanto negócio jurídico com efeitos meramente obrigacionais para as partes que não representa um ónus sobre o prédio e nem tem eficácia contra terceiros por não estar

dos envolvidos e dos filhos[184], exigido pelo legislador para decretar esta dissolução do matrimónio por divórcio por mútuo consentimento[185], mas com necessidade de homologação posterior pelo conservador do registo civil ou do julgador (art. 1775.º do CC e arts. 994.º e ss. do CPC), ou no caso de o divórcio litigioso se ter convertido na modalidade de mútuo consentimento. Com este acordo pode ficar decidida a utilização temporária ou o destino definitivo[186] da casa de morada de família. Caso outra coisa não resulte do acordo, entende-se que se destina tanto ao período da pendência do processo como ao período posterior (art. 1775.º, n.º 2 do CC e arts. 931.º, n.º 3 e 4 e 994.º, n.º 2 do CPC).

Havendo acordo, podem os cônjuges estipular o pagamento/recebimento de uma compensação (*v.g.* rendas) a ser paga por aquele que da casa de morada de família usufrui. Caso não o façam, não poderá o cônjuge impedido de usufruir do que também é seu bem vir, em momento posterior, solicitar uma compensação pelo uso da habitação pelo outro cônjuge[187]. Para tal, deverá pedir que o Tribunal a fixe para período posterior à sentença ou que reverta a situação de atribuição.

Contudo, caso não seja apresentado nenhum acordo ou este não acautele os interesses de um dos cônjuges, o divórcio por mútuo consentimento não deve ser homologado e o processo será remetido para o Tribunal da Comarca a que pertença a conservatória e o respetivo juiz convocará os cônjuges a alterá-lo ou, no caso de não apresentação do mesmo, fixará o destino da casa de morada de família como se de um divórcio litigioso se tratasse (arts. 1778.º e 1778.º-A do CC e artigos 931.º

sujeito a inscrição predial. Cfr. Acórdão do Supremo Tribunal de Justiça, de 08-05-2013, (Nuno Cameira), Proc. n.º 1064/11.7TBSYM.P1.S1, www.dgsi.pt.

[184] Se o acordo não acautelar tais interesses, decreta o art. 1778.º do CC que este não pode ser homologado sendo este processo remetido para o Tribunal. Cfr. também art. 1776.º, n.º 2 do CC.

[185] Sob pena de este destino ser decidido pelo juiz, seguindo o processo como se de um divórcio sem o consentimento de um dos cônjuges se tratasse. Cfr. art.1778.º-A, n.º 3 do CC.

[186] Que não implica uma "partilha antecipada". Coelho, F. P., & Oliveira, G. *Curso de Direito da Família – Introdução ao Direito Matrimonial* (4.ª ed., Vol. I) *ob. cit.*,nota 28, p. 604

[187] Acórdão do Tribunal da Relação de Coimbra, de 27-04-2017, (Sílvia Pires), Proc. n.º 3175/16.3T8VIS.C1, disponível em www.dgsi.pt.

e ss. do CPC). E, como tal, na pendência de um processo de divórcio litigioso, o juiz pode, por iniciativa própria ou a requerimento de alguma das partes, fixar um regime provisório quanto à utilização da casa de morada da família, nos termos do art. 931.º, n.º 7 do CPC[188] que vigorará até o trânsito em julgado da decisão definitiva de divórcio. Nesta situação, o Tribunal deve prever especificamente o pagamento de uma renda[189], ainda que possa sempre decidir pela gratuitidade, desde que com base em critérios de equidade e de necessidade pessoal e patrimonial do cônjuge carenciado daquele bem[190]. Se o outro ex-cônjuge se sentir prejudicado com tal decisão poderá instaurar ação de atribuição da casa de morada de família e pedir a fixação de uma renda a ser paga pelo outro que dela usufrui.

Caso estejamos perante uma decisão de atribuição definitiva da casa de morada de família comum, o Tribunal fixará sempre uma renda a ser paga, segundo as regras do arrendamento a título oneroso, cujo valor terá sempre em conta as circunstâncias do caso (artigo 990.º CPC e artigo 1793.º do CC)[191], nomeadamente a situação económica de ambos os cônjuges[192].

c) No caso de falecimento de um cônjuge

No último grupo de casos protegidos pela lei civil está o falecimento de um dos cônjuges. Ainda que, pela redação inicial do Código Civil de 1966, já se permitia que o direito de arrendamento sobre a casa de morada de família não caducasse e fosse transmitido ao cônjuge sobre-

[188] Acórdão do Tribunal da Relação de Guimarães, de 15-11-2018, (Jorge Teixeira), Proc. n.º 1448/17.7T8BRG.G1, disponível www.dgsi.pt.

[189] Acórdão do Tribunal da Relação de Guimarães, de 26-03-2015, (Conceição Bucho), Proc. n.º 101/12.2TMBRG.G1, disponível em www.dgsi.pt.

[190] *"Todavia, ocupando o primeiro cônjuge uma habitação sem qualquer pagamento e tendo o segundo de proceder a um pagamento pela utilização de outra casa que teve necessidade de arranjar, será de admitir que, aquando da partilha dos bens comuns do casal, possa haver um acerto de contas, nomeadamente, através da reclamação de um crédito por parte do segundo cônjuge, sobre o acervo patrimonial a partilha."*, Cfr. Acórdão do Tribunal da Relação de Guimarães, de 15-11-2018, (Jorge Teixeira), Proc. n.º 1448/17.7T8BRG.G1, disponível www.dgsi.pt.

[191] Acórdão do Tribunal da Relação de Lisboa, de 22-02-2018, (Manuel Rodrigues), Proc. n.º 1.224/14.9T8SNT-D.L1-6, disponível em www.dgsi.pt.

[192] Acórdão do Tribunal da Relação de Guimarães, de 19-01-2012, (Helena Melo), Proc. n.º 17/10.7TBVNC.G1, disponível em www.dgsi.pt.

vivo e não arrendatário[193], posição legislativa mantida no art. 1106.º do CC, nomeadamente na al. a) do n.º 1 e n.º 3, outras circunstâncias ficaram ainda por assegurar.

Com a Reforma de 1977, foram atribuídas determinadas preferências aquando da partilha, nomeadamente os direitos contidos nos aditamentos dos artigos 2103.º-A a 2103.º-C do CC que passaremos a analisar.

Tratando-se de casa de morada de família própria do cônjuge falecido[194] ou de ambos os cônjuges, passam a dispor os arts. 2103.º-A a 2103.º-C o direito preferencial[195] e mais fortalecido de o cônjuge sobrevivo ser encabeçado, de forma cumulativa mas autónoma[196], no direito real de habitação da casa de morada de família[197] e o direito real de uso do seu respetivo recheio a exercer aquando da partilha. A isto soma-se o facto de deixar de ocupar o quarto lugar na escala de sucessíveis para subir para o primeiro, garantindo-lhe sempre ¼ da herança[198]. Não se trata aqui de ficar com a propriedade plena daquele bem mas tão-só o direito de habitar naquela casa e de uso do respetivo recheio, direitos estes que se extinguem com o falecimento deste titular[199] (cfr. art. 1485.º que remete para o art. 1476.º, n.º 1 al. a)) e caducam caso não resida naquela casa por período superior a um ano. Apesar de este, para usufruir o direito de habitação sobre a casa de morada de família e uso do respetivo recheio, ficar a dever tornas aos restantes herdeiros (se tais atribuições representarem valores superiores àqueles que lhe caberiam pela sucessão e pela eventual meação), não

[193] Cfr. art. 1111.º n.º 1 e n.º 2 al. a) da primeira versão do CC de 1966 ao qual corresponde o atual art. 1106.º n.º 1 do CC; art. 57.º do NRAU.

[194] Se a casa for apenas propriedade do cônjuge sobrevivo a questão que se aborda não se coloca.

[195] NETO, A. *Código Civil anotado* (12.ª ed.), *ob. cit*, p.1486, anotação 4 do art. 2103.º-A

[196] *Ibidem*, p.1486, anotação 12 do art. 2103.º-A.

[197] *"[O] direito de uso é tomado no n.º 1 do art. 1484.º do Código Civil com alcance genérico, abrangendo em princípio qualquer coisa alheia. Porém, quando tal direito se refere a casa de morada, a lei denomina-o direito de habitação (n.º 2 do art. 1484.º do CCiv)."* Cfr. SOUSA, R. C. *Lições de Direito das Sucessões, ob. cit.*, nota 955.
p.239.

[198] Oliveira, G. Observações sobre os regimes de bens. *In ob. cit.*, pp. 279-280.

[199] Pitão, J. F. *A posição do cônjuge sobrevivo no actual Direito Sucessório Português, ob. cit.*, p.53.

corre agora o risco de *"pelo jogo de licitações"*[200] e pela debilidade emocional que possa demonstrar nessa altura, perder tais direitos para qualquer um dos restantes herdeiros, situação que a lei civil anteriormente permitia por não sujeitar a casa de morada de família a regras especiais. Trata-se de um género de valorização da lei que garante dar preferência àqueles que tinham maior e especial ligação com o cônjuge falecido, permitindo-se a continuação da habitação do cônjuge sobrevivo naquele bem onde desenvolveu a sua vida familiar[201].

Independentemente da expectativa de o cônjuge sobrevivo se tornar titular do direito propriedade ou do direito de habitação sobre aquele imóvel, do momento da abertura da sucessão até à partilha o cônjuge e os restantes partilhantes mantêm os mesmos direitos e obrigações em relação à utilização da casa de morada de família que tinham antes da morte do cônjuge falecido (artigo 2074.º, n.º 1 do CC)[202].

1.5.3. Lei da Proteção das Uniões de Facto

Posteriormente, em 2001, surgiu a primeira Lei n.º 7/2001, de 11 de maio que veio revogar a primeira Lei da Proteção das Uniões de Facto (Lei n.º 135/99, de 28 de agosto) e que foi alterada em 2010 pela Lei n.º 23/2010, de 30 de agosto. Contudo, o legislador nunca estabeleceu um regime aplicável à relação patrimonial decorrente da união de facto. E se é verdade que a lei prevê a proteção da mesma aquando da dissolução da relação ou da morte de um dos seus membros, também é verdade que nada está disposto quanto à necessidade do consentimento de ambos para oneração, alineação, arrendamento ou constituição de outros direitos reais de gozo sobre aquele imóvel propriedade de um ou de ambos, assim como para a disposição do direito ao arrendamento sobre aquela residência familiar arrendada, tal como o Código Civil o faz no seus artigos 1682.º-A, n.º 2 e 1682.º-B para a constância do matrimónio. Apesar disso, existe quem

[200] Expressão utilizada por Pereira Coelho no prefácio da obra de CID, N. S. *A protecção da casa de morada da família no Direito Português, ob. cit.*

[201] Collaço, I. M. A Reforma de 1977 do Código Civil de 1966. Um olhar vinte e cinco anos depois . *In ob. cit.*, p. 38.

[202] Acórdão do Tribunal da Relação de Lisboa, de 28-06-2012, (Maria José Mouro), Proc. n.º 4109/11.7TBFUN.L1-2, disponível em www.dgsi.pt.

entenda que a casa de morada de família deverá ser protegida nesses mesmos moldes porque a união de facto não é uma relação meramente temporária, mas sim *"uma forma de convivência comum análoga ao casamento, onde há uma comunhão de leito, mesa e habitação, duradoura e notória"*[203] com características de estabilidade. Como tal, Tiago Cavaleiro[204] entende que a casa onde residem os unidos de facto tem equivalente *"valor jurídico-familiar"* comparativamente à casa dos cônjuges por, tal como a destes, ser a residência onde se desenvolvem enquanto família ligada por relações afetivas. O legislador impõe este consentimento até para o caso de matrimónio regido pelo regime da separação de bens – e a característica essencial deste regime em que existe uma igual distinção absoluta entre o património de um e de outro membro verifica-se também no caso da união de facto. Assim, o legislador poderia ter previsto esta proteção tal como o fez para outros casos como os da dissolução desta união de facto por rutura e por morte, como veremos adiante. *"A autonomia privada ver-se-ia, uma vez mais, limitada em detrimento da estabilidade da habitação familiar, tutelando-se assim os interesses da paz familiar, do outro membro da união de facto e dos filhos que o casal possa ter"*[205].

No caso de rutura da relação de união de facto (artigo 8.º, n.º 1, als. b) e c) da LUF), remete o artigo 4.º da LUF para os já referidos artigos 1105.º (no caso de casa arrendada) e 1793.º (no caso de casa própria de um ou de ambos)[206/207] do CC.

[203] Cavaleiro, T. *A união de facto no ordenamento jurídico Português – Análise de alguns aspectos de índole patrimonial. In ob. cit.*, pp.44-45.

[204] *Ibidem*, pp. 44-45.

[205] *Ibidem*, pp 45.

[206] Solução que, antes da LUF, foi aceite pelo Tribunal Constitucional através da interpretação extensiva das regras do art. 1793.º do CC à união de facto, sob pena de violação do princípio constitucional da proibição de discriminação dos filhos nascidos dentro ou fora do casamento presente no n.º 4 do art. 36.º da CRP. Cfr. Acórdão do Tribunal Constitucional, n.º 1221/96, de 04-12-1996, (Cons. Tavares da Costa), Proc. n.º 278/94, disponível em www.tribunalconstitucional.pt.

[207] Não há lugar à aplicação de tal preceito se as partes já tiverem estabelecido um acordo homologado por sentença, nomeadamente no âmbito da regulação de responsabilidades parentais em que um os cônjuges acordam a *"prestação alimentar a pagar em espécie, mediante a concessão do gozo da habitação propriedade do obrigado a alimentos, o que é admissível face ao disposto no artigo 2005.º, n.º 1, do Código Civil."*, Cfr. Acórdão do Tribunal da Relação

Caso o motivo de rutura desta relação se prenda com a morte de um dos membros (artigo 8.º, n.º 1, al. *a*) da LUF), se estiver em causa uma casa de morada de família arrendada cujo arrendatário era o falecido, dispõe o n.º 10 do art. 5.º da LUF pela aplicação das regras do art. 1106.º do CC, nomeadamente a al. *b*) do n.º 1 que permite que o arrendamento não caduque perante tal circunstância, transmitindo-se a posição do arrendatário ao unido de facto (n.º 3 do mesmo preceito), pelo que se aplica o regime do artigo 57.º do NRAU (Lei n.º 6/2006, de 27 de fevereiro).

Já se a casa for um bem próprio do membro falecido[208], prevê o n.º 1 do art. 5.º da LUF que o membro sobrevivo será titular de um direito real de habitação[209/210] e de um direito de uso do respetivo recheio por um prazo de cinco anos, prazo este que pode ser superior (na medida equivalente à duração daquela relação) desde que a união de facto se tenha iniciado cinco anos antes do falecimento[211] (n.º 2 do mesmo artigo). Contudo, estes direitos podem caducar se o membro sobrevivo não habitar a casa por mais de um ano, sem motivo válido (n.º 5). Findo o tempo permitido para o direito de habitação, tem o direito a permanecer na casa sob título de arrendatário, nas condições normais de mercado, salvo se os proprietários apresentarem os requisitos legalmente exigidos para a denúncia do contrato de arrendamento pelos senhorios (n.º 7). Note-se que o mem-

de Lisboa, de 13-07-2010, (Aguiar Pereira), Proc. n.º 403/09.5T2AMD.L1-6, disponível em www.dgsi.pt.

208 No caso de ser apenas titular de um direito de usufruto vitalício sobre a casa de morada de família, tal direito caduca com a sua morte pelo que o membro sobrevivo não poderá tornar-se titular de um direito real de habitação nem de um direito de uso do respetivo recheio. Cfr. Acórdão do Tribunal da Relação de Lisboa, de 06-04-2017, (Ondina Carmo Alves), Proc. n.º 29/16.7T8PST.L1-2, disponível em www.dgsi.pt.

209 É um direito de uso e fruição (art. 1484.º, n.º 2 do CC) pelo qual não é preciso pagar nenhuma contrapartida pela ocupação da casa. Cfr. Acórdão do Supremo Tribunal de Justiça, de 14-01-2014, (Gregório Silva Jesus), Proc. n.º 7244/04.4TBCSC.L1.S1, disponível www.dgsi.pt.

210 Que não lhe é atribuído se este tiver casa própria na área do mesmo concelho daquela casa de morada de família. Cfr. art. 5.º, n.º 6 da LUF.

211 Ambos os prazos podem ser excecionalmente prorrogados pelo Tribunal, por motivos de equidade, considerando os cuidados prestados ao falecido ou à família deste e à especial carência do membro sobrevivo (n.º 4 do art.5.º da LUF).

bro sobrevivo tem direito de preferência na alienação da casa enquanto a habitar, sob qualquer título (n.º 9).

1.5.4. Lei Processual Civil

Ainda que, com a proteção constitucional existente e as medidas políticas que a efetivam, não seja de todo fácil e simples o ato de habitar (seja pela dificuldade na aquisição de um imóvel, seja no arrendamento do mesmo) para quem habita aquele lar, paira sempre sobre si o medo de o perder.

No âmbito do processo civil, a casa de morada de família tem relevo também para a determinação da competência territorial do tribunal (art. 80.º do CPC). Para efeitos processuais, nomeadamente executivos, a casa de morada de família pode vir a ser relevante para a determinação do lugar da prestação debitória de qualquer membro daquela família (arts. 772.º, 775.º e 1039.º do CC).

Ademais, o Código de Processo Civil regula os processos de atribuição da casa de morada de família no caso de divórcio dos cônjuges ou, por remissão da LUF, no caso de rutura da união de facto, de forma provisória ou definitiva (respetivamente, artigos 931.º, n.º 7[212] na redação originária do Novo CPC e 990.º e ss. do mesmo diploma).

A casa de morada de família pode também ser relevante para a determinação da lei aplicável em controvérsias de Direito Internacional Privado (art. 32.º do CC).

Apesar da sua importância, e de ser muitas vezes o único bem relevante na lista do ativo do devedor executado sobre o qual recai uma hipoteca como garantia de cumprimento do contrato de mútuo celebrado enquanto crédito habitação para aquisição da mesma, a casa de morada de família não faz parte do elenco de bens impenhoráveis presente no art. 736.º do CPC. Portanto, poderá ser penhorada em caso de incumprimento das obrigações do devedor. Contudo, o legislador estabeleceu alguns mecanismos de defesa processual que analisaremos de seguida, não só como forma de defesa do devedor, mas para proteção da família do executado, cujo bem-estar pode estar dependente dos bens do mesmo.

[212] Após a introdução das alterações legislativas provocadas pela Lei n.º 3/2023, de 16 de janeiro, renumerado com o n.º 9.

Sendo este o objeto da penhora, o legislador atribuiu uma exceção quanto ao depositário do bem ao autorizar que, se se tratar da casa de morada do executado (própria ou arrendada), passa a ser o próprio a assumir esta figura (ao invés do agente de execução ou pessoa por ele designada), sem sequer ser necessária a autorização do exequente, por forma a mitigar as consequências que este ato terá na estabilidade da família, para que não seja sentida de forma tão agressiva e a dignidade humana não seja abalada abruptamente (artigo 756.º, n.º 1, als. *a)* e *b)* do CPC).

Adicionalmente, o legislador estabeleceu nos artigos 842.º e ss. do CPC o direito de remição[213] atribuído ao cônjuge não separado judicialmente de pessoas e bens e aos descendentes ou ascendentes do executado (pela ordem estabelecida no artigo 845.º) para conseguirem resgatar o património familiar (parte ou todos os bens do executado adjudicados ou vendidos), com predomínio sobre o direito de preferência (artigo 844.º) e nos prazos estabelecidos no artigo 843.º.

À disposição da defesa da casa de morada de família, existe a possibilidade de suspender a venda a requerimento do executado, se esta mesma venda vier a causar *"prejuízo grave e dificilmente reparável"* e enquanto a sentença estiver pendente de recurso (artigo 704.º, n.º 4 do CPC), ou a pedido do embargante enquanto aguarda a decisão de 1.ª instância sobre os embargos (artigo 733.º, n.º 5 do CPC).

Tratando-se de uma execução para entrega da coisa sobre a qual tenha ocorrido a venda executiva e a que sucederá a entrega do bem ao adquirente, pode o agente de execução comunicar antecipadamente à Câmara Municipal e às entidades assistenciais competentes a dificuldade de realojamento do mesmo, se este facto existir, nos termos do n.º 6, do artigo 861.º do CPC que remete para os n.ºs 3 a 5 do artigo 863.º. Dispõem estes números deste último preceito que as diligências executórias poderão ser suspensas através da apresentação de um atestado médico que demonstre que tal execução coloca em risco a vida do habitante diagnosticado com patologia aguda, pelo prazo indicado e devidamente fundamentado[214], a

[213] Falaremos no ponto 2.3.4.3.

[214] *"Doença aguda significa doença súbita e inesperada, por contraposição a doença crónica. Ela tem um curso acelerado, terminando com a convalescença ou a morte em menos de três meses. Por isso a*

exibir ao agente de execução que levará os documentos ao juiz para, no prazo de vinte dias, confirmar ou não a suspensão das diligências (art. 865.º, n.º 3).

Apesar da possibilidade de penhora da casa de morada de família[215/216], existe uma restrição presente no n.º 4, do art. 751.º, do CPC que implica que, caso o objeto penhorado se trate da *"habitação própria permanente do executado"* (e, consequentemente, nalguns casos, da sua família), ainda que o seu valor patrimonial ultrapasse o montante do crédito do exequente (*vide* regra do artigo 751.º, n.º 1) esta só poderá ocorrer quando, tratando-se de uma execução de valor igual ou inferior a 10.000€, a penhora de outros bens alternativos não consiga satisfazer integralmente o credor no prazo máximo de 30 meses (al. a)) ou, no caso da dívida ser superior àquele valor, a penhora dos restantes bens do devedor não consiga presumivelmente satisfazer o credor de forma integral no prazo de

lei exige que o atestado médico diga a duração provável da crise.", Cfr. Acórdão do Tribunal da Relação de Coimbra, de 12-07-2017, (Fernando Monteiro), Proc. n.º 422/13.7TBLMG--C.C1, disponível em www.dgsi.pt.

[215] Existe quem defenda a impenhorabilidade deste bem através da promulgação de uma nova lei, em nome da defesa da família (Art. 67.º, n.º 1, da CRP). Cfr. CID, N. S. *A protecção da casa de morada da família no Direito Português, ob. cit.*, pp. 110 e 170.

[216] Contrariamente ao que sucede no ordenamento jurídico brasileiro. A regra geral é a da impenhorabilidade do bem de família, determinado pelo art. 1.º da Lei n.º 8.009/90, de 2 de março. Contudo, esta não é absoluta e existem exceções que constituem *numerus clausus* no seu art. 3.º (crédito de financiamento para construção ou aquisição da residência da família; créditos de pensão alimentícia; créditos fiscais de impostos relacionados com o imóvel familiar; crédito hipotecário sobre o imóvel; por fiança dada em contrato de locação, aquisição com produto de crime ou crédito decorrente de condenação a ressarcimento, indemnização, perdimento de bens e indisponibilidade), a que se soma o art. 1.715.º do Código Civil Brasileiro quando o crédito seja relativo a despesas de condomínio. Ademais, o legislador evidencia no art. 4.º da Lei n.º 8.009/90 que aquele imóvel não será impenhorável se o devedor que souber estar insolvente adquirir de má-fé um imóvel mais valioso do que a morada anterior para constituir nele a sua casa de morada de família. Neste caso, o juiz pode transferir a impenhorabilidade para o imóvel anterior, no caso de não se ter desfeito daquele, ou anular a venda e libertar o mais valioso para a execução.

12 meses (al. *b)*)[217]. Sustenta o Tribunal Constitucional[218] que tal é possível porque o credor tem o direito de executar o património do devedor no caso de este não cumprir voluntariamente a prestação devida (artigo 817.º, do CC) e por esta responderem todos os bens sujeitos a penhora (artigo 601.º, do CC) com os limites estabelecidos na lei processual civil (artigos 736.º, 737.º e 738.º do CPC). Contudo, apesar de não estar presente em nenhuma destas restrições, o legislador teve em consideração a especial relevância da casa de morada de família do executado e, por isso, ofereceu maior prazo para a penhora de outros bens do seu património quanto maior for o valor da dívida exequenda, de forma a protelar ou até a evitar a execução daquele especial bem (como acontece no atual artigo 751.º, n.º 4, al. *b)* do CPC, já referido *supra*). Como tal, defende este Tribunal que argumentos como a violação do direito à habitação (artigo 65.º, da CRP) não vencem uma vez que este direito não se confunde com o direito de propriedade sobre uma casa[219]. Até porque a penhora não prejudica de forma imediata a hipótese de o executado e a sua família continuarem a habitar aquele imóvel (art. 756.º, n.º 1, al. *a)*, do CPC) e muito menos esta privação ocorre de forma arbitrária[220].

[217] Apesar da alteração introduzida pela Lei n.º 117/2019, de 13 de setembro que, no caso em apreço, veio modificar os prazos estabelecidos e os valores da dívida exequenda, julgou o Tribunal Constitucional que a norma do artigo 751.º, n.º 3, alínea *b)* do Código de Processo Civil, na redação originária dada pela Lei n.º 41/2013, de 26 de junho, (correspondente, com as alterações referidas, ao atual n.º 4, al. *b)* do artigo 751.º) não é inconstitucional. Cfr. Acórdão do Tribunal Constitucional, n.º 612/2019, de 22-10-2019, (Cons. Pedro Machete), Proc. n.º 431/18, disponível em www.tribunalconstitucional.pt.

[218] Acórdão do Tribunal Constitucional, n.º 612/2019, de 22-10-2019, (Cons. Pedro Machete), Proc. n.º 431/18, disponível em www.tribunalconstitucional.pt.

[219] E assim tem entendido a restante jurisprudência. Cfr. Acórdão do Supremo Tribunal de Justiça de 05-03-2015, (João Trindade), Proc. n.º 3762/12.9TBCSC-B.L1.S1, disponível em www.dgsi.pt ; Acórdão do Tribunal da Relação de Lisboa, de 04-10-2011, (Luís Espírito Santo), Proc. n.º 4867/08.6TBOER-H.L1-7, disponível em www.dgsi.pt; Acórdão do Tribunal da Relação de Guimarães, de 07-05-2003, (Manso Rainho), Proc. n.º 1267/06-1, disponível em www.dgsi.pt; Acórdão do Tribunal da Relação de Guimarães, de 25-03-2010, (António Ribeiro), Proc. n.º 1880/08.7TBFLG-B.G1, disponível em www.dgsi.pt; Acórdão do Tribunal da Relação de Évora, de 10-05-2018, (Francisco Xavier), Proc. n.º 989/15.5T8STB-B.E1, disponível em www.dgsi.pt.

[220] Assim também considerou o Tribunal Constitucional, em 1999. Cfr. Acórdão do Tri-

Não ocorre igualmente nenhuma violação do princípio da igualdade alegada pelo recorrente, tendo em conta a diferença de regimes impostos ao devedor comum e ao devedor hipotecário, uma vez que este último beneficia do regime que obriga o credor hipotecário a renegociar a dívida antes do processo judicial, mesmo que o valor da dívida seja inferior ao valor do bem imóvel, facto que não acontece no regime aplicável àquele primeiro. Argumenta o Tribunal Constitucional que as diferenças entre regimes são naturais, nomeadamente no tocante à ordem pela qual é feita a penhora, não estando impedida a mesma sobre uma habitação com garantia real; apenas não será feita de forma imediata, iniciando-se a mesma por outros bens do executado. Além disso, nada impede que as partes, no âmbito da sua liberdade negocial, procedam igualmente à renegociação da dívida (*v.g.*, artigo 806.º e ss, do CPC).

Não vence também o argumento da "*excessiva restrição ao direito de propriedade sobre o imóvel penhorado que corresponda a habitação própria permanente do executado*" uma vez que, como forma de proteção do direito do credor, a satisfação do crédito deve ser feita através do património do devedor, pelo que, como já se disse, podem ser penhorados todos os seus bens suscetíveis de penhora (artigo 601.º, do CC) que deverá restringir-se ao necessário para tal. De acordo com o princípio da proporcionalidade, o legislador fez uma ponderação entre o interesse do credor e o interesse do executado[221] e, tendo em conta a importância do bem em causa, exige a verificação de determinados requisitos para a penhora do mesmo que, na visão do Tribunal Constitucional, "*acautelam suficientemente o direito de propriedade do executado (cf. o artigo 751.º, n.ºs 1 e 3, do CPC)*", atuais n.º 1 e n.º 4. O facto de o valor da casa ser superior ao valor da dívida exequenda não provoca nenhuma violação do direito de propriedade do executado, uma vez que o montante sobrante será, naturalmente, entregue ao executado.

Com a Lei n.º 35/87, de 27 de agosto, estabeleceu-se que todas as ações cujo objeto seja, direta ou indiretamente a casa de morada de família,

bunal Constitucional, n.º 649/99, de 24-11-1999, (Cons. Bravo Serra), Proc. n.º 155/99, disponível em www.tribunalconstitucional.pt.

[221] Já assim tinha entendido o Tribunal da Relação de Guimarães. Cfr. Acórdão do Tribunal da Relação de Guimarães, de 20-04-2017, (Maria João Pinto de Matos), Proc. n.º 2979/15.9T8PBL-B.G1, disponível em www.dgsi.pt.

devem ser propostas contra ambos os cônjuges ou contra um deles com o consentimento do outro, uma vez que este bem, mesmo que próprio de um dos esposos, não pode ser disposto livremente por um sem o consentimento do outro. Esta solução passou para o Código de Processo Civil de 1995, no seu art. 18.º, e manteve-se com a entrada em vigor do Novo Código de Processo Civil de 2013 no seu art. 34.º, n.º 1. Isto não impede a penhora desta casa mas possibilita a defesa pelo cônjuge do executado que poderá deduzir oposição mediante embargos de terceiro, alegando o seu direito de uso e de habitação[222] que onera aquele bem, nos termos do art. 787.º, n.º 1 e art. 342.º e ss. (em especial, art. 343.º) do CPC.

Entendeu o Supremo Tribunal de Justiça[223] que viola o artigo 65.º, da CRP a atual redação do artigo 1696.º, n.º 1[224], do Código Civil dada pelo Decreto-Lei n.º 329-A/95, de 12 de dezembro, se estiver em causa a casa de morada de família enquanto bem comum do executado e do seu cônjuge. Segundo o seu entendimento, se se tratar de um bem comum do casal, deve ser aplicado o regime com a redação anterior decorrente do Decreto-Lei n.º 496/77, de 25 de novembro[225] e que impõe que tal cumprimento só se torne exigível após dissolvido o casamento ou depois de decretada a separação judicial de pessoas e bens (ou apenas de bens) sendo também impenhorável, pelo menos de forma imediata, a meação nos bens comuns do casal[226].

[222] Cfr. Acórdão do Supremo Tribunal de Justiça, de 13-03-1997, (Pereira da Graça), Proc. n.º 970/96, com sumário disponível em www.stj.pt.

[223] Cfr. Acórdão do Supremo Tribunal de Justiça, de 29-04-1998, (Miranda Gusmão), Proc. n.º 198/98, com sumário disponível em www.stj.pt .

[224] *"Pelas dívidas da exclusiva responsabilidade de um dos cônjuges respondem os bens próprios do cônjuge devedor e, subsidiariamente, a sua meação nos bens comuns."*

[225] *"Pelas dívidas da exclusiva responsabilidade de um dos cônjuges respondem os bens próprios do cônjuge devedor e, subsidiariamente, a sua meação nos bens comuns; neste caso, porém, o cumprimento só é exigível depois de dissolvido, declarado nulo ou anulado o casamento, ou depois de decretada a separação judicial de pessoas e bens ou a simples separação judicial de bens."*

[226] Alguns Autores entendem que considerar inconstitucional a redação do art. 1696.º, n.º 1 do CC *"parece exagerado"* uma vez que tal preceito permite que a execução corra de forma imediata quando não exista casa de morada de família a proteger. Cfr. Coelho, F. P., & Oliveira, , G. *Curso de Direito da Família – Introdução ao Direito Matrimonial* (5.ª ed., Vol. I), *ob. cit.*, p. 461.

No caso em que apenas um dos cônjuges figura como executado, para que a penhora seja efetivada sobre os bens próprios do cônjuge do executado e, subsidiariamente, sobre a sua meação nos bens comuns, nos termos do art. 1696.º, n.º 1 do CC, o cônjuge não executado tem de ser citado para aceitar a comunicabilidade da dívida, caso o exequente ou o executado aleguem fundamentadamente que a dívida é comum (nos termos dos atuais artigos 741.º e 742.º do CPC). Contudo, no caso de a penhora incidir sobre os bens dispostos no n.º 2, do art. 1696.º do CC, *"não há que proceder à citação do cônjuge do executado para, querendo, requerer a separação de bens"*[227].

1.5.5. Código de Procedimento e de Processo Tributário

Aborda-se aqui, essencialmente, a alteração do Código de Procedimento e de Processo Tributário sofrida pela Lei n.º 13/2016, de 23 de maio que, ao reconhecer a importância que a casa de morada de família tem para a estabilidade familiar e consequente desenvolvimento individual dos seus membros, veio proteger o direito à habitação nesta casa do devedor e do seu agregado familiar, impondo restrições à sua venda, embora apenas no âmbito de processos de execução fiscal.

Nos processos de execução fiscal para pagamento coercivo de créditos fiscais iniciados por impulso da Autoridade Tributária e Aduaneira (ATA)[228], encontra-se impedida a venda do bem imóvel penhorado[229] que se trate de casa de morada de família e que efetivamente sirva de morada

[227] Acórdão do Supremo Tribunal de Justiça, de 15-01-2013, (Sebastião Póvoas), Proc. n.º 6735/09.5YIPRT-B.G1.S1, disponível em www.dgsi.pt.

[228] No âmbito do artigo 148.º do CPPT. Cfr. Acórdão do Tribunal da Relação do Porto, de 08-03-2019, (Anabela Dias da Silva), Proc. n.º 11128/11.1TBVNG-C.P1, disponível em www.dgsi.pt.

[229] O prazo de prescrição relativo à cobrança da dívida fica suspenso enquanto a ATA se vir impedida de realizar as respetivas diligências relativas à venda. Contudo, tal impedimento não obsta a que a ATA proceda com as diligências executórias sobre outros bens do executado. Cfr. COSTA, L.etícia Marques (2021). *A insolvência de pessoas singulares.* Coimbra: Almedina, p. 279.

própria e permanente do devedor e da sua família[230/231] (art. 244.º, n.º 2 do CPPT), desde que a mesma, no momento da penhora, represente um valor patrimonial tributável menor que o valor da taxa máxima prevista para o imposto sobre as transmissões onerosas de imóveis, ou seja, atualmente[232] 578.589€[233] em Portugal Continental (n.º 3 do mesmo preceito).

Porém, este impedimento não é absoluto e a habitação familiar poderá ser vendida no âmbito deste processo em duas hipóteses: se ultrapassar este valor (n.º 3) e após transcorrida a suspensão da venda de um ano a contar do fim do prazo para pagamento da dívida mais antiga não voluntariamente paga nesse período[234] (n.º 4) ou se o executado, por sua vontade, apresentar requerimento para fazer cessar este impedimento legal à realização da venda (n.º 6).

[230] Ou seja, este bem continua a ser propriedade do executado mas com o ónus da penhora de forma a assegurar que, após este momento, vendas ou doações do imóvel a terceiros se tornem ineficazes contra o credor (Finanças ou Segurança Social) e a assegurar a prioridade de pagamento do crédito exequendo em relação a outros créditos garantidos por direitos reais (ex: hipoteca) constituídos após a penhora. Cfr. Mouta, Fátima Pereira (s.d.). *Penhora de habitação própria e permanente*, disponível em https://www.advogadosinsolvencia.pt/penhora/de-habitacao-propria-e-permanente.

[231] Esta proteção não se aplica quando deixou de existir casa de morada de família, *v.g.* no caso da união de facto que se extinguiu, em que o executado possui nova morada e o seu filho menor reside com a mãe que não deduziu o pedido de atribuição da casa de morada de família aquando da ação de dissolução da união de facto. Cfr. Acórdão do Tribunal Central Administrativo Sul, de 21-06-2018, (Jorge Cortês), Proc. n.º 214/18.7BESNT, disponível em www.dgsi.pt.

[232] https://info.portaldasfinancas.gov.pt/pt/informacao_fiscal/codigos_tributarios/cimt/Pages/cimt17.aspx (consultado em 26-02-2021).

[233] Este limite terá a intenção de evitar que os devedores mais ardilosos e patrimonialmente mais abastados aplicassem o seu dinheiro em imóveis de valor superior ao indicado de forma a beneficiar deste impedimento de venda. Assim, ultrapassado aquele valor, o devedor beneficia quando muito do prazo de um ano de suspensão até ao pagamento voluntário da dívida mais antiga. Cfr. Costa, L. M. *A insolvência de pessoas singulares*, *ob. cit.*, p. 279.

[234] Prevê o artigo 4.º da Lei n.º 13/2016, de 23 de maio que não há obrigação da entrega do bem até à sua venda e o executado é constituído depositário. Nesse período, o executado pode efetuar pagamentos parciais da dívida que serão considerados para o apuramento dos valores relevantes para a concretização da venda.

Esta proibição de venda prevista pelo legislador para processos de execução fiscal não se aplica a dívidas do devedor de outra natureza[235], uma vez que "*nada nos leva a crer que o legislador quis criar, ainda que de forma indirecta, um entrave ao prosseguimento das execuções cíveis*"[236], visto que a mesma não se verifica quando estejam em causa outros processos executivos, nomeadamente os instaurados por credores privados. Assim, a sua proteção prática fica apenas limitada àquele tipo de processos, dado que a lei não protege a casa de morada de família de outras execuções.

Por exemplo, no caso de uma ação executiva para cumprimento da obrigação de pagamento mensal de prestações relacionadas com contrato de mútuo destinado à aquisição da casa de morada de família garantido por hipoteca, esta execução com respetiva penhora e venda judicial do bem pode, naturalmente, ocorrer. Contudo, executada a hipoteca, o produto da venda poderá vir a ser destinado à ATA, pago com prioridade relativamente aos restantes terceiros credores com garantias reais (nomeadamente o credor hipotecário), se esta tiver sido registada antes da penhora efetuada por esses, uma vez que a mesma prevalece sobre terceiros credores posteriores. Acrescenta-se que o valor daquela venda pode ainda ser atribuído ao Estado se se tiver em conta que as dívidas relativas ao IMI (Imposto Municipal sobre Imóveis) e ao IMT (Imposto Municipal sobre as Transmissões Onerosas), por força dos privilégios creditórios de que gozam, se sobrepõem às relativas à hipoteca. Assim, o devedor pode ver-se sem a casa de morada de família e os credores hipotecários podem continuar insatisfeitos.

1.5.6. Crédito à habitação

Tendo em conta que muitas famílias recorrem ao crédito a habitação para aquisição de morada habitual e permanente[237] e que este é para muitas

[235] Não se aplica nomeadamente a processos de execução da hipoteca enquanto garantia de cumprimento das obrigações do crédito à habitação que foram incumpridas.

[236] Acórdão do Tribunal da Relação de Guimarães, de 23-05-2019, (Fernanda Proença Fernandes), Proc. n.º 2132/17.7T8VCT-B.G1, disponível em www.dgsi.pt.

[237] Com tendência de crescimento desde 2015. Informação facultada pelo BANCO DE PORTUGAL (2019), p.11, disponível em https://cse.ine.pt/ngt_server/attachfileu.jsp?look_parentBoui=408316205&att_display=n&att_download=y.

daquelas o maior investimento das suas vidas, convém dar nota dos diplomas que apresentam medidas para acautelar uma situação de incumprimento ou para solucionar um já efetivo incumprimento.

Apesar de tais diplomas terem como foco a proteção da posição do devedor mitigada com a proteção da satisfação do credor e não, direta ou de forma específica, a salvaguarda da casa de morada de família convém, contudo, fazer menção aos mesmos uma vez que tais medidas podem permitir evitar a perda deste bem familiar, quer através de um processo judicial executivo, quer através de um processo de insolvência. Não sem antes abordar um episódio marcante que pode ter servido de alerta para a necessidade de regulação destes temas pelo sistema jurídico português.

O crédito à habitação trata-se de um contrato de mútuo de escopo concedido por uma instituição de crédito com a finalidade de aplicação dessa quantia na aquisição de habitação própria e permanente do mutuário, contrato este cujo cumprimento fica normalmente garantido por uma hipoteca. Incumprido que seja este crédito[238], a hipoteca é executada em três fases: a penhora, a venda judicial e o pagamento aos credores. E, nos termos do art. 795.º do CPC, o pagamento pode ser feito através da adjudicação do(s) bem(ns) penhorado(s), regulada no art. 799.º do mesmo diploma[239]. É possível que a casa de morada de família hipotecada seja adjudicada à própria entidade bancária credora/exequente, por um valor inferior ao da avaliação do imóvel tida em conta para a concessão do crédito.

Numa altura de clara crise financeira, a 4 de Janeiro de 2012, um Tribunal Português[240] entendeu, pela primeira vez no nosso ordenamento

[238] O Decreto-Lei n.º 227/2012, de 25 de outubro cria medidas preventivas de situações de risco de incumprimento e de regularização de situações de efetivo incumprimento do crédito, através de um processo de negociação extrajudicial. Contudo, não estipula medidas diretas de proteção à casa de morada de família hipotecada. Cfr. Costa, L. M. *A insolvência de pessoas singulares, ob. cit.*, p. 270.

[239] Note-se que o valor oferecido na proposta não poderá ser, atualmente, menos que 85% do valor base do(s) bem(ns) – n.º 3 do artigo 799.º que remete para o artigo 816.º, n.º 2 do CPC. Mas poderá ser por esse adjudicado por esse valor, se propostas de montante superior não forem apresentadas.

[240] Decisão do Tribunal Judicial de Portalegre, de 04-01-2012, disponível em www.asjp.pt/2012/04/28/decisao-judicial-credito-hipotecario-entrega-de-imovel/.

jurídico, que a entrega do imóvel dado em garantia para cumprimento de um crédito à habitação que foi adjudicado por 70% do valor base[241] pela própria entidade bancária mutuante, seria suficiente para a liquidação da dívida exequenda, ainda que fosse de valor inferior à mesma, uma vez que, caso contrário, ocorreria um *"enriquecimento injustificado"* por parte do Banco[242]. O Tribunal assentou esta sua decisão na figura do abuso de direito, na modalidade de desequilíbrio no exercício do direito (artigo 334.º do CC). Neste caso, a entidade bancária exigia o valor remanescente[243] entre o valor da dívida (no caso, 129.521€) e o valor pelo qual adjudicou o imóvel (82.250€) e o juiz decidiu que o valor a ter em conta para apurar o montante remanescente seria o da avaliação do valor patrimonial do imóvel (117.500€) – e não o valor da adjudicação – ao qual seria de subtrair ao valor da dívida total.

Nota-se que a intenção parece ter sido no sentido de aliviar o devedor executado da situação de endividamento em que se encontrava, para tentar evitar a sua possível situação de insolvência e o agravamento das suas condições financeiras e, consequentemente, da sua família. Posterior-

[241] À época, o valor exigido de acordo com o artigo 889.º, n.º 2 por remissão do artigo 875.º, n.º 3 do CPC Velho (Decreto-Lei n.º 329-A/95, de 12 de dezembro), antes da sua alteração pela Lei n.º 60/2012, de 09 de novembro.

[242] No mesmo sentido já tinham decidido Tribunais Espanhóis. Cfr. Auto Civil n.º 111/2010, Audiencia Provincial de Navarra, Sección 2, Rec 74/2010, de 17/12/2010, disponível em www.iberley.es/jurisprudencia/auto-civil-n-111-2010-ap-navarra-sec-2-rec-74-2010-17-12-2010-2763581.
Entendimento que passou a ser aceite no Código de Boas Práticas Bancárias Espanhol (presente no anexo ao *Real Decreto-Lei*, n.º 6/2012, de 9 de março) ao qual aderiram a maior parte dos Bancos, desde que verificados os requisitos cumulativos exigidos: todos os membros do agregado familiar em situação de desemprego; o valor de avaliação do imóvel não pode representar mais de 60% da dívida; o imóvel tem de estar registado perante o banco como primeira e única habitação; e o imóvel tem de ter um valor de mercado inferior a 150.000,00€.

[243] Apesar de esta ter sido a decisão com mais visibilidade, em 2011 a Ordem dos Advogados dá conta que já sete Tribunais tinham decidido no sentido da liquidação da dívida com a entrega do imóvel. Cfr. ORDEM DOS ADVOGADOS (2011). Crédito à habitação – Tribunais decidem que a entrega da casa extingue a dívida *In* Boletim da Ordem dos Advogados, n.º 79 (junho/julho de 2011), p.13, disponível em www.inverbis.pt/2012/ficheiros/doc/boa79_p13.pdf.

mente, surgiram decisões em sentido contrário[244]. Porém, esta decisão do Tribunal de Portalegre poderá ter sido o motor de arranque para uma crescente preocupação com o regime do crédito à habitação.

No quarto trimestre do mesmo ano, surge o Decreto-Lei n.º 227/2012, de 25 de outubro, a Lei n.º 58/2012, de 9 de novembro e a Lei n.º 59/2012, de 9 de novembro. Posteriormente é promulgado Decreto-Lei n.º 74-A/2017, de 23 de junho que transpôs a Diretiva 2014/17/UE, do Parlamento Europeu e do Conselho, de 4 de fevereiro de 2014.

a) Decreto-Lei n.º 227/2012, de 25 de outubro

O Decreto-Lei n.º 227/2012, de 25 de outubro, entrou em vigor a 1 de janeiro de 2013 e apresenta o regime geral de prevenção e regularização do incumprimento de contratos de crédito (independentemente da sua natureza ou da sua disciplina) que prevê a criação de um Plano de Ação para o Risco de Incumprimento (PARI)[245] por cada instituição de crédito

[244] Foi entendimento da jurisprudência que entre a concessão do crédito e a execução da dívida pode passar um largo período que justifica a depreciação do valor do bem hipotecado e que corre por conta do comprador (artigo 796.º, n.º 1 do CC). Além do mais, a possibilidade de liquidação do crédito com a entrega do bem ao banco iria contra o estipulado na lei: o dinheiro emprestado através de um contrato de mútuo tem de ser totalmente pago, nos termos das regras mais básicas presentes nos artigos 1142.º e 406.º do CC [Cfr. Acórdão do Tribunal da Relação de Lisboa, de 11-10-2012, (Pedro Martins), Proc. n.º 1417/08.8TCSNT.L1-2, disponível em www.dgsi.pt]. Não se considera que tal atitude por parte da entidade bancária seja violadora dos limites impostos pela boa-fé. Até porque, veja-se: o enriquecimento sem causa depende da verificação cumulativa dos requisitos impostos no artigo 473.º, n.º 1 do CC, sendo o mais óbvio a existência do próprio enriquecimento por parte da entidade bancária. Tal não acontece nestes casos [Cfr. Acórdão do Tribunal da Relação de Coimbra, de 01-03-2016, (Falcão de Magalhães), Proc. n.º 133/14.6TBPCV.C1, disponível em www.dgsi.pt]. Poderia ser considerado exercício abusivo do direito se o executado provasse que valor pelo qual foi efetuada a adjudicação foi totalmente desconforme ao valor do mercado que o imóvel teria [Cfr. Acórdão do Tribunal da Relação de Lisboa, de 21-05-2020, (Carlos Castelo Branco), Proc. n.º 1425/07.6TCSNT-C.L1-2, disponível em www.dgsi.pt].

[245] Cfr. do art. 9.º ao art. 11.º do diploma.

Tal plano permite à instituição de crédito perceber se o consumidor está com dificuldade no cumprimento das obrigações resultantes daquele contrato e se existe a possibilidade de entrar em incumprimento. Ademais, o próprio consumidor vulnerável poderá alertar que se encontra em dificuldades.

que contemple medidas a serem implementadas para acompanhamento da execução do contrato e preventivas de um incumprimento do crédito, e a possibilidade de despoletar um Procedimento Extrajudicial de Regularização de Situações de Incumprimento (PERSI)[246] para situações de efetivo incumprimento que promove a negociação e a apresentação de soluções extrajudiciais para regularização de tal situação[247].

b) Lei n.º 58/2012, de 9 de novembro

No tocante à Lei n.º 58/2012, de 9 de novembro[248] que cria um Regime Extraordinário de Proteção dos Devedores de Crédito à Habitação (REX) que se encontrem em situação económica muito difícil, apesar de postular boas medidas[249], não nos deteremos na sua análise dado que o período de vigência da mesma cessou a 31 de dezembro de 2015 (art. 38.º, n.º 1). Note-se apenas, de uma forma muito breve, que desde que estivessem preenchimento dos requisitos exigidos (art. 4.º)[250], por impulso do devedor, este regime impunha-se imperativamente às instituições de crédito que, após despoletado o processo, ficariam impedidas de executar a hipoteca enquanto estivessem em vigor as medidas de proteção presen-

[246] Cfr. do artigo 12.º ao 22.º do diploma.
Após avaliação da capacidade financeira do cliente em mora, a instituição de crédito apresenta uma proposta negociável de regularização da sua situação com base na sua capacidade financeira. Das vantagens deste procedimento para o devedor assinala-se a proibição de resolução do contrato pela entidade credora com fundamento neste incumprimento e da proposição de ações judiciais para satisfação do seu crédito.

[247] Nesse caso, a instituição de crédito não pode cobrar comissões pela renegociação do contrato de crédito. Cfr. artigo 8.º do diploma.

[248] Com alterações sofridas pela Lei n.º 58/2014, de 25 de agosto.

[249] Apesar de ter ocorrido uma diminuta utilidade prática, uma vez que tendo em conta os requisitos necessários, a maioria dos clientes com menores rendimentos não eram abrangidos. Cfr. Costa, L. M. *A insolvência de pessoas singulares, ob. cit.*, pp. 270-276.
A DECO considerou este regime muito restritivo pois os requisitos a preencher de forma cumulativa eram muitos. Cfr. Idealista (2015), *Crédito à habitação: regime extraordinário não está a ajudar quem tem dificuldades em pagar a prestação*, disponível em https://www.idealista.pt/news/imobiliario/habitacao/2015/09/28/28835-credito-a-habitacao--afinal-o-regime-extraordinario-nao-esta-a-ajudar-quem-tem.

[250] Relativos à dificuldade económica do agregado familiar (concretizado no art. 5.º) em cumprir o crédito à habitação garantido por hipoteca sobre a mesma, cujo valor não ultrapasse os limites impostos na al. c) do art. 4.º.

tes neste diploma (art. 9.º) e de requerer a declaração de insolvência do mutuário devedor[251]. Contudo, ficariam obrigadas a apresentar uma proposta de programa contratual de reestruturação com medidas interessantes e potencialmente benéficas para o devedor[252] e que a impediria de resolver o contrato e de propor ações para satisfação do seu crédito, para se tentar ultrapassar as situações de incumprimento de forma extrajudicial. Se não houvesse acordo ou se este não fosse aceite pelo mutuário, aplicar-se-iam as medidas substitutivas da execução hipotecária[253] (art. 20.º), por proposta deste último (art. 22.º). Em seu benefício, se ocorresse a dação em cumprimento, a desocupação do imóvel poderia ser diferida para que o devedor e a sua família pudessem usufruir da mesma por um prazo adicional de 6 meses (art. 25.º). Ademais, poderiam permanecer no mesmo lar familiar, agora na qualidade de arrendatário, se o devedor tivesse optado pela alienação do bem ao Fundo de Investimento Imobiliário para Arrendamento Habitacional (FIIAH) (art. 26.º, n.º 1, al. c))[254]. Em ambas as hipóteses, se o atual valor atribuído ao imóvel pelo avaliador da Comissão de Mercado de Valores Mobiliário (CMVM) (no

[251] Que poderá ser requerida por qualquer outro credor, assim como pode o próprio devedor apresentar-se à insolvência no sentido de, eventualmente, requerer a exoneração do passivo restante. Cfr. Labareda, João (2014). Reflexões acerca do regime extraordinário de protecção de devedores de crédito à habitação em situação económica difícil. *In* Serra, C. (coord.), *II Congresso de Direito da Insolvência* (pp. 281-311). Coimbra: Almedina.

[252] Presentes nos artigos 10.º e ss. Como, por exemplo, a concessão de um período de carência para pagamento das prestações mensais a cargo do mutuário; a prorrogação do prazo de amortização do empréstimo; a redução do *spread* aplicável durante o período de carência; e/ou a concessão de um empréstimo adicional autónomo destinado a suportar temporariamente o pagamento das prestações do crédito à habitação.

[253] Conforme o artigo 21.º do diploma: a dação em cumprimento do imóvel hipotecado; a alienação do imóvel a FIIAH, promovida e acordada pela instituição de crédito, com ou sem arrendamento e opção de compra a favor do mutuário e entrega do preço à instituição de crédito, liquidando-se assim a dívida; ou a permuta por uma habitação de valor inferior, com revisão do contrato de crédito e redução do capital em dívida pelo montante da diferença de valor entre as habitações.

[254] A isto somar-se-ia a vantagem de o devedor não pagar mais-valias, em sede de IRS desde que não cessasse o contrato de arrendamento com o FIIAH antes do período estabelecido e se vincule à recompra daquela casa. Cfr. Costa, L. M. *A insolvência de pessoas singulares, ob. cit.*, p. 274.

caso da dação em cumprimento) ou o valor da venda pago pelo FIAHH, somado às entregas feitas pelo mutuário a título de reembolso, fosse igual ou superior ao valor da dívida esta considerar-se-ia satisfeita e extinguir-se-ia.

Apesar de não continuar vigente, as situações elegíveis por tal diploma continuam a poder ser abrangidas pelo Decreto-Lei n.º 227/2012, de 25 de outubro (o que de contrário não aconteceria), uma vez que o regime do REX era especial em relação ao deste diploma e não ia contra o PERSI, mas impunha mais requisitos do que este[255].

c) Lei n.º 59/2012, de 9 de novembro

O regime legal presente na Lei n.º 59/2012, de 9 de novembro (que começou a vigorar a 1 de janeiro de 2013) impôs medidas de considerável importância para a salvaguarda dos mutuários do crédito à habitação e alterou o Decreto-Lei, n.º 349/98, de 11 de novembro que regula o regime da concessão deste tipo de créditos.

Este diploma veio impor como condição para resolução dos contratos de mútuo com fundamento no incumprimento do mesmo a falta de pagamento pelo mutuário de três prestações vencidas, nos termos do art. 7.º-B, regime diverso do presente no supletivo art. 781.º do CC.

Além disto, passaram a ficar proibidos os aumentos de encargos relativos à renegociação do crédito, quando esta venha a ocorrer por motivos de mudança do local de trabalho, de desemprego de um dos membros do agregado familiar ou de divórcio, separação ou morte de algum destes familiares (art. 28.º-A, n.º 1, als. *a)* e *b)*).

Estipulou ainda o art. 23.º-A deste diploma um regime especial que permite a extinção das obrigações do mutuário com a venda executiva do bem ou com a sua dação em cumprimento, independentemente do valor obtido com a venda ou do valor pelo qual o imóvel foi avaliado no sentido da dação em cumprimento ou negócio alternativo. Porém, a grande crítica prende-se com a necessidade do acordo da entidade bancária, o que pôs em causa o seu impacto prático[256].

[255] Labareda, J. Reflexões acerca do regime extraordinário de protecção de devedores de crédito à habitação em situação económica difícil. *In ob.cit.*, pp. 308-309.
[256] Costa, L. M. *A insolvência de pessoas singulares, ob. cit.*, pp. 276-277.

Mais importante e mais inovador ainda foi o regime excecional estabelecido no art. 23.º-B considerado como uma «*"arma" para evitar perder a casa*»[257], no caso de incumprimento do crédito por parte do mutuário, ainda que já tivesse sido declarada a situação de insolvência do mesmo, apesar do disposto no art. 91.º, n.º 1 do CIRE[258]. Isto poderá evitar a resolução do seu contrato com fundamento no seu incumprimento mesmo contra a vontade do mutuante se, no momento da oposição à execução do mesmo ou até à venda executiva do imóvel hipotecado, expressar o seu desejo em exercer tal direito. Para tal, não poderá ter existido outras reclamações de créditos de outros credores e o devedor executado terá de liquidar as prestações vencidas e não pagas, acrescidas dos respetivos juros de mora e das despesas ocasionadas ao mutuante, desde que documentalmente justificadas[259]. Contudo, o mutuante não está obrigado a aceitar mais do que duas vezes durante a vigência daquele crédito à habitação, pelo que à terceira vez que o incumprimento do mesmo ocorra por parte do mutuário a resolução do contrato poderá ocorrer sem possibilidade de retoma do contrato e a execução seguirá os seus termos.

Estas medidas passaram assim a estar presentes no Decreto-Lei n.º 349/98, de 11 de novembro nos respetivos artigos com a mesma numeração *supra* referida, mas foram revogadas daquele diploma com a entrada em vigor do Decreto-Lei n.º 74-A/2017, de 23 de junho. Porém, continuam em vigor na Lei que o alterou, a Lei n.º 59/2012, de 9 de novembro.

[257] IDEALISTA (2019). *A "arma" para evitar perder a casa em caso de incumprimento do crédito à habitação.* Disponível em https://www.idealista.pt/news/financas/credito-a-habitacao/2019/10/08/41111-como-evitar-perder-a-casa-em-caso-de-incumprimento-do-credito-a-habitacao.

[258] Tal como entendeu o Tribunal da Relação de Lisboa. *Vide* Acórdão do Tribunal da Relação de Lisboa, de 17-05-2018, (Maria de Deus Correia), Proc. n.º 5273/16.4T8FNC.L1, disponível em www.dgsi.pt.

[259] Acórdão do Tribunal da Relação de Guimarães, de 11-10-2018, (Maria Cristina Cerdeira), Proc. n.º 5778/14.1T8VNF-C.G1, disponível em www.dgsi.pt.

d) Decreto-Lei n.º 74-A/2017, de 23 de junho

Este diploma veio transpor a Diretiva 2014/17/UE, do Parlamento Europeu e do Conselho, de 4 de fevereiro de 2014[260] e, apesar de apresentar algumas medidas que Portugal já antecipara em anteriores diplomas, reforça outras.

De forma a prevenir o incumprimento do contrato, este diploma reforçou as medidas destinadas à avaliação de solvabilidade do mutuário (em momento inicial ou aquando do pedido de aumento do montante) que permita garantir *a priori* a capacidade financeira deste para o cumprimento do contrato e, com isto, evitar o facilitismo na concessão do crédito à habitação, o que poderia colocar o consumidor e a sua família numa situação de endividamento que pudesse levar a um possível desfecho trágico relacionado com a perda daquela casa de família (art. 16.º)[261].

Este diploma condiciona mais fortemente a possibilidade de resolução do contrato com fundamento no incumprimento por parte do mutuário ao não exigir apenas a falta de pagamento de três prestações vencidas como também, cumulativamente, a interpelação admonitória para o poder fazer no prazo de, pelo menos, 30 dias, com um alerta para as consequências da falta de pagamento neste período, o que transformará aquela mora em incumprimento definitivo suscetível de ser exigida a satisfação do crédito em ação executiva que iniciará a penhora precisamente pelo imóvel dado em garantia, nos termos do art. 752.º do CPC (art. 27.º, n.º 1).

Quanto à retoma do contrato, a mesma passou a estar prevista no art. 28.º daquele diploma que se mantém nos mesmos moldes já abordados, sem grandes novidades. Com a retoma[262] extingue-se o título executivo

[260] Transposta também pelo Decreto-Lei n.º 81-C/2017, de 7 de julho que estabelece o regime jurídico que regula as condições de acesso à atividade de intermediário de crédito e à prestação de serviços de consultoria relativamente a contratos de crédito e, bem assim, a forma como estas atividades devem ser exercidas.

[261] Ferreira, Ariana Rebelo (2018). *Contratos de crédito aos consumidores para imóveis destinados à habitação: problemas e soluções legais.* Dissertação de Mestrado (Solicitadoria), Instituto Superior de Contabilidade e Administração de Coimbra, Coimbra, pp. 63-66, disponível em https://comum.rcaap.pt/bitstream/10400.26/29052/1/Ariana_Ferreira.pdf

[262] De notar que "*[c]onstitui um ónus do executado comprovar o pagamento das prestações vencidas e não pagas, bem como, os juros de mora e as despesas em que o mutuante tenha incorrido, quando documentalmente justificadas, se pretende obter o reconhecimento do direito à retoma do contrato de*

que resulta da resolução do contrato, o que extingue consequentemente a execução[263], mas não por mais do que duas vezes durante a vigência do mesmo contrato (n.º 3, do art. 28.º).

Com o artigo 25.º continua a proibir-se o agravamento de encargos relativos à renegociação do crédito quando tenha ocorrido mudança do local de trabalho, desemprego de um dos membros do agregado familiar ou divórcio, separação ou morte de algum destes familiares (n.º 2 deste preceito). Este diploma acrescentou ainda a proibição de cobrar qualquer comissão por analisar a renegociação das condições do contrato (n.º 1).

No tocante à extinção das obrigações resultantes do contrato com a entrega do bem hipotecado através da venda executiva ou da dação em cumprimento, este diploma veio reforçar esta possibilidade já prevista anteriormente na Lei n.º 59/2012, de 9 de novembro. Contudo, impõe no art. 14.º, n.º 3, al. *b)* a necessidade de o mutuante informar o mutuário desta possibilidade, aquando da negociação do contrato, se a mesma ficar estipulada no clausulado do mesmo, por acordo de ambas as partes. A necessidade de acordo por parte da entidade bancária dificultará esta possibilidade prática e a sua inclusão *a priori* no contrato que a própria redige, uma vez que esta não é vista com bom agrado por estes mutuantes.

> *"Não é portanto, uma solução disponível, a todo o tempo na esfera jurídica do devedor, mas sim de uma solução que terá de ser previamente acordada e expressamente prevista aquando a celebração do contrato. Mais não é do que a previsão contratual expressa da dação em cumprimento."*[264].

crédito, ao abrigo do art. 28.º DL 74-A/2017 de 23 de junho.". Cfr. Acórdão do Tribunal da Relação do Porto, de 10-02-2020, (Ana Paula Amorim), Proc. n.º 664/17.6T8LOU.P1, disponível em www.dgsi.pt.

263 A retoma pode ainda ocorrer de forma extrajudicial, se o credor e o devedor chegarem a acordo nesse sentido. Se tal acontecer, a retoma poderá dizer respeito a créditos de outra natureza pois, nesse caso, não é necessário o cumprimento dos requisitos previstos naquele diploma. Cfr. Acórdão do Tribunal da Relação de Guimarães, de 03-10-2020, (Eva Almeida), Proc. n.º 2149/13.0TBGMR-B.G1, disponível em www.dgsi.pt.

264 Coelho, Cláudia (2018). *A dação em cumprimento como forma de extinção da dívida contraída com base num contrato de crédito à habitação.* Dissertação (Mestrado em Direito e

Ademais, relembre-se que o regime geral da dação em cumprimento exige o consentimento (expresso ou tácito) do credor para a exoneração do devedor (art. 837.º do CC), pelo que este Decreto-Lei não veio criar nenhuma novidade vantajosa para o devedor.

A novidade reside no regime sancionatório presente nas demais alíneas do art. 29.º. Constitui contraordenação sujeita a coima (ou a possíveis sanções acessórias, nos termos do art. 30.º) o incumprimento do dever de prestação de esclarecimentos e informações, nomeadamente o mencionado e presente no art. 14.º, n.º 3 (al. *s)*), assim como o incumprimento do dever de verificar a solvabilidade do consumidor nos termos do art. 16.º (als. *v)* a *ab)*). O mesmo pode acontecer com a cobrança de comissões na renegociação do crédito contra a proibição presente no art. 25.º, n.º 1, assim como a verificação de agravamento dos encargos do mesmo nas situações previstas no n.º 2 do art. 25.º (als. *ba)* e *bb)*). O incumprimento do dever de retoma, nos termos do art. 28.º, n.º 1, é igualmente sancionável (al. *bd)*).

e) Moratórias

Tendo em conta a situação pandémica provocada pela COVID-19 e a dificuldade económica que por este mesmo motivo as famílias passaram a enfrentar, foram criadas medidas excecionais e temporárias tidas como urgentes para aliviar o sufoco provocado pela baixa/falta de liquidez gerada pela dificuldade/impossibilidade de garantir o mesmo nível de rendimentos que anteriormente o agregado familiar conseguia obter para fazer face a um mesmo/maior nível de despesas, principalmente no tocante à casa de morada de família adquirida através da concessão de crédito.

Assim, através do Decreto-Lei n.º 10-J/2020, de 26 de março, foi inicialmente aprovada uma moratória pública[265] a aplicar a contratos cele-

Gestão), Faculdade de Direito da Universidade Nova de Lisboa, Lisboa, p. 64, disponível em https://run.unl.pt/bitstream/10362/66762/1/MartinsCoelho_2019.pdf.

[265] A moratória pública aplica-se aos contratos de crédito hipotecário e contratos de locação financeira de imóveis destinados à habitação, aos créditos para financiamento da educação e aos créditos com empresas, empresários em nome individual, instituições particulares de solidariedade social, associações sem fins lucrativos e outras enti-

brados até 26 de março com a proibição da revogação das linhas de crédito contratadas, a prorrogação ou suspensão dos créditos até fim deste período[266] e a continuidade do financiamento às famílias portuguesas, tal como a prevenção de incumprimento por redução de atividade, mas não prejudicava os direitos inerentes à satisfação do crédito pela entidade bancária em caso de declaração de insolvência ou submissão ao Processo Especial de Revitalização[267]. A aplicação da moratória também não penalizava o consumidor, nomeadamente com um possível aumento de encargos, aumento do prazo para cumprimento do crédito ou redução de bonificações.

Este diploma foi posteriormente alterado pelo Decreto-Lei n.º 26/2020, de 16 de junho e o prazo para aplicação do regime da moratória foi prolongado até ao dia 31 de março de 2021 com a flexibilização das medidas de acesso ao mesmo.

Assim, por imposição do art. 2.º, n.º 2, al. a), para aceder a tais medidas é necessário que, à data de 18 de março de 2020, o mutuário não estivesse em mora ou incumprimento de mais de três prestações mensais por regularizar correspondentes ao crédito à habitação[268] e não se encontrasse em situação de insolvência, ou suspensão ou cessão de pagamentos, ou não corresse contra ele uma execução por qualquer uma das instituições, nos termos da al. c), n.º 1, do art. 2.º. Ademais, não podia estar em incumprimento das prestações tributárias e contributivas perante a ATA ou a Segurança Social, nos termos da al. d), n.º 1, do art. 2.º. Acrescia que quanto a, pelo menos, um dos membros do agregado familiar teria de se verificar uma das seguintes situações: estar em situação de isolamento

dades da economia social. Cfr. Idealista (2020). *Guia das moratórias: o que são, quem pode aderir e quais são os prazos*, disponível em https://www.idealista.pt/news/especiais/covid-19/2020/08/03/44167-guia-das-moratorias-o-que-sao-quem-pode-aderir-e-quais-sao-os-prazos.

[266] Cfr. artigo 4.º do diploma.

[267] Cfr. art. 6.º do diploma.

[268] O facto de se encontrar em situação de incumprimento relativa a outros créditos não relacionados com o crédito sobre o qual se solicita a aplicação de tais medidas não era impeditivo para o acesso à moratória. Cfr. Idealista. *Guia das moratórias: o que são, quem pode aderir e quais são os prazos, ob. cit.*

Cfr. artigo 4.º do diploma.

profilático; estar a prestar assistência a filhos ou netos; ter ocorrido a redução do período normal de trabalho ou a suspensão do seu contrato em virtude de crise empresarial; estar em situação de desemprego registado no Instituto do Emprego e Formação Profissional, I. P.; trabalhadores independentes elegíveis para o apoio extraordinário à redução de atividade, nos termos do art. 26.º do Decreto-Lei n.º 10-A/2020, de 13 de março; ou trabalhadores de entidades cujo estabelecimento ou atividade tenha sido encerrado por imposição legal ou administrativa relacionada com o período de estado de emergência ou de situação de calamidade. A novidade trazida por esta alteração foi a inserção da última alínea que previa a possibilidade de adesão à moratória das famílias em que tivesse ocorrido a quebra de, pelo menos, 20% do rendimento global do agregado familiar em consequência da pandemia, o que permitia uma abrangência de mais beneficiários.

Após o preenchimento e assinatura de uma declaração de adesão e, no prazo de 15 dias após o envio desta, da apresentação da documentação comprovativa da regularidade da situação tributária e contributiva do mutuário, nos termos do art. 2.º, n.º 1, al. d), verificados que estivessem os requisitos supra mencionados, a entidade bancária ou financeira não podia recusar a aplicação deste regime. É de louvar esta opção, uma vez que a necessidade de acordo iria acabar por frustrar os efeitos úteis e práticos pretendidos pela urgência e pela excecionalidade de tais providências[269].

De entre as medidas a aplicar presentes no n.º 1 do art. 4.º, falemos da mais notória: a suspensão do pagamento do capital. Com isto, o beneficiário poderia ver suspenso o pagamento das prestações (entendido enquanto valor do capital acrescido do valor dos juros) a vencer no período relativo ao da apresentação da declaração de adesão e a data do fim da vigência deste diploma. A grande desvantagem residia na não susceptibilidade de suspensão do vencimento dos juros no período da mora-

[269] Note-se o elevado número de pedidos de moratórias de crédito (cerca de 788 mil), no primeiro semestre de 2020; cerca de 43% dos pedidos concedidos dizia respeito a créditos à habitação. Cfr. Banco de Portugal. (2020). *Sinopse de atividades de supervisão comportamental – 1.º semestre de 2020*. Disponível em https://www.bportugal.pt/publications/banco-de-portugal/all/127.

tória. Assim, se o consumidor não continuasse a pagar o valor relativo a estes[270], o valor total da dívida acabaria por sair agravado com o pagamento de juros sobre juros.

Das grandes vantagens assinalava-se a impossibilidade de a instituição bancária ou financeira exigir o cumprimento das prestações vencidas e não pagas antes da moratória, enquanto durasse o período relativo a esta. Ademais, não seriam contabilizados juros de mora ou outras penalizações contratuais (art. 14.º-A, n.º 4). O que era notável para a salvaguarda da dignidade da família portuguesa que se encontrava em dificuldade para cumprir, no momento, as suas obrigações, devido àquele evento excecional. Tal pioraria se as prestações anteriores incumpridas pudessem ser exigidas durante o período em que a família beneficia da moratória, período este resultado de notória quebra de rendimento.

Outra das vantagens estava relacionada com o facto de esta suspensão ou extensão do prazo para pagamento das prestações não originar incumprimento contratual (art. 4.º, n.º 3, al. *a)*) e não ativar cláusulas de vencimento antecipado (al. *b)*), o que permitia ao consumidor gerir melhor o rendimento global familiar de acordo com as suas possibilidades, sem que o não pagamento das suas prestações bancárias agravasse ainda mais a sua situação económica que se previa difícil perante o contexto referido.

O diploma em análise sofreu ainda uma posterior alteração com o Decreto Lei n.º 78-A/2020, de 29 de setembro que alterou o período de vigência até 30 de setembro de 2021. Ademais, o consumidor que à data da entrada em vigor deste diploma (1 de outubro) beneficiasse de alguma das medidas viu a sua aplicação prorrogada automaticamente[271], exceto se comunicasse a sua intenção em contrário (art. 5.º-A, n.º 1 e n.º 5). É de notar ainda a possibilidade acrescentada ao art. 4.º, através do n.º 7, que permitia ao consumidor, caso entendesse que a sua situação económica e a da sua família melhorou substancialmente a ponto de conseguir retomar o cumprimento das suas obrigações, de a todo o tempo deixar de

[270] O consumidor podia optar por continuar a pagar o valor dos juros e suspender apenas o pagamento do valor relativo ao reembolso do capital. Cfr. art. 4.º, n.º 2.

[271] Contudo, para período a partir de 1 de abril de 2021, ocorria apenas a suspensão do valor referente ao capital e não dos juros. Cfr. art. 5.º-A, n.º 2.

beneficiar da moratória até ao período final. Bastava para isso comunicar a sua intenção de encurtar este prazo através de um aviso-prévio não inferior aos 30 dias anteriores à data em que pretende fazer cessar os efeitos deste regime.

Por último, uma alteração final foi introduzida pelo Decreto-Lei n.º 107/2020, de 31 de dezembro que veio introduzir a prorrogação do prazo de suspensão dos créditos que já tinham aderido ao regime das moratórias até 30 de setembro de 2020, permitindo que a mesma fosse prolongada até 31 de março de 2021 e permitiu novas adesões às moratórias até à data-limite de 31 de março de 2021, com uma duração máxima de 9 meses, terminando as mesmas a 31 de dezembro de 2021.

Apesar de esgotados já todos os prazos para adesão ao regime das moratórias conferidos pelos sucessivos diplomas já analisados e não tendo sido publicado nenhum outro que viesse novamente prolongar o regime, o Decreto-Lei n.º 10-J/2020 foi revogado pelo Decreto-Lei n.º 66-A/2022, de 30 de setembro (art. 2.º, n.º 1, al. h)). Como veremos adiante, o Governo procurou respostas para dar à subida das taxas de juro e, consequentemente, ao agravamento das prestação do crédito à habitação a suportar pelas famílias portuguesas[272].

Note-se que, apesar de todas as vantagens, o insolvente proprietário da casa de morada de família e mutuário no crédito à habitação da mesma não poderia beneficiar do regime das moratórias.

f) Decreto-Lei n.º 80-A/2022, de 25 de novembro

Para mitigar os efeitos nefastos provocados pelo fim do período das moratórias e, essencialmente, pelo incontrolável aumento dos indexantes de referência relativos aos contratos de crédito à habitação com taxas variáveis, que provocam um significativo agravamento nas respetivas pres-

[272] Para além da possibilidade de renegociação do crédito com a banca, implementada pelo Decreto-Lei n.º 80-A/2022, de 25 de novembro e que analisamos de seguida, estudava-se a hipótese de alargamento da dedução dos juros em sede de IRS a todos os contratos de crédito à habitação (uma vez que, atualmente, tal só é possível para aqueles que foram celebrados até 2011). Contudo, o Governo não aceitou tal proposta. Cfr. IDEALISTA (2022), *Juros e deduções do crédito habitação no IRS – cuidados a ter*, disponível em https://www.idealista.pt/news/financas/credito-a-habitacao/2022/12/13/55259-juros-e-deducoes-do-credito-habitacao-no-irs-cuidados-a-ter.

tações mensais a suportar pelas famílias portuguesas – tendencialmente, o principal encargo do orçamento das mesmas – e que as pode aproximar ou mesmo culimar numa situação de incumprimento, o Governo (com o apoio do Banco de Portugal e a Associação Portuguesa de Bancos) preparou um novo diploma: o Decreto-Lei n.º 80-A/2022, de 25 de novembro. Esta legislação que vigorará de 26 de novembro de 2022 até 31 de dezembro de 2023, veio obrigar as instituições de crédito e financeiras a renegociar os créditos à habitação de taxa variável indexada à Euribor, cujo capital em dívida seja igual ou inferior a 300.000€ (artigo 2.º, n.º 1), quando a respetiva taxa de esforço tenha superado os 50% (art. 3.º, n.º 2) ou se tenha verificado uma das situações reveladoras de um agravamento significativo da taxa de esforço e esta atinja os 36% nos termos do n.º 1, do art. 3.º.

Os bancos têm 60 dias para, por iniciativa própria, avaliar os indícios deste agravamento antes da ocorrência do mesmo (art. 4.º, n.º 1), podendo solicitar a colaboração do mutuário para a disponibilização de documentos relacionados com a declaração de rendimentos (n.º 2), que o devem fazer no prazo de 10 dias (n.º 3). Mas as famílias não ficam impedidas de tomarem a iniciativa para solicitar a renegociação da sua dívida do crédito à habitação, de acordo com os termos deste diploma.

Uma das soluções a aplicar poderá ser o alargamento do prazo do crédito à habitação (art.º 6.º), ficando o banco obrigado a apresentar ao mutuário uma proposta de calendário de amortização ajustado acompanhada do impacto financeiro decorrente desse alargamento (n.º 2), deixando nas mãos do mutuário a benéfica possibilidade de retomar o prazo inicialmente contratado antes do alargamento (n.º 3).

Por outro lado, o banco poderá aplicar o disposto no Decreto-lei n.º 227/2012, de 25 de outubro, para o PARI, indicando com uma avaliação nos termos do art. 11.º-A e apresentar propostas nos termos do art. 11.º-B apresentando uma das seguintes soluções: celebração de um novo contrato de crédito tendo como finalidade o refinanciamento da dívida do contrato de crédito existente (al. a), do n.º 2, do art. 11.º-B); consolidar vários contratos de crédito (al. c), do n.º 2, do art. 11.º-B); alterar condições contratuais, nomeadamente, de entre outras possibilidades, diminuir as taxas de juro durante um determinado período (al. iv), da alínea b), do n.º 2, do art. 11.º-B).

A maior vantagem é a da gratuitidade deste processo que não acarreta encargos para o mutuário, o que poderia agravar a sua situação económica, permitindo-lhe assim uma renegociação gratuita do seu crédito, com vista a evitar-se o incumprimento das famílias portuguesas e a consequente perda da casa de morada daquelas.

Independentemente do valor em dívida, este diploma prevê ainda – e muito bem – a suspensão da comissão de amortização antecipada dos créditos à habitação abrangidos por este diploma, até 31 de dezembro de 2023, permitindo a transferência de crédito para outra instituição que eventualmente lhe ofereça melhores condições ou possibilitando até o abatimento do capital em dívida através da aplicação das suas poupanças na redução no endividamento.

Apesar destes esforços do legislador, ficaram ainda excluídos de aplicação das medidas presentes nesta legislação os contratos de créditos à habitação com taxa fixa, aqueles que foram contratados para adquirir segunda habitação e os créditos ao consumo.

1.5.7. Lei de Bases da Habitação

Como "garante do direito à habitação", o Estado aprovou, no dia 5 de julho de 2019, a primeira Lei de Bases da Habitação[273] que entrou em vigor a 1 de outubro do mesmo ano.

Como já se referiu *supra*[274], com esta Lei ficou estabelecido que a casa de morada de família não é apenas a pertencente à família matrimonializada e passou a albergar-se no conceito fornecido as tão desejadas famílias emergentes da união de facto, para efeitos das medidas apresentadas neste diploma (artigo 10.º, n.º 3). De fora do conceito ficam ainda – e de forma incompreensível – as famílias monoparentais, apesar de lhes ser conferida uma certa importância no art. 8.º, n.º 3, al. d), com a evidência de que estas também gozam de medidas de proteção especiais, nomeadamente a atribuição de subsídios de renda nas condições apresentadas no art. 31.º, n.º 1, al. d).

Com esta nova Lei, apresentam-se novos mecanismos para defender tal direito fundamental (nomeadamente no tocante aos despejos – art.

[273] Lei n.º 83/2019, de 3 de setembro.

[274] *Vide* ponto 1.2.2.5.

13.º). No que diz respeito à casa de morada de família prevê-se, agora, no art. 13.º, n.º 4 que o Estado e as Autarquias têm o dever de garantir o realojamento das famílias que pretendam despejar e nas condições exigidas no n.º 3 do mesmo preceito. Mais importante ainda: caso estejam reunidas as condições para o despejo[275], fica impedida a execução da penhora da casa de morada de família penhorada quando decorra um processo de execução fiscal para a satisfação de créditos fiscais ou contributivos, nos termos da al. d), do n.º 6, do artigo 13.º (tal como, a partir de 2016, ficou previsto no art. 244.º, n.º 2 do CPPT).

Além disso, no caso de crédito à habitação, foi aceite que as instituições financeiras possam estabelecer contratualmente a dação em cumprimento para saldar a dívida e fazer extinguir as obrigações dos devedores com a entrega daquela casa, independentemente do valor da mesma (art. 47.º, n.º 3)[276]. A DECO manifestou que esta medida se compreende uma vez que o *"risco na concessão do crédito à habitação deve ser partilhado entre o cliente e a instituição bancária"*[277]. No caso de não previsão contratual, se os devedores estiverem em "situação económica muito difícil" pode ser-lhes aplicado um regime legal de proteção distinto, previsto no n.º 4 do art. 47.º, optando pela *"reestruturação da dívida, a dação em cumprimento, ou medidas substitutivas da execução hipotecária"*.

No entanto, esta lei foi alvo de várias críticas nomeadamente por parte da Associação Lisbonense de Proprietários (ALP) que considera que a mesma é inútil e que não consegue colmatar as necessidades habitacionais existentes; e por parte da Associação Nacional de Proprietários (ANP) que entende que, na prática, nada foi feito contra a especula-

[275] No sentido que o n.º 1, do art. 13.º lhe atribui: *"desocupação forçada de habitações indevida ou ilegalmente ocupadas"*.

[276] Tal medida representa pouca ou nenhuma novidade, uma vez que a dação em cumprimento já era permitida, nos termos gerais, pelo Código Civil (artigos 837.º e ss.), nunca sem o assentimento da parte credora que tende a mostrar recetividade, principalmente se o valor da avaliação do imóvel tiver decaído em relação ao atual valor do mercado. A novidade talvez resida na possibilidade de esta possibilidade ficar estabelecida contratualmente de início.

[277] LUSA (2019). *DECO defende que Lei de Bases da Habitação deve proteger casas de morada de família*, disponível em https://www.dn.pt/lusa/interior/deco-defende-que-lei-de-bases--da-habitacao-deve-proteger-casas-de-morada-de-familia-10623068.html.

ção. Para isto, através da função social atribuída ao Estado em garantir o direito à habitação, os imóveis públicos seriam úteis para apresentarem confronto à propriedade privada e, com isto, resolver-se as necessidades de habitação condigna[278].

Após estas críticas, no ano posterior ao da sua entrada em vigor, foi promulgado o Decreto-Lei n.º 81/2020, de 2 de outubro enquanto legislação complementar que regulamenta a Lei de Bases da Habitação e que atribui competências ao Instituto da Habitação e Reabilitação Urbana (IHRU) – enquanto entidade pública que promove a política habitacional – para proceder ao inventário do património do Estado com capacidade para servir de habitação de interesse social e para gerir a bolsa dos mesmos imóveis, com o objetivo de aumentar a *"a oferta de habitação com apoio público a custos acessíveis"*.

A nós, parece-nos, que esta Lei fica muito aquém do esperado pois apresenta como soluções possibilidades que já existiam no sistema jurídico português e que, embora sejam de utilização prática diminuta, em nada vieram melhorar os regimes existentes para que se permitisse um progresso quanto a este aspeto.

[278] LUSA (2020). *Proprietários e inquilinos dizem que Lei de Bases da Habitação ainda não resolveu praticamente nada*, disponível em https://www.idealista.pt/news/imobiliario/habitacao/2020/10/19/44962-proprietarios-e-inquilinos-dizem-que-lei-de-bases-da-habitacao-ainda-nao-resolveu.

Capítulo II
Os Efeitos da Declaração de Insolvência na Casa de Morada de Família

2.1. Enquadramento

A possibilidade de obtenção de crédito veio facilitar o acesso a certos bens que de outra forma seriam impossíveis de obter. Desta forma, permite o financiamento dos consumidores que, assim, podem pagar aos seus respetivos credores, e, sucessivamente, estes aos seus. No entanto, a falha de um deles pode colocar toda a cadeia em colapso, uma vez que, se o devedor falhar ao credor que lhe financiou o crédito, este poderá igualmente não conseguir cumprir os seus próprios compromissos. Mas talvez aquele devedor tenha falhado porque também falharam consigo. Ademais, poderá ainda ocorrer uma das três situações referentes aos D's prejudiciais[279]: desemprego, doença ou divórcio. A conjugação destes fatores pode ser altamente facilitadora da ocorrência de insolvências em catadupa, motivadas pela interdependência de relações entre os vários sujeitos.

Um devedor está insolvente quando, pelo critério apresentado pelo art. 3.º, n.º 1 do CIRE, se encontra impossibilitado de cumprir atempadamente as obrigações que assumiu e cujo vencimento já ocorreu[280]. E não basta que o seu ativo se encontre em estado manifestamente superior

[279] Cfr. Observatório de Endividamento dDe Consumidores (2002). *Endividamento e sobreendividamento das Famílias – Conceitos e estatísticas para a sua avaliação.* Centro de Estudos Sociais da Faculdade de Economia da Universidade de Coimbra, p.9, disponível em http://oec.ces.uc.pt/biblioteca/pdf/pdf_estudos_realizados/estudo_parte2%20cap_1.pdf.

[280] Martins, Alexandre de Soveral (2017). *Um curso de Direito da Insolvência* (2.ª ed.). Coimbra: Almedina, p.47.

ao passivo. Isso pode não querer significar que o mesmo tenha condições para continuar a cumprir com as suas obrigações, pois para o caso da insolvência de pessoas singulares[281], o critério essencial para essa impossibilidade de cumprimento diz respeito à liquidez. Assim, o devedor insolvente é aquele que não apresenta liquidez suficiente que lhe permita ter meios para satisfazer os seus credores, nem consegue obtê-los de uma outra forma, através de terceiros. Menezes Leitão[282] designa este critério como o do fluxo de caixa (*cash flow*), inspirado no §17 da *Insolvenzordnung*[283].

Mesmo que verificada a sua situação de insolvência, o devedor pessoa singular não tem, em regra[284], dever de se apresentar à insolvência. E, mesmo que pretenda apresentar-se, o facto de a sentença que o declara insolvente ser proferida num tão curto espaço de tempo após a sua apresentação (art. 28.º do CIRE) [285] e com esta cominar o impedimento imediato de administrar e dispor dos seus bens que são apreendidos para a massa insolvente (arts 36.º, n.º 1 al. g) e 81.º, n.º 1, ambos do CIRE), poderá levar o devedor a protelar no tempo, o máximo que conseguir, a sua apresentação à insolvência. Assim, isto poderá agravar a sua situação económico-financeira.

A insolvência pode ser ainda requerida por quem for responsável pelas dívidas do devedor, pelo Ministério Público ou por qualquer credor (*v.g.* senhorio), quando se verifique um dos factos constantes no n.º 1 do art. 20.º do CIRE, nomeadamente o incumprimento de seis meses de rendas referentes ao contrato de arrendamento do imóvel, onde o devedor e o

[281] O art. 3.º, n.º 2 do CIRE estabelece, através do critério do balanço ou ativo patrimonial, que a manifesta superioridade do ativo em relação ao passivo se torna relevante apenas para as pessoas coletivas e para patrimónios autónomos "por cujas dívidas nenhuma pessoa singular responda pessoal e ilimitadamente, por forma direta ou indireta", ainda que possa sempre continuar a associar-se ao critério geral do n.º 1 do mesmo preceito. Cfr. Leitão, Luís Menezes (2017). *Direito da Insolvência* (7.ª ed.). Coimbra: Almedina, p.81.

[282] *Ibidem.*

[283] Disponível em https://www.gesetze-im-internet.de/inso/.

[284] O devedor pessoa singular só tem o dever de se apresentar à insolvência se for titular de uma empresa (art. 18.º do CIRE).

[285] Até 3 dias úteis após a distribuição da petição inicial ou do suprimento de vícios corrigíveis detetados em sede de apreciação liminar. Cfr. art. 28.º, do CIRE.

seu agregado familiar constituíram a sua casa de morada de família (al. g), *iv*)).

A verdade é que, mesmo quando não recaia sobre o devedor este dever de apresentação, existem consequências que surgem fruto da sua não apresentação tempestiva à insolvência após tomar conhecimento da sua situação, e que o poderão prejudicar *a posteriori*. Fala-se, por exemplo, do indeferimento liminar do pedido de exoneração do passivo restante[286/287/288] (princípio do *fresh start* que permite uma segunda oportunidade para o devedor com a libertação de algumas dívidas e incentiva a reabilitação do insolvente) quando aquele que não tenha adstrito a si um dever de se apresentar à insolvência, tiver demorado mais de seis meses a fazê-lo após o conhecimento desta sua situação[289], cujo atraso provocou prejuízos aos credores e, cumulativamente, sem culpa grave, sabia ou não podia ignorar que não haveria melhoria da sua situação financeira. Aquele período começa logo a contar quando o devedor insolvente não empresário se confronta com a impossibilidade de fazer face às obrigações por si assumidas, conforme o art. 3.º, n.º 1 do CIRE. Se não quer que o seu pedido de exoneração do passivo restante lhe seja indeferido liminarmente, deverá apresentar-se à insolvência em período que não exceda o mencionado, pelo que poderá deduzir logo tal pedido no próprio requerimento de apresentação à insolvência (art. 236.º, n.º 1 do CIRE). Contudo, já entendeu o Supremo Tribunal de Justiça[290] que,

[286] Cfr. artigo 238.º, n.º 1, al. d) do CIRE.

[287] Acórdão do Tribunal da Relação de Coimbra, de 07-03-2017, (Jorge Manuel Loureiro), Proc. n.º 2891/16.4T8VIS.C1, disponível em www.dgsi.pt.

[288] Claramente que, no caso do devedor pessoa singular titular de uma empresa, ao recair sobre si um dever de apresentação à insolvência após o conhecimento da sua situação, não o fazendo é-lhe igualmente indeferido o pedido de exoneração do passivo restante (art. 238.º, n.º 1, al. d) do CIRE). Neste caso, presume-se, de forma inilidível, que este conhece a sua situação de insolvência após decorridos três meses do incumprimento das obrigações do tipo das descritas no art. 20.º, n.º 1, al. g) do CIRE (art. 18.º, n.º 3 do CIRE).

[289] Situação de insolvência e não situação de "insolvência iminente" por não ter sido expressamente a vontade do legislador e porque aquela diz respeito a um momento de difícil caracterização, que provoca muitas incertezas. Cfr. Martins, A. S. *Um curso de Direito da Insolvência, ob. cit.*, pp. 81-82.

[290] Acórdão do Supremo Tribunal de Justiça, de 24-01-2012, (Fonseca Ramos), Proc. n.º 152/10.1TBBRG-E.G1.S1, disponível em www.dgsi.pt.

apesar de implícito no art. 238.º, n.º 1, al. d) do CIRE, *"os requisitos tempestividade e prejuízo para os credores são autónomos"*, pelo que a apresentação tardia não constitui presunção de prejuízo para os credores, *"competindo aos credores do insolvente e ao administrador da insolvência o ónus de prova desse efetivo prejuízo, que não se presume"*.

É nesta altura que o insolvente terá de fazer uma escolha: apresentar-se ou não tempestivamente à insolvência – tal implica atirar para a massa todo o seu património, mas com tal escolha poderá beneficiar do perdão de algumas das suas dívidas. Contudo, naquele património pode ir uma casa de morada de família própria do insolvente que se apresenta à insolvência, afetando todo o agregado familiar[291]. Certo é que a figura da exoneração do passivo restante é bastante atrativa, o que pode incentivar o devedor insolvente a apresentar-se à insolvência tempestivamente, de forma a não piorar ainda mais a situação em que se encontra. Porém, o devedor que se quer ver livre do passivo restante, vê a casa de morada de família (que não é só a sua residência) afeta à massa insolvencial, como qualquer outro bem do seu património, o que prejudicará outras pessoas do agregado familiar que não o próprio. Por este motivo, seria bom que o CIRE dispusesse de uma solução que permitisse salvaguardar a família que habita naquele bem, atualmente tido para esta lei como um outro qualquer bem do património do devedor.

Outra das consequências do incumprimento do dever de apresentação à insolvência é a de o devedor poder ver presumida, de forma ilidível[292], a qualificação da sua insolvência como culposa, que abrange uma culpa grave e o nexo de causalidade entre a não apresentação atempada e o agravamento da situação de insolvência (art. 186.º, n.ºs 3 e 4 do

[291] Aliás, com base nas estatísticas, pode dizer-se que a maioria das insolvências são das famílias portuguesas. No segundo trimestre de 2019, mais de 70% das insolvências são de pessoas singulares, quadruplicando os números de 2007. Contudo, comparativamente ao segundo trimestre de 2018, os números de 2019 relativos a pessoas singulares declaradas insolventes diminuíram cerca de 1,4%.
Informação disponível em https://expresso.pt/sociedade/2017-02-08-Mais-de-70-das-insolvencias-sao-de-familias.

[292] Cfr. art. 350.º, n.º 2 do CC.

CIRE)[293]. Se não recair sobre si o dever de apresentação à insolvência, tal não determina, logo à partida, a qualificação da insolvência como culposa (art. 186.º, n.º 5). Os efeitos desta qualificação passam por sanções civis, nomeadamente em termos de responsabilidade civil delitual ou extracontratual, e vêm determinados no art. 189.º, n.º 2. Ademais, o devedor pessoa singular empresário poderá ser responsabilizado penalmente, nos termos do art. 228.º do Código Penal.

Além destas consequências, o legislador associou à apresentação voluntária do devedor à insolvência algumas vantagens cativantes, para além do já *supra* mencionado relativo ao pedido de exoneração do passivo restante. Vejamos: uma vez que, ao apresentar-se à insolvência o devedor está a reconhecer a sua própria situação insolvencial (art. 28.º do CIRE), ocorre uma significativa poupança de trâmites processuais, tais como a própria citação do mesmo, a sua oposição e a audiência de discussão e julgamento (trâmites esses necessários aquando de um processo de insolvência requerida[294]), o que dá a possibilidade de partir de imediato para a sentença que declara insolvente aquele devedor[295].

Antes disso, o legislador ofereceu a possibilidade de, mesmo quando não lhe incumba esse dever, o devedor pessoa singular não empresário ou titular de pequena empresa que se apresente à insolvência, simultaneamente, juntar ao seu requerimento um plano de pagamentos (arts. 249.º e 251.º do CIRE). Nesta situação, poderá aproveitar para especificar que, na eventualidade de este não ser aceite e querendo, lhe seja deferido subsidiariamente o pedido de exoneração do passivo restante já explorado (art. 254.º do CIRE). Tal vicissitude adiará compreensivelmente a sentença que declara a sua situação de insolvência[296] que será, no entanto, sempre mais atempada do que aquela que resultaria de uma insolvência

[293] Acórdão do Supremo Tribunal de Justiça, de 15-02-2018, (José Rainho), Proc. n.º 7353/15.4T8VNG-A.P1.S1, disponível em www.dgsi.pt; Acórdão do Supremo Tribunal de Justiça, de 23-10-2018, (Catarina Serra), Proc. n.º 8074/16.6T8CBR-D.C1.S2, disponível em www.dgsi.pt.

[294] Pelos legitimados no art. 20.º do CIRE.

[295] De notar que pode sempre ocorrer o indeferimento liminar desse pedido, nos termos do art. 27.º do CIRE.

[296] Outra das situações que impede uma declaração mais imediata da situação de insolvência de um devedor é a coligação de cônjuges (art. 264.º do CIRE).

requerida por terceiros. Até porque a própria apresentação do plano de pagamentos pelo devedor traduz-se na confissão da sua situação de insolvência, o que acelera nitidamente o processo (art. 252.º, n.º 4 do CIRE).

Ao apresentar-se voluntariamente à insolvência tem ainda a possibilidade de, e apenas nos casos em que exista uma empresa[297] no património do devedor, requerer imediatamente para si a administração da massa insolvente e que, nos termos do art. 224.º do CIRE, poderá vir a ser-lhe concedida.

Apesar destas vantagens, parece que, ao ficar logo impedido de administrar os seus bens, o devedor pessoa singular não empresário (que não poderá beneficiar da vantagem de a requerer em Tribunal) pode resistir à sua apresentação atempada, ainda que haja um chamado aliciante relativo ao pedido exoneração do passivo restante.

Quer se trate de uma insolvência-apresentação, quer se trate de uma insolvência-requerida, o processo insolvencial vai iniciar-se com a petição inicial que dá entrada no Tribunal competente. E este processo de natureza concursal, com vista à rápida e igualitária satisfação dos credores que se encontrem nas mesmas condições, caracteriza-se por ser também um processo de execução universal (art. 1.º, n.º 1, do CIRE) que afeta praticamente todo o património ativo do insolvente que será apreendido[298], o que o distingue da execução singular que apenas atinge a parte dos bens do executado meramente necessários à satisfação do débito exequendo[299]. Isto pode culminar com a apreensão da casa de morada de família, ainda que existam outros bens que poderiam satisfazer os respetivos credores.

O carácter urgente deste processo (art. 9.º do CIRE) prende-se com a ideia do não agravamento da situação do devedor insolvente, procurando-se apresentar uma solução célere para este e, por outro lado, garantir a satisfação dos credores para que os direitos destes não fiquem prejudicados, evitando-se assim que possam entrar igualmente em situação de insolvência.

[297] Desde que não seja uma pequena empresa, nos termos do art. 249.º do CIRE.

[298] Cfr. art. 36.º, n.º 1, al. g) e art. 149.º, n.º 1 do CIRE.

[299] Bettencourt, Pedro Ortins de (2017). Da liquidação em processo de insolvência – Uma perspetiva prática. *In Revista JULGAR*, (n.º 21), nota 3, p.88.

Contudo, apesar de o legislador ter optado na redação inicial do Código que regimenta esta processo (CIRE) pela via da liquidação, a verdade é que na redação de 2012 optou pela via da recuperação. Há quem diga que, por isso, a partir desse momento, a regra mudou[300]. Existem Autores[301] que consideram que tal afirmação pode ser errónea, por entenderem que esta alteração de paradigma se deu com a entrada em vigor do processo especial de revitalização, pois até então, a solução para as pessoas singulares insolventes, que não sejam titulares de pequenas empresas, não passa pela recuperação, mas sim pela liquidação do seu património. Nada lhes é oferecido tendo em vista a sua recuperação e, para estes, "*[a] regra em processo de insolvência era e continua a ser a liquidação*"[302].

Com isto, e por exigência do art. 36.º, n.º 1, al. *g)* do CIRE, o juiz decreta na sentença de declaração de insolvência a apreensão[303] indistinta[304] de todos os bens do devedor, que passarão a integrar a massa insolvente, em regra administrada pelo administrador de insolvência nomeado judicialmente (art. 81.º do CIRE) e constituída, nos termos do art. 46.º do CIRE, por "*todo o património do devedor à data da declaração de insolvência, bem como os bens e direitos que ele adquira na pendência do processo*", com exceção dos bens impenhoráveis[305] que serão posteriormente liquidados para que possa ocorrer a repartição do produto resultante da sua venda pelos credores.

Esta apreensão não ocorre, no entanto, no caso de ter sido aprovado o plano de pagamentos.

[300] "*Também a recuperação do devedor é abrangida pelo regime contido naquele Código.*", Cfr. Martins, A. S. *Um curso de Direito da Insolvência, ob. cit.*, p.40.

[301] Bettencourt, P. O. Da liquidação em processo de insolvência – Uma perspetiva prática. *In ob. cit.*, p.88.

[302] *Ibidem*, p. 88.

[303] Apreensão realizada pelo administrador de insolvência, nos termos do art. 150.º do CIRE.

[304] Exceto os bens apreendidos em virtude de infração criminal ou contraordenacional. Cfr. art. 149.º, n.º 1, al. *a)* do CIRE.

[305] Os bens absolutamente impenhoráveis não podem integrar a massa e os bens relativamente impenhoráveis só poderão integrar a massa se o devedor os apresentar voluntariamente. Cfr. art. 46.º, n.º 2 do CIRE.

Com a sentença de declaração de insolvência pode ver-se atingida a casa de morada de família, que é daquele que detenha sobre ela um título que lhe permita ali constituir a sua morada familiar nas condições já afloradas anteriormente[306], seja através de um direito de propriedade como através de um igualmente legítimo direito de arrendamento. Ora, tanto pode acontecer o devedor insolvente ser proprietário daquela casa, quer seja esta um bem próprio do mesmo ou um bem comum do casal, como pode ocorrer o caso de aquela se fixar num imóvel arrendado para habitação. De qualquer uma das formas, este bem com especial dignidade será também afetado pela declaração de insolvência do devedor em questão, seja ele o proprietário, senhorio ou o arrendatário do bem que, embora não titular do direito de propriedade, habita naquela casa com a sua família onde construiu a estabilidade e segurança da mesma.

Certo é que, com esta sentença, é afetada toda uma família que se vê confrontada com todos os efeitos nefastos e colaterais que a mesma implica e que podem abalar a sua estabilidade e desenvolvimento. Também não é menos verdade que, muitas das vezes, toda uma família nuclear é atingida com a repercussão de uma declaração de insolvência de um dos seus membros sem ter responsabilidade. E se um dos membros do casal está insolvente, o mais certo é que, por arrasto, o outro acabe por ficar em situação tão difícil, que termine na mesma situação. Mas e os dependentes a cargo destes? Não deveriam ser poupados ao máximo dos efeitos daquela sentença? Uma declaração de insolvência não atinge só o insolvente, mas praticamente todos os que com ele estabelecem relações jurídicas e, no caso em apreço, familiares. Afetar-se uma casa de morada de família à massa insolvencial sem qualquer atenção a esta questão poderá ser prejudicial. Certo é que este é, por vezes, o bem com maior importância económica no património ativo do devedor e que mais rapidamente pode permitir a satisfação dos credores e, assim, atingir-se a finalidade do processo insolvencial. Contudo, existem outros valores em jogo que, depois de analisados, se podem sobrepor.

É evidente que o legislador insolvencial já teve uma certa preocupação com as famílias que habitam em casa de morada de família arren-

[306] *Vide* ponto 1.2.2.1.

dada, como veremos. Mas essa preocupação parece escassa quando está em causa a casa propriedade daquela família.

Ademais, nem sempre a casa de morada de família pode ficar abalada apenas com a insolvência de quem nela habita. Por isso mesmo, estudaremos também que efeitos tem esta sentença que determina insolvente o respetivo senhorio na estabilidade da família que habita naquele imóvel e que faz dele a sua casa de morada familiar.

Ora passaremos a analisar, primeiramente, a afetação e a tutela conferida a este especial bem imóvel, aquando de um processo insolvencial que determine a declaração de insolvência do próprio arrendatário que, embora não seja proprietário, habita na mesma com a sua família.

2.2. A repercussão da declaração de insolvência nos negócios do insolvente

2.2.1. O regime aplicável aos negócios em curso

Aquando da sentença, o devedor judicialmente declarado insolvente vê a sua esfera (e, consequentemente, a da sua família) atingida pela repercussão que a mesma provoca, nomeadamente ao produzir efeitos substancialmente relevantes[307/308].

É normal e aceitável que antes da sentença que o declara insolvente, o devedor tenha celebrado negócios com terceiros e que estes ainda se mantenham em curso[309] à data da declaração de insolvência, por ainda não estarem totalmente cumpridos[310] por uma ou por ambas as partes

[307] Podem ser desencadeados efeitos que se manifestam sobre terceiros ou sobre o próprio devedor (arts. 81.° a 84.°), outros processualmente (artigos 85.° a 89.°.) ou sobre os créditos (artigos 90.° a 101.°.), outros sobre a resolução em benefício da massa insolvente (artigos 120.° a 127.°), ao passo que, naquilo que nos interessa nesta dissertação, outros revelam-se nos negócios em curso (artigos 102.° a 119.°).

[308] Não olvidar que, apesar dos efeitos previstos ao longo de todo o CIRE, existem outros previstos em lei civil (art. 1933.°, n.° 2 do CC), penal (arts. 227.° a 229.° do CP) e até laboral (art. 347.° do CT).

[309] Epifânio, Maria do Rosário. (2010). *Os efeitos substantivos da falência*. Porto: Publicações Universidade Católica. p.220.

[310] Apesar de ainda não totalmente cumpridos, é necessário que o seu cumprimento ainda seja possível. Como tal, estão em causa negócios não resolvidos antes da declara-

e que, portanto, serão naturalmente atingidos. É o caso do contrato de arrendamento da casa de morada de família onde habita o insolvente e a respetiva família, negócio tendencialmente duradouro[311]. Para este regime dos efeitos da declaração de insolvência nos negócios em curso, é indiferente se os negócios foram celebrados em período temporal muito longínquo à imprevisível declaração de insolvência ou mesmo quando já numa situação económica difícil.

Quanto aos negócios passados e futuros, estes não interessam para efeitos deste regime. Enquanto os últimos são celebrados posteriormente à declaração de insolvência, já com a atuação do administrador de insolvência que os decide tendo em conta a salvaguarda da massa insolvente, aqueles primeiros já nem sequer estão em cumprimento, o qual foi terminado ainda antes da declaração de insolvência. Apesar de não entrarem no regime dos negócios em curso, podem ainda ter interesse, nomeadamente quanto a dívidas ou créditos resultantes dos mesmos, permitindo no caso de considerados prejudiciais à massa, serem resolvidos em benefício desta[312/313].

No caso de existir algum negócio em curso à data da declaração de insolvência, o administrador de insolvência é necessariamente solicitado enquanto personagem essencial no processo insolvencial, uma vez que a partir daquela sentença, é a este que compete a "*representação do devedor para todos os efeitos de carácter patrimonial que interessem à insolvência*"[314], nomeadamente a tomada de decisões quanto a estes negócios.

Muito atento a esta temática, o legislador fez deste tema uma das maiores reformas[315] que o CIRE trouxe e dispôs no Capítulo IV (*Efeitos sobre os negócios em curso*) do Título IV (*Efeitos da declaração de insolvência*)

ção de insolvência ou aqueles em que nenhuma das partes impossibilitou o seu cumprimento. Cfr. César, Gisela (2015). *Os efeitos da insolvência sobre o contrato-promessa em curso.* Coimbra: Almedina, pp.72-73.

311 Acórdão do Supremo Tribunal de Justiça, de 20-10-2011, (Salreta Pereira), Proc. n.º 824/06.5TBMGL-E.C1.S1, sumário disponível em www.stj.pt.

312 Cfr. art. 120.º e ss. do CIRE.

313 Ascensão, José de Oliveira. (2005). Insolvência: efeitos sobre os negócios em curso. *In Revista da Ordem dos Advogados.* (ano 65, II), p.285.

314 Conforme o n.º 4 do art. 81.º do CIRE.

315 Cfr. Ponto 35 do Preâmbulo do Decreto-Lei n.º 53/2004, de 18 de março.

uma panóplia de artigos, desde o artigo 102.º ao artigo 118.º, onde a partir do artigo 103.º distingue muitos dos negócios em questão e prevê normas particulares para situações casuísticas.

Por não conseguir prever especificamente todos os negócios e situações possíveis, o legislador do CIRE dispôs no artigo 102.º um *"Princípio geral quanto a negócios ainda não cumpridos"*[316/317] de suspensão do contrato até decisão do administrador de insolvência pela continuação ou não da execução do mesmo e cuja necessidade já tinha sido defendida na altura da vigência do CPEREF (Decreto-Lei n.º 132/93, de 23 de abril)[318], diploma este que apresentava soluções casuisticamente pensadas para certo tipo de negócios[319]. Apesar de tudo, este diploma representou alteração substancial ao regime estabelecido anteriormente no art. 1197.º, n.º 1 do CPC de 1961, onde se estipulava *a priori* uma subsistência de todos

[316] Novidade trazida pelo CIRE e inspirada no §103 da *InsO*, preceito este disponível em www.dejure.org/gesetze/InsO/103.html.

[317] Autores como Luís Carvalho Fernandes & João Labareda e Gisela César entendem que ocorre uma "inadequação" da epígrafe porque, tal como explica Oliveira Ascensão *«O princípio do art. 102 não é assim tão "princípio geral" como proclama»*. Este entendimento é seguido ainda por Menezes Leitão que entende que este preceito não pode ser elevado à categoria de princípio geral uma vez que só se aplica a contratos bilaterais, e aos quais se juntam mais dois requisitos: que ainda não tenha sido totalmente cumprido por ambas as partes e que não exista regime especial que o regule nos preceitos seguintes ou noutros diplomas. Com isto deixa de fora contratos não bilaterais e outros negócios. Cfr. Ascensão, J. O. Insolvência: efeitos sobre os negócios em curso. *In ob. cit.*, p. 287; Leitão, Luís Menezes (2004), Os efeitos da declaração de Insolvência sobre os negócios em Curso. *In Código da Insolvência e da Recuperação de Empresas – aprovado pelo Decreto-Lei n.º 53/2004, de 18 de março, e alterado pelo Decreto-Lei n.º 200/2004, de 18 de agosto, que o republicou.* Coimbra: Coimbra Editora, p.63; Fernandes, Luís Carvalho., & Labareda, João (2013). *Código da Insolvência e da Recuperação de Empresas anotado* (2.ª ed.). Lisboa: Quid Juris, anotação 2 ao art. 102.º, p.483; César, G. *Os efeitos da insolvência sobre o contrato-promessa em curso, ob. cit.* p.72.

[318] Ascensão, José de Oliveira. (1995). Efeitos da falência sobre a pessoa e negócios do falido. *In Revista da Ordem dos Advogados.* (ano 55, III), pp.659-660.

[319] No CPEREF existiam apenas normas específicas pensadas casuisticamente para certo tipo de negócios, a partir do seu art. 161.º, tal como era tendência noutros ordenamentos jurídicos paralelos. Cfr. Macedo, Pedro de Sousa (1968). *Manual de Direito das Falências* (Vol. II). Coimbra: Almedina, p.153; Fernandes, L. C., & Labareda, J. *Código da Insolvência e da Recuperação de Empresas anotado, ob. cit.*, anotação 3 ao art. 102.º, p.483.

os contratos bilaterais do falido, que seriam ou não cumpridos conforme fossem considerados convenientes ou não para a massa, após ouvido o síndico. Ademais, fazia apenas umas breves considerações específicas quanto a uma pequeníssima listagem de negócios[320]. Contudo, não apresentava um princípio geral a aplicar às situações não previstas de forma casuística[321].

Porém, este preceito só se aplica se não existir nenhum regime especial previsto casuisticamente para o negócio específico, presente nos preceitos seguintes (art. 103.° ao 118.° do CIRE) ou noutros diplomas[322], facto prontamente ressalvado no disposto do n.° 1 do art. 102.°. Portanto, a solução[323] legal de suspensão do contrato até decisão do administrador é apenas uma solução supletivamente aplicável. Pode, noutros casos, ocorrer por ordem da lei a extinção automática ou a manutenção automática do negócio que não chega sequer a suspender-se.

2.2.2. Em especial, o regime aplicável aos contratos de locação

Contrariamente ao CPEREF (arts. 169.° e 170.°) que disciplinava apenas o caso de falência de um arrendatário e, assim, previa o regime dos efeitos da declaração de insolvência apenas para contratos de arrendamento[324], o

[320] Como é o caso do contrato de locação financeira, contrato de alienação de coisa determinada com cláusula de reserva de propriedade e contrato de arrendamento (mas só no caso do falido ser o arrendatário). Cfr. Fernandes, L. C., & Labareda, J. *Código da Insolvência e da Recuperação de Empresas anotado, ob. cit.*, anotação 3 ao art. 102.°, p.483.

[321] Pela inexistência de solução na lei, Maria do Rosário Epifânio preferia, à data, retirar "critérios auxiliares da interpretação" dos casos expressamente regulados na lei do art. 161.° ao art. 171.° do CPEREF e, com isso, integrar as lacunas que aparecessem em casos omissos. Cfr. Epifânio, M. R. *Os efeitos substantivos da falência, ob. cit.*, pp.398-399.

[322] Por exemplo, art. 98.° do Regime Jurídico do Contrato de Seguro (Decreto-Lei n.° 72/2008, de 16 de abril). Cfr. Martins, A. S. *Um curso de Direito da Insolvência, ob. cit.*, notas 70 e 71, p. 171; Fernandes, L. C., & Labareda, J. *Código da Insolvência e da Recuperação de Empresas anotado, ob. cit.*, anotação 5 ao art. 102.°, pp. 388-389.

[323] "*[N]ão é por si solução*" devido à sua supletividade e ao facto de a solução residir, na verdade, na decisão tomada pelo administrador da insolvência e que entenda como a mais benéfica para a massa insolvente. Cfr. Ascensão, J. O. Insolvência: efeitos sobre os negócios em curso. *In ob. cit.*, p.286.

[324] Quanto à aplicação do regime jurídico-falencial previsto apenas para o contrato de arrendamento aos restantes contratos de locação, a doutrina italiana dividia-se: os que

legislador do CIRE estipula-o de uma forma mais geral para os contratos de locação[325], o que permite ampliar o âmbito de aplicação deste regime a outros contratos de locações, sejam eles de arrendamento ou de aluguer[326] (art. 1023.º do CC).

Um contrato de locação é aquele em que uma das partes se obriga a permitir que a contraparte goze temporariamente da coisa locada, enquanto esta se obriga a prestar uma retribuição (art. 1022.º do CC). No arrendamento, a coisa temporariamente locada trata-se de um imóvel, tal como acontece com o arrendamento habitacional que pode destinar-se à locação de uma casa de morada de família. Enquanto ao senhorio cabem as obrigações de entrega da coisa locada e de concessão do gozo temporário da mesma para os fins estipulados (art. 1031.º als. *a)* e *b)* do CC), ao arrendatário cabem, sinalagmaticamente, as descritas no art. 1038.º do CC, principalmente as previstas na alínea *a)* de pagamento das retribuições acordadas (no arrendamento denominadas por rendas[327]) e na alínea *i)* de restituição da coisa locada no estado em que a recebeu aquando do fim do contrato (reforçada no art. 1043.º, n.º 1 do CC).

Quando está em causa um contrato de arrendamento em curso, o preceito a aplicar é um dos dois respeitantes ao regime jurídico-insolvencial

negavam esta possibilidade assentavam a sua tese na ideia-base daquela disciplina, tendo em conta que nos restantes contratos de locação não existia a necessidade de disposição dos bens imóveis para que os bens móveis que nela se encontravam continuassem a ser guardados; outros entendiam que caberia ao liquidatário judicial a opção de manutenção ou extinção do contrato; ao passo que outros defendiam que aqueles contratos se mantinha automaticamente, uma vez que só uma norma expressa poderia afastar esta manutenção do contrato. Cfr. Epifânio, M. R. *Os efeitos substantivos da falência, ob. cit.*, pp.374-375.

[325] O agora art. 108.º é aplicável aos contratos de locação que mantenham ligação com a massa ou que para ela tenham interesse. Cfr. Fernandes, L. C., & Labareda, J. *Código da Insolvência e da Recuperação de Empresas anotado, ob. cit.*, anotação 4 ao art. 108.º p.502

[326] Epifânio, Maria do Rosário. (2014). *Manual de Direito da Insolvência* (6.ª ed.). Coimbra: Almedina, p.190.

[327] Valor pecuniário estabelecido no contrato de arrendamento (que pode ser atualizado após um ano) pago, geralmente, de forma mensal pelo arrendatário ao senhorio como contraprestação pelo gozo do bem imóvel locado/arrendado. Cfr. Martins, L.uís M. (2013). *Processo de insolvência* (3.ª ed.). Coimbra: Almedina, p.305.

do contrato de locação: o art. 108.º ou o art. 109.º[328], conforme a sentença declare insolvente, respetivamente, o locatário (no caso, arrendatário) ou o locador (no caso, senhorio).

Este regime denota especificidades para casos excecionais como o do arrendamento habitacional, no art. 108.º, n.º 2 do CIRE.

Além disto, quanto ao regime insolvencial estabelecido para a locação, é necessário ter em conta as diferentes situações: rendas vencidas antes ou depois da declaração de insolvência, assim como a hipótese de já ter existido entrega ou não da coisa locada.

2.2.2.1. No caso de declaração de insolvência do locatário: em especial, do arrendatário

O art. 108.º do CIRE que se inspirou no § 109 da *Insolvenzordnung*[329] veio substituir o artigo 169.º do anterior diploma (CPEREF) que, por seu turno, revogou o art. 1197.º do CPC de 1961.

De notar que existem relevantes diferenças a apontar entre o anterior regime do CPEREF e o atual regime do CIRE. Enquanto no primeiro o legislador decidiu limitar a aplicação daquele unicamente aos contratos de arrendamento e apesar de o Anteprojeto do CIRE ter ido no mesmo sentido, no diploma final do CIRE acabou por expandir amplamente o âmbito deste preceito aos contratos de locação em geral.

Com isto, no n.º 1 do art. 108.º do CIRE, o legislador estabeleceu como que uma regra geral para o curso deste tipo de contratos quando ocorra a declaração de insolvência do locatário. Esta sentença não extingue o contrato de locação em causa[330] e nem sequer o suspende[331], pois o negócio não é automaticamente afetado. Como tal, o seu curso não é imediata-

[328] Não esquecer que o art. 119.º do capítulo em análise impõe a imperatividade desta e de outras normas de forma a garantir que as soluções previstas pelo legislador nestes preceitos são eficientes quanto à finalidade pretendida pela lei.

[329] Disponível em https://dejure.org/gesetze/InsO/109.html.

[330] Isto não significa que esteja completamente vedada a possibilidade de resolução do contrato mas apenas que este não é um efeito automático provocado pela declaração de insolvência do locatário. Cfr. Serra, Catarina (1998) Efeitos da declaração de falência sobre o falido. *In Scientia Ivridica*. (Tomo XLVII, números 274/276), nota 124.

[331] Cfr. Acórdão do Tribunal da Relação de Évora, de 22-09-2016, (Francisco Matos), Proc. n.º 96/16.3T8ORM.E1, disponível em www.dgsi.pt; Acórdão do Tribunal da Rela-

mente atingido por tal evento, pelo que continua a ser permitido usufruir daquele bem a troco da contraprestação assumida pelo insolvente. Apesar disto, esta sentença permite abrir portas a outras consequências apenas possíveis com a mesma. Uma delas é a atribuição ao administrador da insolvência da faculdade de, no prazo legal de 60 dias[332] (se da lei ou do contrato não resultar prazo inferior), decidir pela continuidade ou pelo término do contrato[333/334], em nome dos interesses da massa insolvente[335],

ção de Coimbra, de 08-11-2016, (Fernando Monteiro), Proc. n.º 1622/10.7TBACB-H.C2, disponível em www.dgsi.pt.

[332] Pelo § 109 da *Insolvenzordnung*, este pré-aviso pode ser feito num período de três meses, a menos que um período mais curto o excecione.

[333] Apesar de no CIRE estar expresso o termo denúncia, a maioria da doutrina não entende que esta seja uma verdadeira denúncia enquanto forma de extinção contratual e considera que "em bom rigor" o que está em causa é uma recusa de cumprimento, conclusão que facilmente se retira se atendermos às consequências desta atuação do administrador da insolvência presentes no n.º 3 do art. 108.º. Por exemplo, recusado o cumprimento do contrato nos termos em análise, o locador tem o direito de receber as rendas ou alugueres vencidos entre a data desta recusa e o estipulado fim do contrato (ou outro para o qual teria sido possível a denúncia) deduzidas dos custos inerentes à prestação do locador por esse período, assim como os ganhos obtidos por uma aplicação alternativa do locado, se imputáveis ao fim do contrato e que representam créditos sobre a insolvência do locatário. Na denúncia contratual com efeitos da cessação para o futuro do contrato e respetivas prestações estabelecidas, tal não aconteceria.
Cfr. Leitão, Luís Menezes (2017). *Direito da Insolvência* (7.ª ed.). Coimbra: Almedina, pp.199-200; Martins, A. S. *Um curso de Direito da Insolvência, ob. cit.*, nota 123, p.199; Matos, Filipe Albuquerque (2017). Os efeitos da declaração de insolvência sobre os negócios em curso. *In* Serra, C. (coord.), *IV Congresso de Direito da Insolvência*. Coimbra: Almedina, p.44.
Seguindo o entendimento oposto, Maria do Rosário Epifânio refere-se a tal ato como uma denúncia por pôr termo ao contrato para o futuro, com as consequências que a lei lhe oferece e com efeitos *ex nunc*. Cfr. Epifânio, M. R. *Manual de Direito da Insolvência, ob. cit.*, p.191; Epifânio, M. R. *Os efeitos substantivos da falência, ob. cit.*, p.357.

[334] Notamos que este não era o termo utilizado pelo legislador de 1961, no n.º 1 do seu art. 1197.º do CPC: o administrador da falência optaria pelo cumprimento ou não cumprimento do contrato.

[335] O facto de o legislador, contrariamente ao que fez no art. 1197.º, n.º 1 do CPC de 1961 e posteriormente no art. 169.º, n.º 1 do CPEREF, não ter estipulado que a decisão do administrador da insolvência deva ser tomada de acordo com os interesses da massa (apenas "*pode sempre*") não significa nem quer significar que se estabeleçam regimes diferentes visto que, em geral, uma das obrigações funcionais que se mantém sobre o administrador

nomeadamente se a sua manutenção representar um encargo inconveniente para esta. Porém, a opção pela continuidade da execução do contrato pode justificar-se pela necessidade de proteção dos interesses da massa, tendo em conta se o negócio em causa *"comporta algum ganho para a massa ou evita-lhe alguma perda"*[336], mas também porque àquela importa a manutenção do gozo dos bens arrendados, de forma a garantir ao administrador da insolvência a guarda/depósito dos restantes bens que a integram (dever que especialmente lhe cabe pelo art. 55.°, n.° 1 al. b)).

Não obstante, esta possibilidade de o administrador da insolvência decidir continuar ou não continuar a cumprir o contrato não é possível se o objeto do contrato de locação em causa, especificamente de arrendamento, servir de habitação do insolvente e, possivelmente, também da sua família. O legislador estabeleceu no art. 108.°, n.° 2 um regime excecional para este tipo de contratos que afasta a aplicação do n.° 1 e que, nos termos desta dissertação, nos interessa analisar mais ao detalhe.

Contudo, a faculdade de "denúncia" do contrato atribuída ao administrador da insolvência é apenas uma parte do n.° 1 do art. 108.° que prevê também, na sua parte inicial, a não suspensão dos contratos de locação. Se nos termos do n.° 2 se afasta a aplicação do n.° 1 quando estiver em causa um contrato de locação cujo objeto locado se destine à habitação do insolvente, poder-se-á questionar se estes também se suspendem, ao abrigo do n.° 1 do art. 102.°. Soveral Martins[337] argumenta que não deverá ocorrer a suspensão nesses termos, uma vez que o próprio preceito que afasta esse mesmo efeito do contrato (o n.° 2 do art. 108.°) regula também uma situação de rendas vencidas após a declaração de insolvência, o que significa que esta mesma sentença não suspendeu aquele negócio. Como tal, a casa de morada de família arrendada não é afetada pela declaração

da insolvência passa pela adoção de condutas que propiciem a maximização do valor da massa para uma máxima satisfação dos interesses dos credores [art. 12.°, n.° 2 do Estatuto do Administrador Judicial (EAJ) – Lei n.° 22/2013, de 26 de fevereiro] e cuja conduta diligente deverá guiar-se pelos critérios de um administrador criterioso e ordenado (art. 59.°, n.° 1 do CIRE). Cfr. Fernandes, L. C., & Labareda, J. *Código da Insolvência e da Recuperação de Empresas anotado, ob. cit.*, anotação 3 ao art. 108.°, p.503.

[336] Acórdão do Tribunal da Relação do Porto de 03-05-2011 (Ana Lucinda Cabral), Proc. n.° 2158/07.9TJPRT-B.P1, disponível em www.dgsi.pt.

[337] Martins, A. S. *Um curso de Direito da Insolvência, ob. cit.*, pp. 200-201.

de insolvência e o curso do seu contrato de arrendamento prossegue normalmente, pelo que a família pode continuar a habitar o imóvel até ao fim do contrato, com as especificidades que vamos dar conta.

Esta solução diferenciada é justificada precisamente pela especialidade e importância que este contrato pode representar para a vida do devedor e da sua família. Consequentemente, é a própria *"emoção provocada pela habitação, que leva a uma protecção especial do insolvente"*[338].

Apesar de existirem Autores[339] que defendem a aplicação analógica deste regime a outros contratos de locação de bens "destinados ao uso estritamente pessoal do insolvente", outros vão no sentido contrário, pois entendem que *"o que liga o insolvente à sua habitação não é, em geral, tão intenso como aquilo que o liga à sua máquina de barbear ou à sua televisão"*[340]. Aplicar-se este regime excecional à generalidade dos bens pessoais do insolvente seria desvirtuar a intenção do próprio preceito: proteger excecionalmente um bem com especial dignidade, como é a casa de habitação. E nem todos os bens estritamente pessoais do insolvente têm o mesmo interesse, dignidade e a necessidade de tamanha proteção.

Este preceito foi a grande novidade que o CIRE de 2004 trouxe a este tema e cuja necessidade já tinha sido alertada por certos Autores[341].

Nos regimes anteriores ao CIRE (CPEREF e o regime precedente a este que constava no CPC de 1961), o legislador não distinguia o arrendamento habitacional do não habitacional, pelo que, mesmo que o objeto do negócio em causa se tratasse ou não da casa de morada de família, o contrato subsistia e não era afetado pela declaração de falência do arrendatário, sendo que esta não constitui causa de caducidade para o mesmo (*vide* art. 1051.º do CC), nos termos do art. 169.º do CPEREF e, anteriormente a este, nos termos do art. 1197.º, n.º 1 do CPC de 1961. Contudo, ficava aberta a possibilidade de o síndico/liquidatário judicial poder denunciá-lo nos termos do n.º 1 do art. 169.º do CPEREF (e nos termos

[338] Ascensão, J. O. Insolvência: efeitos sobre os negócios em curso. *In ob. cit.*, p.292.

[339] Fernandes, L. C., & Labareda, J. *Código da Insolvência e da Recuperação de Empresas anotado, ob. cit.*, anotação n.º 6 ao artigo 108.º, p.503.

[340] Martins, A. S. *Um curso de Direito da Insolvência, ob. cit.*, nota 124, p.201.

[341] Fernandes, L. C., & Labareda, J. *Código da Insolvência e da Recuperação de Empresas anotado, ob. cit.*, anotação n.º 4 ao artigo 108.º, p.502.

do art. 1197.º, n.º 1 do CPC de 1961), tal como acontece no atual regime do art. 108.º, n.º 1 do CIRE, com a diferença de nos regimes anteriores não existir um prazo legalmente estipulado para a denúncia do contrato de arrendamento em causa.

Com isto, caso o cumprimento do contrato de arrendamento habitacional fosse recusado, o senhorio teria direito a todas rendas vencidas e não pagas até à denúncia[342] e uma indemnização por incumprimento contratual, esta calculada de acordo com as regras gerais[343]. Ambos os valores poderiam ser reclamados enquanto créditos comuns sobre a insolvência, nos termos do n.º 1 daquele art. 169.º.

No entanto, tal possibilidade encontra-se atualmente vedada, quando estiver em causa um contrato de arrendamento habitacional (n.º 2 do art. 108.º do CIRE). Por isso, só é possível o pagamento ao locador de uma indemnização[344] por denúncia antecipada[345], também enquanto crédito sobre a insolvência, calculada nos termos do art. 108.º, n.º 3 do CIRE e que tem em conta o valor das retribuições locativas que digam respeito ao período que medeia entre a data de produção de efeitos da recusa de cumprimento do contrato e o fim do contrato estipulado (ou data para a qual seria possível a denúncia, conforme o que estiver contratualmente estabelecido)[346/347], apenas quando estiver em causa outro contrato de locação, nomeadamente o de arrendamento não habitacional.

[342] Serra, C. Efeitos da Declaração de Falência Sobre o Falido. *In ob.cit.*, p. 310; Ascensão, J. O. Efeitos da falência sobre a pessoa e negócios do falido. *In ob. cit..*, p.668.

[343] Uma vez que o critério da fixação do seu montante não se encontrava sujeito a um regime particular. Cfr. Epifânio, M. R. *Os efeitos substantivos da falência, ob. cit.*, p.417.

[344] O legislador do CIRE não utiliza aqui o conceito de indemnização. Contudo, chama-lhe indemnização no art. 111.º, n.º 2 quando remete para o art. 108.º, n.º 3.

[345] Ascensão, J. O. Insolvência: efeitos sobre os negócios em curso. *In ob. cit.*, p.310.

[346] Ao valor daqui obtido devem ser subtraídos os custos inerentes à prestação do locador que seria feita por esse período, deixados de prestar após a produção de efeitos da denúncia e os ganhos adquiridos com uma locação alternativa do bem que tenham um nexo de causalidade com o fim antecipado do contrato e que a este término possam ser imputados, *"em ordem a evitar o enriquecimento da outra parte"*.
Cfr. Leitão, L. M. *Direito da Insolvência, ob. cit.*, p.200.

[347] De notar que é importante a atualização de todas as quantias envolvidas neste cálculo, para a data de produção dos efeitos da denúncia, nos termos do n.º 2 do art. 91.º. Cfr. Fer-

Caso optasse pela continuidade de cumprimento do contrato (ou se, pelo menos, não notificasse o senhorio quanto à intenção de recusa de cumprimento), dispunha expressamente no n.º 2 do art. 1197.º do CPC de 1961, que caberia ao administrador da falência o pagamento integral das rendas. Tal estipulação não aparece nos diplomas seguintes[348], uma vez que foi considerada desnecessária, pois representaria a aplicação do regime geral sem qualquer desvio excecional[349/350].

Se se mantivesse o cumprimento do contrato, o senhorio tinha a possibilidade de resolver o contrato de arrendamento (mesmo que habitacional) após a declaração de falência com fundamento nas rendas vencidas e não pagas, que se reportassem tanto a período anterior àquela como a período posterior[351]. Mesmo que resolvido o contrato, o senhorio perdia o direito à indemnização pela mora anterior à declaração de insolvência (n.º 2 do art. 169.º do CPEREF).

Atualmente, o incumprimento destas prestações[352] gera a possibilidade de as exigir à massa insolvente em ação declarativa/executiva apensa

NANDES, L. C., & LABAREDA, J. *Código da Insolvência e da Recuperação de Empresas anotado, ob. cit.*, anotação 5 ao art. 108.º, pp.502-503.

348 Quanto ao facto de o CPEREF ser omisso no tocante a um equivalente preceito, OLIVEIRA ASCENSÃO denotava que se o legislador nada dizia quanto ao arrendamento da casa em específico significaria que tudo o que respeitasse à casa de habitação seria considerado exterior à falência. Cfr. ASCENSÃO, J. O. Efeitos da falência sobre a pessoa e negócios do falido. *In ob. cit..*, p.668.

Porém, o CIRE fez cair esta tese com o n.º 2 do art. 108.º ao regular especificamente a locação de um bem destinado à habitação do insolvente.

349 MACEDO, P. S. *Manual de Direito das Falências, ob. cit.*, p.175.

350 É ao liquidatário judicial/administrador da insolvência que recai essa obrigação por lhe ser entregue a administração do património do falido/insolvente e a sua representação para efeitos de carácter patrimonial – arts. 134.º, 145.º e 147.º, n.º 2 do CPEREF e arts. 55.º e 81.º, n.º 4 do CIRE.

351 MARTINS, L. M. *Processo de insolvência, ob. cit.*, p.306.

352 Foi entendimento do Ministério Público, reiterado pelo Supremo Tribunal Administrativo, que estas rendas vencidas e não pagas e que provocam dano no senhorio, não se devem a um facto ilícito do liquidatário uma vez que poderia sempre optar por continuar a cumprir ou não o contrato – não era imperativo que decidisse pela manutenção daquele negócio. Como tal, na ausência de ilicitude, o liquidatário judicial não pode ser condenado ao pagamento de uma indemnização por responsabilidade civil. Cfr. Acórdão

ao processo de insolvência, nos termos do art. 89.º, n.º 2 do CIRE[353], uma vez que se tratam de créditos sobre a massa insolvente (art. 51.º, n.º 1, als. *e)* e *f)* do CIRE)[354/355] e que serão satisfeitos com preferência sobre as dívidas da insolvência, nos termos do art. 172.º do CIRE[356]. É igualmente legítimo que o locador (senhorio ou não) emita uma declaração de resolução do contrato endereçada ao administrador da insolvência[357/358], apenas com fundamento no incumprimento de pagamento de rendas/alugueres vencidos após a declaração de insolvência do locatário[359/360/361] (al. *a)*, n.º 4 do art. 108.º do CIRE *a contrario sensu*). Pelo n.º 4 do art. 108.º, impede-se agora o locador (nomeadamente, o senhorio) de resolver o contrato após a declaração de insolvência do locatário com fundamento na falta de pagamento de rendas ou alugueres, anteriores à data de declaração

do Supremo Tribunal Administrativo, de 02-03-2004, (São Pedro), Proc. n.º 01598/02, disponível em www.dgsi.pt.

353 Cfr. Acórdão do Tribunal da Relação do Porto, de 18-06-2009, (Maria Catarina), Proc. n.º 269/07.0TYVNG-O.P1, disponível em www.dgsi.pt; Acórdão do Tribunal da Relação do Porto de 03-05-2011 (Ana Lucinda Cabral), Proc. n.º 2158/07.9TJPRT-B.P1, disponível em www.dgsi.pt.

354 Epifânio, M. R. *Manual de Direito da Insolvência, ob. cit.*, p.190.

355 Cfr. Acórdão do Tribunal da Relação do Porto, de 03-12-2009, (Teles de Menezes), Proc. n.º 826/09.0TJPRT.P1, disponível em www.dgsi.pt; Acórdão do Tribunal da Relação de Lisboa, de 28-05-2013, (Isabel Fonseca), Proc. n.º 208/10.0TBTVD-AX.L1-1, disponível em www.dgsi.pt; Acórdão do Tribunal da Relação de Coimbra, de 26-06-2015, (Fernando Monteiro), Proc. n.º 1622/10.7TBACB-H.C1, disponível em www.dgsi.pt.

356 Cfr. Acórdão do Tribunal da Relação do Porto de 28-03-2012 (Soares de Oliveira), Proc. n.º 1483/10.6TBBGC-H.P1, disponível em www.dgsi.pt.

357 Leitão, Luís Menezes (2015). *Código da Insolvência e da Recuperação de Empresas anotado* (8.ª ed), Coimbra: Almedina, anotação n.º 3 ao art. 108.º, p.166.

358 Cfr. Acórdão do Tribunal da Relação de Évora, de 08-03-2018, (Albertina Pedroso), Proc. n.º 2378/17.8T8LLE.E1, disponível em www.dgsi.pt.

359 "*[P]ois a manutenção do contrato não pode ser desacompanhada do princípio do cumprimento pontual do contrato*". Cfr. Epifânio, M. R. *Os efeitos substantivos da falência, ob. cit.*, nota 904, p.353.

360 Pois, "*constituem causa de resolução*" do contrato, nos termos gerais. Cfr. Acórdão do Tribunal da Relação de Évora, de 22-09-2016, (Francisco Matos), Proc. n.º 96/16.3T8ORM.E1, disponível em www.dgsi.pt.

361 Acórdão do Tribunal da Relação do Porto, de 14-01-2008, (Abílio Costa), Proc. n.º 0756532, disponível em www.dgsi.pt.

de insolvência[362] (al. a)), ou na deterioração financeira do locatário[363] (al. b)). Ao contrário da al. b), a solução apresentada na al. a), apesar de se mostrar protetora da parte tendencialmente mais débil (o locatário)[364], é doutrinariamente criticada[365/366/367] por parecer demasiado desvantajosa para o locador que se vê obrigado a manter um contrato que, a não ser declarada a insolvência do seu locatário, poderia ser legalmente resolvido com fundamento mais que justificado para tal. Estar-se-á a privar este sujeito (que já era parte daquele contrato) de um direito já constituído na sua esfera jurídica antes da data de declaração de insolvência da sua contraparte, ao qual se soma o argumento de as rendas ou alugueres vencidos e não pagos dizerem respeito a um período anterior a esta sentença, período esse em que o locatário já gozou do bem locado[368]. Já a al. b) é perfeitamente aceitável, uma vez que, nos termos do art. 119.º, n.º 2 a declaração de insolvência por si só não pode, geralmente, funcio-

[362] Tais dívidas do insolvente têm de ser reclamadas no processo, nos termos do art. 128.º do CIRE.

[363] "*... ou seja, o perigo de incumprimento*". Cfr. Epifânio, M. R. *Manual de Direito da Insolvência, ob. cit.*, p.191.

[364] Matos, F. A., Os efeitos da declaração de insolvência sobre os negócios em curso, *In ob.cit.*, p.44.

[365] Opção criticada por Menezes Leitão já aquando da previsão de tal preceito no anteprojeto do CIRE pois entende que o locador teria todos os fundamentos legais para a resolução do contrato, sem que fosse alterada a qualificação de tais dívidas enquanto créditos sobre a insolvência. Soveral Martins também considera uma solução muito desvantajosa para o locador.

Cfr. Leitão, L. M. Os efeitos da declaração de insolvência sobre os negócios em curso. *In ob. cit.*, p.67; Leitão, Luís Menezes, *Código da Insolvência e da Recuperação de Empresas – Anotado, ob. cit.*, anotação n.º 3 ao art. 108.º, p.166; Leitão, L. M. *Direito da Insolvência, ob. cit.*,p. 200; Martins, A. S. *Um curso de Direito da Insolvência, ob. cit.*, p. 202.

[366] Leitão, L. M. *Direito da Insolvência, ob. cit.*, p.200; Martins, A. S. *Um curso de Direito da Insolvência, ob. cit.*, p. 202.

[367] Tal solução parece, no entanto, compreensível para outros Autores que entendem que tal assim foi decretado para que o locador não fique em posição mais favorável que os restantes credores do locatário insolvente. Cfr. Fernandes, L. C., & Labareda, J. *Código da Insolvência e da Recuperação de Empresas anotado, ob. cit.*, anotação n.º 7 ao artigo 108.º, p. 503

[368] Leitão, Luís Menezes (2015), A (in)admissibilidade da insolvência como fundamento de resolução de contratos. *In* Serra, Catarina (coord.), *III Congresso de Direito da Insolvência*. Coimbra: Almedina, p.90.

nar como fundamento para a resolução contratual, exceto nos escassos casos em que a lei o possa permitir.

Certos Autores[369] entendem, sem argumentar, que este regime não se aplica aos casos de arrendamento habitacional (n.º 2 afastaria a aplicação do n.º 4). Contudo, outros Autores[370] defendem que a lei não parece dar acolhimento a tal entendimento, sendo também o que nos parece. Por isso, relativamente à falta de pagamento de rendas vencidas em momento anterior ao da declaração de insolvência (art. 108.º, n.º 4, al. *a)*)[371], agora o locador (senhorio) poderá apenas ir ao processo reclamá-las enquanto créditos sobre a insolvência, tal como os restantes credores da insolvência.

Contudo, tenhamos em atenção a especificidade presente no regime excecional no n.º 2 do art. 108.º. Impedido de denunciar o contrato em causa, o administrador da insolvência tem a faculdade de *"declarar que o direito ao pagamento de rendas depois de transcorridos 60 dias sobre tal declaração não será exercível no processo de insolvência"*. Mas qual é esta declaração a que o legislador se refere?

SOVERAL MARTINS[372] entende que o legislador se refere à declaração impeditiva do administrador de insolvência e não à sentença de declaração de insolvência do inquilino, contrariamente ao pensamento de outros Autores[373]. Defende que entendimento contrário ao seu não parece ter

[369] FERNANDES, L. C., & LABAREDA, J. *Código da Insolvência e da Recuperação de Empresas anotado, ob. cit.*, anotação n.º 7 ao artigo 108.º, p. 503.

[370] MARTINS, A. S. *Um curso de Direito da Insolvência, ob. cit.*, nota 128, p.202.

[371] Opção criticada por MENEZES LEITÃO que entende que o locador teria todos os fundamentos legais para a resolução do contrato, sem que fosse alterada a qualificação de tais dívidas enquanto créditos sobre a insolvência. SOVERAL MARTINS também considera uma solução muito desvantajosa para o locador. Cfr. LEITÃO, L. M. Os efeitos da declaração de insolvência sobre os negócios em curso. *In ob. cit.*, p.67; LEITÃO, L. M. *Direito da Insolvência, ob. cit.*,p. 200; MARTINS, A. S. *Um curso de Direito da Insolvência, ob. cit.*, p. 202

[372] MARTINS, A. S. *Um curso de Direito da Insolvência, ob. cit.*, p.201.

[373] Assim, as rendas que vencessem após transcorrido o período de 60 dias após a declaração de insolvência não poderiam ser exigidas no processo. No entendimento destes AA., as rendas vencidas no período de 60 dias após a declaração de insolvência configurariam créditos sobre a insolvência e podiam ser exigidas no processo, assim como as rendas posteriores quando o administrador da insolvência não tiver apresentado aquela declaração. O que nos parece ir até contra o próprio regime geral, uma vez que são dívidas constituídas no decurso do processo de insolvência (art. 51.º, n.º 1, al. *e)* do CIRE).

apoio na letra da lei. Assim, o administrador da insolvência pode declarar o senhorio impedido de exigir no processo de insolvência, as rendas que se vençam após transcorridos sessenta dias da sua própria declaração impeditiva. É também este o nosso entendimento.

No caso de o administrador da insolvência não ter emitido a declaração que o n.º 2 do art. 108.º do CIRE lhe permite, e uma vez que a possibilidade de denúncia do contrato bilateral lhe está vedada, todas as rendas que se vençam após a declaração de insolvência tratam-se, naturalmente, de créditos sobre a massa insolvente (art. 51.º, n.º 1, al. e) do CIRE)[374].

Caso o administrador da insolvência faça uso desta faculdade, as rendas que se vençam em período posterior aos 60 dias após a emissão da declaração pelo administrador da insolvência e que continuem a não ser satisfeitas, não podem ser exigidas no processo[375]. Contudo, tal incumprimento ainda possibilita o senhorio de resolver o contrato com fundamento no incumprimento das mesmas (pois não está enquadrado em nenhuma das situações previstas no n.º 4 do art. 108.º)[376], em declaração dirigida ao administrador da insolvência. Ademais, poderá exigir no processo referente à ação de despejo por falta de pagamento de rendas vencidas após a declaração de insolvência (ou, pelo menos, vencidas após transcorridos os 60 dias sobre a declaração impeditiva[377]), uma indem-

Cfr Fernandes, L. C., & Labareda, J. *Código da Insolvência e da Recuperação de Empresas anotado, ob. cit.*, anotação n.º 6 ao artigo 108.º, p. 503; Tal como entende Martins, L. M. *Processo de insolvência, ob. cit.*, p.305.

[374] Martins, A. S. *Um curso de Direito da Insolvência, ob. cit.*, p. 202; Epifânio, M. R. *Manual de Direito da Insolvência, ob. cit.*, p.190.

[375] E, ademais, tenham-se em conta as especificidades do art. 89.º do CIRE.

[376] Carvalho Fernandes e João Labareda entendem que os casos do n.º 2 estariam afastados da aplicação do n.º 4 do art. 108.º, mas Soveral Martins considera que tal não tem apoio na lei pelo que, mesmo que se trate de um contrato de arrendamento habitacional, não pode o senhorio pedir a resolução do contrato (mas apenas com fundamento nas rendas vencidas e não pagas antes da declaração de insolvência do arrendatário e na deterioração da sua situação económica). Cfr. Fernandes, L. C., & Labareda, J. *Código da Insolvência e da Recuperação de Empresas anotado, ob. cit.* anotação n.º 7 ao artigo 108.º, p. 503; Martins, A. S. *Um curso de Direito da Insolvência, ob. cit.*, nota 128, p.202.

[377] Martins, A. S. *Um curso de Direito da Insolvência, ob. cit.*, p.202; Epifânio, M. R. *Manual de Direito da Insolvência, ob. cit.*, p.191; Leitão, Luís Menezes (2015). *Código da Insolvência e da Recuperação de Empresas anotado, ob. cit.*, anotação n.º 3 ao art. 108.º, p.166.

nização[378] pelos eventuais danos sofridos limitada ao valor das rendas de um trimestre, sendo que esta é qualificada como crédito sobre a insolvência, nos termos do n.º 2 do art. 108.º do CIRE.

Quanto às rendas vencidas no período de 60 dias ou menos após a declaração do administrador de insolvência e não pagas, SOVERAL MARTINS[379] divide-se entre a qualificação destas enquanto créditos sobre a insolvência e créditos sobre a massa, ainda que assuma inclinar-se para a segunda hipótese. Mesmo que seja aceitável que estas se tratem de créditos sobre a insolvência, uma vez que a indemnização prevista para os prejuízos que a falta de pagamento das rendas respeitantes ao período posterior à declaração do administrador de insolvência possa provocar na esfera jurídica do senhorio seja também assim qualificada, o A. aceita (*"embora com dúvidas"*) que estas se qualifiquem como créditos sobre a massa, nos termos do art. 51.º, n.º 1, al. *e)*, pois para além de dizerem respeito a rendas vencidas após a declaração de insolvência do arrendatário, tratam-se de créditos emergentes de um contrato bilateral cujo cumprimento não poderia ser recusado pelo administrador da insolvência. É o que também nos parece.

Quanto às rendas vencidas e não pagas no período que medeia entre o pós-declaração de insolvência e o antes-emissão da declaração impeditiva, parece-nos que são também qualificadas como créditos sobre a massa insolvente, de acordo com a regra geral do art. 51.º, n.º 1, al. *e)* do CIRE, uma vez que o regime especial e excecional do n.º 2 só se aplica, apenas, após emissão da declaração pelo administrador de insolvência. Até lá, ou mesmo que nunca chegue a ocorrer tal declaração, estamos perante dívidas da massa insolvente, exigíveis no processo de insolvência, como já se disse.

[378] EPIFÂNIO, M. R. *Manual de Direito da Insolvência, ob. cit.*, p.191; MARTINS, A. S. *Um curso de Direito da Insolvência, ob. cit.*, p.201; MARTINS, Luís M. *Processo de Insolvência, ob.cit*, p.305; FERNANDES, L. C., & LABAREDA, J. *Código da Insolvência e da Recuperação de Empresas anotado, ob. cit.*, anotação n.º 6 ao artigo 108.º, p. 503.

[379] MARTINS, A. S. *Um curso de Direito da Insolvência, ob. cit.*, pp. 201-202.

a) O despejo

Não é exigível impor ao senhorio a manutenção do contrato no caso de falta de pagamento de rendas vencidas[380], pelo que este pode pedir a resolução do arrendamento (art. 1083.º CC). Como tal, para cessar esta relação e ver o imóvel do qual é proprietário livre de pessoas e bens, pode utilizar como meio processual comum declarativo a ação de despejo (art. 14.º do NRAU – Lei 6/2006, de 27 de fevereiro) ou recorrer ao procedimento especial de despejo (art. 15.º do NRAU) com a possibilidade de cumular ao seu pedido a pretensão de pagamento das rendas em falta.

Sabemos já que, após declarada a insolvência do arrendatário-locatário, o senhorio não pode dar entrada com o pedido de resolução do contrato com fundamento em rendas vencidas e não pagas, que se reportem a momento anterior ao da sentença e que passam a ser qualificadas como créditos sobre a insolvência a reclamar no processo de insolvência.

Contudo, no momento em que o inquilino é declarado insolvente, podia correr já contra si uma ação. O que lhe acontece? Apesar de um dos efeitos da declaração de insolvência ser a suspensão de certas ações que correm contra o devedor (arts. 87.º, n.º 1 e 88.º, n.º 1 do CIRE), por a ação de despejo não ser nenhuma execução que tenha por objeto bens patrimoniais da massa insolvente, não existe motivo válido para tal ação se suspender[381]. No entanto, após o trânsito em julgado da declaração de insolvência do inquilino, deverá ser determinada a extinção da instância da ação de despejo por impossibilidade e inutilidade superveniente da

[380] Apesar de o n.º 3 do art. 1083.º do CC estabelecer como necessária a mora no pagamento de duas ou mais rendas, entende-se que o incumprimento de uma só renda não impede a pretensão de despejo pelo senhorio, desde que esse mesmo incumprimento *"assuma suficiente gravidade"* e, por isso, preencha a cláusula geral do n.º 2 do mesmo preceito. Contudo, nesse caso, o pedido terá de ser feito judicialmente (e não de forma extraprocessual) para que o Tribunal avalie dessa gravidade. Cfr. Acórdão do Tribunal da Relação do Porto, de 08-04-2010, (Teles de Menezes), Proc. n.º 2715/08.6TBVCD.P1, disponível em www.dgsi.pt.

[381] Oliveira, António Dionísio (2019). Os efeitos processuais da declaração de insolvência – Acções executivas e acções declarativas pendentes. *In Processos Especiais dos Juízos de Comércio* (1.ª ed.). Lisboa: Centro de Estudos Judiciários, p. 65 disponível em http://www.cej.mj.pt/cej/recursos/ebooks/civil/eb_juizoscomercio2019.pdf.

lide (art. 277.º, al. e) do CPC)[382]. Veja-se: quanto ao pedido de reconhecimento do crédito relativo ao não pagamento das rendas vencidas antes da declaração de insolvência, a obrigatoriedade de reclamar esses créditos no processo de insolvência (art. 128.º do CIRE) acaba com o escopo da ação nessa parte (inutilidade)[383]; quanto ao pedido de resolução do contrato, entende-se que a intenção da al. a), do n.º 4, do art. 108.º, é não apenas impedir a propositura da ação após a declaração de insolvência do locador, mas também a continuação de uma eventual ação de despejo (impossibilidade)[384].

No entanto, o senhorio não está impedido de resolver o contrato de arrendamento não denunciado (o habitacional nem o podia ser) com fundamento na falta de pagamento em rendas que se venceram em momento posterior ao da declaração, mesmo tratando-se de arrendamento habitacional (neste caso, pelo menos as referentes ao período após os 60 dias da declaração do administrador da insolvência). Porém, a ação tem agora de ser proposta contra a massa insolvente enquanto responsável pelo pagamento das rendas mencionadas e representada pelo administrador da insolvência[385], ao invés do devedor. Isto porque, com a declaração de insolvência, o insolvente fica privado não só da disposição e

[382] Cfr. Acórdão do Tribunal da Relação de Guimarães, de 29-01-2015, (Helena Melo), Proc. n.º 482/14.3YLPRT.G1, disponível em www.dgsi.pt.

[383] Cfr. Acórdão do Supremo Tribunal de Justiça, de 08-05-2013, (Fernandes da Silva), Proc. n.º 170/08.0TTALM.L1.S1, disponível em www.dgsi.pt.

[384] Cfr. Acórdão do Tribunal da Relação do Porto, de 17-03-2016, (Pedro Martins), Proc. n.º 819/15.8T8VFR, disponível em www.outrosacordaostrp.com; Acórdão do Tribunal da Relação de Coimbra, de 27-04-2017, (António Robalo), Proc. n.º 3067/16.6T8CBR.C1, disponível em www.dgsi.pt.

[385] Apesar de, na vigência do CPC de 1961, haver quem entendesse que a ação de despejo deveria ser proposta contra a massa e contra o falido, uma vez que estariam em causa não apenas aspetos patrimoniais mas também um direito pessoal de inviolabilidade de domicílio do falido que poderia, assim, vir à ação contestar. No entanto, não é esta a prática que se tem seguido na jurisprudência. Macedo, P. S. *Manual de Direito das Falências, ob. cit.*, pp.175-176.
Vide, por exemplo, Acórdão do Tribunal da Relação do Porto, de 08-04-2010, (Teles de Menezes), Proc. n.º 2715/08.6TBVCD.P1, disponível em www.dgsi.pt.

administração dos bens da massa insolvente, como também da sua legitimidade processual (ocorre uma ilegitimidade superveniente)[386].

Com a declaração de insolvência, ocorre – *ope legis* e sem necessidade de habilitação – a substituição processual do insolvente pelo administrador da insolvência em todas as ações patrimoniais que se encontrem pendentes e em que aquele seja parte autora ou ré, de forma automática (art. 85.º, n.º 3 do CIRE), cuja legitimidade processual só recuperará com o encerramento do processo de insolvência[387]. O administrador da insolvência passa assim a litigar como parte num processo em que se decide sobre direito alheio[388], embora em representação da massa insolvente, com legitimidade atribuída pela lei, até no art. 82.º, n.º 3 do CIRE.

No entanto, entendemos que esta ação de despejo deverá correr ainda contra o cônjuge não insolvente, em litisconsórcio necessário legal com a massa insolvente do outro, por força do art. 1682.º-B do CC (art. 34.º, n.º 3 do CPC *ex vi* art. 17.º do CIRE)

Esta ação correrá por apenso ao processo de insolvência, nos termos do art. 89.º, n.º 2 do CIRE, de forma oficiosa e obrigatória. Apesar de autónoma, por efeito da declaração de insolvência, esta ação é como que atraída para o processo de insolvência e "*passa a integrar um incidente (em sentido lato) do respectivo processo*"[389]. O Tribunal que avalia o processo de insolvência torna-se assim competente para conhecer desta ação (competência por conexão). O grande benefício desta apensação é a de conhe-

[386] Se o insolvente continuar a intervir enquanto parte, a sentença não é oponível à massa insolvente. Cfr. Epifânio, Maria do Rosário. (2012). Os efeitos processuais da declaração de insolvência. *In* Esteves, J. (coord.), *I Jornadas de Direito Processual Civil.* Valpaços: Câmara Municipal de Valpaços, pp.181-182, disponível em https://repositorio.ucp.pt/bitstream/10400.14/12881/1/Os%20Efeitos%20Processuais%20da%20Declara%c3%a7%c3%a3o%20de%20Insolv%c3%aancia.pdf.

[387] Cfr. art. 233.º, n.º 4 do CIRE.

[388] Fidalgo, Ana Ascensão (2017). *A responsabilidade dos administradores societários no processo de insolvência: Em especial o incidente de qualificação de insolvência.* Dissertação de Mestrado (Solicitadoria de Empresa), Escola Superior de Tecnologia e Gestão do Instituto Politécnico de Leiria, Leiria, p.20, disponível em https://iconline.ipleiria.pt/bitstream/10400.8/2648/3/Disserta%C3%A7%C3%A3o%20Ana%20Fidalgo%20-%20MSE%202017.pdf.

[389] Cfr. Acórdão do Tribunal da Relação do Porto de 03-05-2011 (Ana Lucinda Cabral), Proc. n.º 2158/07.9TJPRT-B.P1, disponível em www.dgsi.pt.

cer as questões litigadas nestas ações para melhor consideração do passivo do insolvente[390].

No caso de ser decretada a resolução do contrato e o locado não tiver sido entregue, já não se pode falar de rendas vencidas e não pagas, uma vez que o contrato já terminou na data da sentença que o resolveu. No entanto, o senhorio tem direito a uma indemnização por ocupação indevida do imóvel que poderá ser exigida à massa falida, quando "*a não entrega do locado ao senhorio, no momento próprio, decorreu unicamente de decisão tomada pela administradora da massa insolvente*"[391].

aa) Regime excecional face à situação epidemiológica provoca pela COVID-19

Note-se que, face à situação pandémica provocada pela COVID-19, na pendência do estado de emergência e uma vez que a casa de habitação assumia, nesse período, uma importância essencial para a proteção individual e coletiva, nomeadamente no tocante ao confinamento e ao direito/dever a permanecer no lar, ficaram suspensas as ações de despejo, os procedimentos especiais de despejo e os processos para entrega de coisa imóvel arrendada, quando o julgador entendesse que tais medidas podiam colocar o arrendatário em situação de fragilidade, enquanto medida excecional e temporária, por força do art. 7.º, n.º 10 na redação original da Lei n.º 1-A/2020, de 19 de março. Contudo, este preceito não salvaguardava o arrendatário da casa de morada de família em casos de processo executivo ou de insolvência

Esta solução passou para o n.º 11, com a introdução das alterações conferidas pela Lei n.º 4-A/2020, de 6 de abril. E pelo n.º 6, alínea b*)* ficou esclarecida a suspensão dos atos referente a vendas, concurso de credores, entrega judiciais de imóveis e diligências de penhora e seus atos preparatórios, em sede de processo executivo ou de insolvência, com exceção daqueles que causassem prejuízo grave à subsistência do exequente ou cuja não realização lhe provocasse prejuízo irreparável, nos termos

[390] Epifânio, M. R. Os efeitos processuais da declaração de insolvência. *In ob. cit.*, p.177.

[391] Cfr. Acórdão do Tribunal da Relação de Lisboa, de 08-05-2012, (Dina Monteiro), Proc. n.º 17663/10.1YYLSB-A.L1-7, disponível em www.dgsi.pt.

previstos do n.º 2 do artigo 137.º do Código de Processo Civil, prejuízo esse que dependia de prévia decisão judicial.

Com isto, não se queria dizer que o pagamento das rendas estivesse suspenso, mas apenas os processos e a produção de efeitos daquelas decisões.

Entretanto, a Lei n.º 4-C/2020, de 6 de abril veio atribuir uma proteção mais alargada aos arrendatários para as situações de mora no pagamento das rendas vencidas desde 1 de abril de 2020 (art. 14.º), prevendo-se o diferimento de tal cumprimento sem penalizações se os inquilinos tivessem sofrido quebra nos seus rendimentos (a provar nos termos do art. 3.º), o que impedia o senhorio de resolver o contrato com fundamento na falta de pagamento de tais rendas (art. 4.º), pelo que só o poderia fazer se o arrendatário não efetuasse o pagamento das mesmas no prazo de 12 meses a contar do fim do período de estado de emergência[392/393].

No entanto, todo aquele artigo 7.º da Lei n.º 1-A/2020, de 19 de março foi posteriormente revogado pela Lei n.º 16/2020, de 29 de maio. No entanto, esta lei aproveitou para lhe introduzir o art. 6.º-A, n.º 6, al. *c)*, o que conferiu a possibilidade de o julgador continuar a proteger o arrendatário, ao poder decidir suspender as ações de despejo, os procedimentos especiais de despejo e os processos de entrega para coisa imóvel arrendada, se o arrendatário provasse que tal o colocaria em situação de fragilidade por falta de habitação própria ou outra razão imperiosa. O já referido artigo 6.º-A da Lei n.º 1-A/2020, de 19 de março foi já expressamente revogado pela Lei n.º 4-B/2021, de 1 de fevereiro. O mesmo não aconteceu com o art. 6.º-E do mesmo diploma que foi, posteriormente àquela revogação, introduzido na Lei n.º 1-A/2020, de 19 de março por força da Lei n.º 13-B/2021, de 5 de abril, essencialmente o seu n.º 7, al. *c)*, o que conferiu a possibilidade de o julgador continuar a proteger o arrendatário. Apesar de já não ficar suspensa a ação de despejo, o proce-

[392] Garcia, Maria Olinda (2020). Alterações excecionais ao regime do arrendamento urbano (legislação COVID-19). *In Revista JULGAR online*, pp. 3-33, disponível em http://julgar.pt/alteracoes-excecionais-ao-regime-do-arrendamento-urbano-legislacao-covid-19/

[393] A Lei n.º 27-A/2020, de 24 de julho alterou a Lei do Orçamento de Estado (Lei n.º 2/2020, de 31 de março) e aditou-lhes os artigos 168.º-A e 168.º-B com medidas de apoio ao pagamento das rendas.

dimento especial de despejo ou o processo para entrega de coisa imóvel arrendada, foi conferida a possibilidade de o julgador poder decidir suspender os atos de execução da entrega do imóvel arrendado decorrente de alguma daquelas ações, se o arrendatário provasse que tal o colocaria em situação de fragilidade por falta de habitação própria ou outra razão imperiosa. Contudo, tal opera *"ope judicis, ou seja, depois de confirmada por decisão judicial a verificação dos respetivos requisitos legais"* e, embora seja uma hipótese pensada para qualquer tipo de imóvel, pode beneficamente ser aplicada à casa de morada de família arrendada[394].

Talvez exista margem para surgirem entendimentos de que a Lei n.º 1-A/2020, de 19 de março poderá já não estar em vigor pelo simples facto de a produção dos seus efeitos ser reportada, pelo seu art. 10.º, à data de produção de efeitos do Decreto-Lei n.º 10-A/2020, de 13 de março e este ter sido já revogado pelo Decreto-Lei n.º 78-A/2021 de 29 de setembro (art. 9.º). Outras vozes se poderão levantar para defender o entendimento de já ter cessado a situação que lhe deu origem, levando a que aquela lei tivesse cessado por caducidade. E ainda, o facto de o art. 7.º, n.º 2 do diploma em apreço que previa que o regime processual excecional sobre prazos e diligências só poder cessar em data a definir por decreto-lei mas já ter sido entretanto revogado pela Lei n.º 16/2020, de 29 de maio, poderia dar abertura ao entendimento de que a Lei n.º 1-A/2020, de 19 de março pudesse cessar por caducidade. Ou que este diploma tivesse caducado no dia 30 de setembro de 2022, data em que cessou por caducidade a Resolução do Conselho de Ministros n.º 73-A/2022, de 26 de agosto, referente à declaração de situação de alerta.

Contudo, a jurisprudência maioritária[395] tem entendido – e parece-nos que bem – que tal se encontra ainda em vigor com base em vários moti-

[394] Acórdão do Tribunal da Relação do Porto, de 25-10-2022, (Artur Dionísio de Oliveira), Proc. n.º 18281/21.0T8PRT.P1, disponível em www.gde.mj.pt.

[395] Cfr. Acórdão do Tribunal da Relação de Lisboa, de 13-10-2022, (António Santos), Proc. n.º 17696/21.2T8LSB.L1-6, disponível em www.dgsi.pt; Acórdão do Tribunal da Relação do Porto, de 25-10-2022, (Artur Dionísio Oliveira), Proc. n.º 18281/21.0T8PRT.P1, disponível em www.dgsi.pt; Acórdão do Tribunal da Relação de Lisboa, de 22-11-2022, (Amélia Alves Ribeiro), Proc. n.º 2012/22.4T8LSB.L1-7, disponível em www.dgsi.pt; Acórdão do Tribunal da Relação de Lisboa, de 06-12-2022, (Cristina Silva Maximiano), Proc. n.º 843/21.1T8TVD.L1-7, disponível em www.dgsi.pt.

vos: primeiro, por o normativo não ter sido ainda expressamente revogado; em segundo lugar, por não ser requisito das normas que a proteção necessária tenha obrigatoriamente de resultar da situação pandémica que deu origem ao preceito ou dela estar relacionado[396]; e, por último, pelo facto de, à data, já não nos encontrarmos em período de estado de emergência por o mesmo não ter sido renovado pelo Governo, *"nada permite concluir que a "situação excecional de prevenção, contenção, mitigação e tratamento da infeção epidemiológica por SARS-CoV-2 e da doença COVID-19", deixou já de existir [antes tudo obriga a considerar que continuamos ainda hoje a viver em estado de prevenção, contenção, mitigação e tratamento da infeção epidemiológica ..."*[397]. Estamos ainda, à data, em período de mitigação dos efeitos da pandemia provocada pela COVID-19 – um dos factos-origem para que tal diploma foi criado para dar resposta – não sendo motivo para cessação da mesma por caducidade o facto de não ter sido renovado qualquer período de emergência ou de alerta.

Ademais, quanto ao facto de a produção de efeitos deste diploma se remeter à data de produção de efeitos do Decreto-Lei n.º 10-A/2020, de 13 de março, tal não pode significar que a mesma cessou aquando da revogação deste (pelo Decreto-Lei n.º 78-A/2021, de 29 de setembro) até porque àquela data estava ainda em vigor a situação de estado de alerta (que, por força da Resolução do Conselho de Ministros n.º 73-A/2022, de 26 de agosto vigorou até 30 de setembro de 2022). Acresce ainda que a última alteração conferida à Lei n.º 1-A/2020, de 19 de março foi procedida pela Lei n.º 91/2021, de 17 de dezembro, em data posterior à data de cessação do Decreto-Lei n.º 10-A/2020, de 13 de março (a 30 de setembro de 2021). E o legislador só procede a alterações em diplomas que ainda se encontrem em vigor.

Além disto, o facto de ter sido revogado um preceito que indicava que esse mesmo preceito só podia cessar em data a definir por Decreto-Lei, não pode querer significar que a lei ficou aberta à possibilidade de cessar

[396] Contrariamente ao que tinha entendido o Tribunal *a quo*. Cfr. Acórdão do Tribunal da Relação de Lisboa, de 06-12-2022, (Cristina Silva Maximiano), Proc. n.º 843/21.1T8TVD.L1-7, disponível em www.dgsi.pt.

[397] Cfr. Acórdão do Tribunal da Relação de Lisboa, de 13-10-2022, (António Santos), Proc. n.º 17696/21.2T8LSB.L1-6, disponível em www.dgsi.pt.

por caducidade quando o campo de aplicação daquele normativo era *a priori* a própria norma do art. 7.º; e não todo o diploma em apreço.

b) Outra hipótese de resolução do contrato

Se o bem arrendado ainda não tivesse sido entregue ao arrendatário à data da sua declaração de falência, a execução do contrato de arrendamento (habitacional ou não) não denunciado e não resolvido podia terminar por vontade de desistência do liquidatário judicial ou do senhorio, mediante o pagamento de uma indemnização por incumprimento à parte oposta que, na falta do seu pagamento, constituía um crédito comum (n.º 3 do art. 169.º do CPEREF). Segundo MARIA DO ROSÁRIO EPIFÂNIO[398], tal se justificava pela proteção a conferir ao contraente *in bonis* (o senhorio), tendo-se em conta a natureza duradoura do contrato e a sua relação de *fidutia*.

O legislador prescrevia no n.º 4[399] a possibilidade de, tanto o senhorio como o liquidatário judicial, terminarem com a situação de incerteza com a qual se poderiam deparar e estipularem ao outro um prazo razoável cominatório para a contraparte emitir, querendo, a declaração de resolução do contrato, findo o qual caducaria o seu direito a tal[400].

Esta hipótese manteve-se no CIRE, no n.º 5 do art. 108.º, e ambas as partes dispõem da possibilidade de resolver o contrato se este ainda não tiver sido entregue ao locatário à data da sua declaração de insolvência[401]. Apesar de a entrega da coisa locada ser uma obrigação do locador estabelecida legalmente no art. 1031.º, al. a) do CC, esta solução parece ser uma hipótese excecional justificada pelo facto de o locatário já ter sido declarado insolvente antes do cumprimento daquela prestação, o que

[398] EPIFÂNIO, M. R. *Os efeitos substantivos da falência, ob. cit.*, p.413.

[399] A doutrina entendeu que tal só faria sentido para a hipótese de a coisa locada ainda não ter sido entregue (n.º 3) e argumentou tal tese com base no elemento sistemático, uma vez que esta hipótese (n.º 4) aparecia na sequência da prevista no número anterior, e não do n.º 1 que trata da denúncia e não da resolução do contrato. Cfr. EPIFÂNIO, M. R. *Os efeitos substantivos da falência, ob. cit.*, pp. 362-363.
ASCENSÃO, J. O. Efeitos da falência sobre a pessoa e negócios do falido. *In ob. cit..*, p.668

[400] Tal como já era previsto na lei geral, no art. 436.º, n.º 2 do CC.

[401] MARTINS, Luís M. (2013). *Processo de Insolvência* (3.ª ed.). Coimbra: Almedina, 3.ª ed., p.306.

poderia representar um encargo desproporcionado e desnecessário para o locador[402].

Neste sentido, poderá ser do interesse do administrador da insolvência a resolução do respetivo contrato antes da coisa locada ser entregue, uma vez que, após esse momento, gerar-se-á o vencimento de rendas que, face à situação da massa insolvente, poderá não ser possível cumpri-las e, com isso, gerar dívidas para a própria massa (cfr. art. 51.º, n.º 1, al. f)). Isto é essencial, principalmente para o caso do arrendamento habitacional uma vez que, após declarada a insolvência do inquilino, o administrador da insolvência está impedido de denunciar o contrato, pelo que este continuaria em vigor e após a entrega do locado, vencer-se-iam as respetivas rendas.

Esta é também uma oportunidade para o locador extinguir o contrato, apesar da declaração de insolvência da contraparte, sem que o administrador da insolvência se possa opor e, com isto, libertar-se da eventualidade de não ver satisfeitas as rendas.

Decidindo-se pela resolução do contrato, esta forma de extinção limita-se a liberar ambas as partes das suas prestações futuras: nem o locador terá de entregar a coisa locada, nem o locatário terá de efetuar os respetivos pagamentos. Excecionalmente, verificar-se-ão efeitos retroativos desta resolução contratual caso o locatário, apesar de ainda não gozar da coisa locada, já tiver entregue alguma quantia a título de caução, ou adiantamento de rendas, ou alugueres, quantias essas que serão naturalmente restituídas ao administrador da insolvência[403].

A lei permite ainda que tanto o locador como o administrador da insolvência possam fixar à sua respetiva contraparte um prazo razoável para a declaração de resolução, para que se possa rapidamente decidir o destino do contrato. Se a parte confrontada com tal prazo não resolver o contrato até ao término desse período estipulado, verá extinto por caducidade o seu direito a tal[404]. Este direito também poderá ser tacitamente

[402] Leitão, L. M. (in)admissibilidade da insolvência como fundamento de resolução de contratos. *In ob. cit.*, p.91.

[403] *Ibidem.*, p.92.

[404] Soveral Martins entende que este é o entendimento que parece resultar da lei por não fazer *"sentido que cesse o direito de resolução de quem fixa ao outro o prazo"*. Cfr. Martins,

renunciado na medida em que o locador, apesar de saber da situação de insolvência do locatário, decide entregar a coisa locada ou o administrador da insolvência inicie o pagamento das rendas ou alugueres[405].

Contudo, na hipótese de tal desistência acontecer, o n.º 3 do art. 169.º do CPEREF previa uma indemnização pelo incumprimento a pagar pela parte que resolve o contrato. Quando fosse o liquidatário judicial a resolver o contrato, o senhorio tinha direito à mesma a título de crédito comum. Atualmente, o n.º 5 do art. 108.º não o prevê nem o atribui[406], apesar deste preceito ter sido inspirado no § 109 da *Insolvenzordnung* que estipula esta indemnização.

2.2.2.2. No caso de declaração de insolvência do locador: em especial, do senhorio

No caso de ser declarada a insolvência do locador, proprietário do bem locado, o que acontece ao contrato em curso?

Vejamos, principalmente, em que situação fica uma família no caso de estar em causa a sua casa de morada arrendada e tendo em conta que os bens da propriedade do senhorio são apreendidos para a massa insolvente e, muito provavelmente, posteriormente vendidos.

Na vigência do CPC de 1961, aplicava-se o mesmo preceito já mencionado do art. 1197.º: apesar de se tratar ali da falência do senhorio, mantinha-se em vigor o contrato de arrendamento com possibilidade de recusa de cumprimento consoante o resultado de uma avaliação de conveniência da sua manutenção para a massa falida.

Posteriormente, pelo art. 170.º do CPEREF, passou a ocorrer uma manutenção automática do contrato de arrendamento, sem quaisquer desvios e excluindo a possibilidade de recusa do cumprimento do contrato pelo liquidatário judicial, contrariamente ao que acontecia quando o falido era o inquilino. Com isto, a posição contratual do arrendatário não seria diretamente atingida pela falência do seu senhorio, *"em nome*

A. S. *Um curso de Direito da Insolvência, ob. cit.*, p. 202.

[405] Leitão, L. M. (in)admissibilidade da insolvência como fundamento de resolução de contratos. *In ob. cit.*, p.92.

[406] Fernandes, L. C., & Labareda, J. *Código da Insolvência e da Recuperação de Empresas anotado, ob. cit.*, , p.504.

da protecção dos interesses do arrendatário in bonis"[407]. Tal só poderia acontecer nos termos gerais da lei. Com isto, a família poderia continuar a habitar a sua casa arrendada e mantinha-se, naturalmente, a obrigação de continuar a pagar as rendas, agora à massa falida. Por isso, a declaração de insolvência do senhorio não impedia o liquidatário judicial de, em representação da massa falida, intentar ação de despejo para resolução do contrato quando o arrendatário incumprisse com as suas prestações, ou prosseguir aquela que já estivesse em curso (n.º 1).

Prescrevia o n.º 2 do preceito em análise que, mesmo que o imóvel fosse alienado no processo de insolvência, o arrendatário mantinha os seus direitos atribuídos pela lei geral – independentemente de quem viesse a ser o proprietário – nomeadamente a sua posição contratual e o seu direito à preferência quanto à compra do bem imóvel.

O CIRE passou a regular esta situação no artigo 109.º e, contrariamente ao seu art. 108.º, não distingue a aplicação do regime consoante o objeto do negócio se trate ou não de arrendamento para a habitação. Além disso, em oposição ao seu Anteprojeto e ao regime anterior presente no CPEREF, amplia o seu campo de aplicação para todos os contratos de locação e não apenas os de arrendamento.

Contudo, mantém-se, a mesma linha de proteção e respeito pela posição contratual do locatário, aquando da insolvência do locador. Isto significa que a declaração de insolvência é inoponível ao locatário[408], não constitui fundamento autónomo para a extinção do contrato e nem sequer suspende a sua execução que permanece normalmente em curso, pelo que não é por causa deste evento que a casa de morada de família tem de ser desocupada, mantendo-se os direitos e deveres das partes. Solução que para certos Autores[409] parece inadequada por alargar esta proteção a todo e qualquer locatário. Retirar ao administrador da insolvência a possibilidade de, aquando da declaração de insolvência do locador, avaliar se o negócio em curso é ou não conveniente para a massa insolvente (mesmo que não se trate de um contrato de arrendamento habitacional),

[407] Epifânio, M. R. *Os efeitos substantivos da falência, ob. cit.*, p.375.

[408] Fernandes, L. C., & Labareda, J. *Código da Insolvência e da Recuperação de Empresas anotado, ob. cit.*, anotação 2 ao art. 109.º, p.505.

[409] Ascensão, J. O. Insolvência: efeitos sobre os negócios em curso. *In ob. cit.*, p.292.

parece uma proteção exagerada – seria preferível atribuir tal tutela apenas quando estivesse em causa a habitação.

Também não pode ver o seu cumprimento recusado pelo administrador da insolvência, nos mesmos termos do n.º 1 do art. 108.º.

Tal regime é compreensível até porque a manutenção do contrato não impede a finalidade do processo de insolvência: a satisfação dos credores, nomeadamente através da liquidação do património do insolvente onde se inclui o bem locado. Além disso, a manutenção do contrato de locação também poderá ser benéfica para a massa insolvente, uma vez que é uma fonte de rentabilização do bem locado[410].

No entanto, o legislador faz notar a faculdade geral de qualquer uma das partes poder denunciar o contrato, ainda que apenas para o fim do prazo do seu curso, uma vez que este direito não fica precludido com a declaração de insolvência do locador, apesar de se ter em conta a exceção nos casos de renovação obrigatória[411].

Mantendo-se o cumprimento do contrato, as partes mantêm os seus direitos e obrigações. E, uma vez que a utilização do bem locado é feita à custa da massa insolvente (art. 1031.º, al. *b)* do CC), é a esta que deverão ser pagas as rendas/alugueres por tal utilização (art. 1038.º, al. *a)* do CC).

Apesar de não ter sido incluída no n.º 1 a possibilidade de o administrador da insolvência seguir com as ações propostas pelo agora locador-insolvente antes da sua declaração de insolvência para resolução do contrato em curso, assim como a de intentar em nome da massa insolvente as ações para o mesmo efeito, nomeadamente com fundamento na falta de pagamento pelo locatário de rendas vencidas no decurso do processo de insolvência[412], este não fica para tal impedido com a declaração de insolvência do locador. Tal se deveu ao facto de esta menção ter sido considerada "desnecessária"[413], uma vez que não representa nenhum desvio ao

[410] Epifânio, M. R. *Os efeitos substantivos da falência, ob. cit.*, p.367.

[411] Apesar de existir na lei civil a possibilidade de apresentar oposição à renovação, nos termos dos arts. 1055.º, 1097.º, 1098.º e 1110.º, n.º 1 do CC. Cfr. Martins, A. S. *Um curso de Direito da Insolvência, ob. cit.*, p. 203.

[412] Acórdão do Tribunal da Relação do Porto, de 28-03-2017, (Maria de Jesus Pereira), Proc. n.º 3718/15.0T8PRT.P1, disponível em www.dgsi.pt.

[413] Fernandes, L. C., & Labareda, J. *Código da Insolvência e da Recuperação de Empresas anotado, ob. cit.*, anotação 2, ao art. 109.º, p.505.

regime da lei geral. Pela lei insolvencial, o administrador da insolvência não fica impedido de pedir a resolução do contrato no caso da insolvência do locador pelo que não se pode entender que, se for do interesse da massa insolvente e consequentemente dos credores, aquele órgão não o possa fazer[414].

Tenha-se em consideração o art. 34.º do CPC (*ex. vi* art. 17.º do CIRE) que impõe a propositura contra ambos os cônjuges, em litisconsórcio necessário legal, das ações que tenham por objeto, direta ou indiretamente, a casa de morada de família (como a ação de despejo[415]), ainda que só um deles seja arrendatário do imóvel, por força do art. 1682.º-B do CC.

Se a locação ainda não estiver a ocorrer de facto, *v.g.* no caso em que o locado ainda não foi entregue ao locatário, o n.º 2 do art. 109.º remete para a solução do n.º 5 do art. 108.º e permite a qualquer uma das partes resolver o contrato. Esta foi uma novidade trazida pelo CIRE para o caso da insolvência do locador, situação esta que merece o mesmo tratamento dado no caso de o insolvente ser o locatário. Esta é a única situação em que a posição do locatário se pode ver diretamente afetada pela insolvência do locador[416]. O administrador da insolvência pode ter interesse em fazê-lo se entender que este ónus que recai sobre o locado poderá desvalorizar o seu valor, aquando da sua eventual posterior alienação. Já o locatário-inquilino poderá também estar interessado nesta resolução, por saber que o seu contrato de arrendamento poderá não sobreviver a uma venda do imóvel arrendado[417], como veremos de seguida.

Na hipótese de tal resolução acontecer, se o arrendatário tiver efetuado algum adiantamento a título de caução ou antecipação de rendas tal constitui um crédito sobre a insolvência (art. 47.º, n.º 1)[418].

O n.º 3 do art. 109.º do CIRE (que acaba por reproduzir o n.º 2 do art. 170.º do CPEREF) responde-nos quanto ao ponto de situação do locatá-

[414] Fernandes, L. C., & Labareda, J. *Código da Insolvência e da Recuperação de Empresas anotado, ob. cit.,* anotação 1, ao art. 109.º, p.505.

[415] CID, N. S. *A protecção da casa de morada da família no Direito Português, ob. cit.,* p.258.

[416] Leitão, L. M. *Direito da Insolvência, ob. cit.,* p. 201.

[417] Leitão, L. M. (in)admissibilidade da insolvência como fundamento de resolução de contratos. *In ob. cit.,* p.93.

[418] *Ibidem,* p.94.

rio, após ser alienado o locado que já lhe tinha sido entregue e cujo contrato não foi denunciado nem resolvido após a declaração de insolvência do locador. O legislador estipula assim que, apesar de o bem que serve à locação ter sido alienado, não há uma afetação especial dos direitos do locatário reconhecidos pela lei civil; fundamentalmente, mantém a sua posição contratual (art. 1057.º do CC) e o direito legal de preferência (art. 1091.º do CC)[419].

Portanto, a declaração de insolvência é um facto externo àquela relação que subsiste após a mesma e consequente venda executiva do imóvel. Ocorre apenas uma sucessão nos direitos e obrigações do senhorio para o novo proprietário que se transmitem *ipso iure* e *ope legis*, de forma imperativa.

Não obstante, atente-se numa questão que divide a doutrina.

Se o direito a gozar daquele imóvel dado em arrendamento for entendido como um direito pessoal de gozo e, por isso, intrinsecamente ligado à relação obrigacional, o mesmo não caduca por não caber no art. 824.º, n.º 2 do CC[420/421], nem ocorre aqui nenhuma exceção ao regime do art. 1057.º do CC, pelo que é este preceito que se aplica.

Porém, outra corrente[422] entende que este direito de gozo é um direito real menor e que, nesse sentido, a posição do arrendatário se encontra em absoluta conexão com o bem arrendado. O contrato de arrendamento é assim visto como um ónus para o bem. Como tal, quando celebrado após a constituição e registo de uma garantia real prioritária, caduca com

[419] MARTINS, A. S. *Um curso de Direito da Insolvência, ob. cit.*, p. 203; EPIFÂNIO, M. R. *Manual de Direito da Insolvência, ob. cit.*, p. 192; LEITÃO, L. M. *Direito da Insolvência, ob. cit.*, p. 201; FERNANDES, L. C., & LABAREDA, J. *Código da Insolvência e da Recuperação de Empresas anotado, ob. cit.*, anotação 6, ao art. 109.º, p.506.

[420] LEITÃO, Luís Menezes (2007). *Arrendamento Urbano* (3.ª ed.). Coimbra: Almedina, p.16.

[421] Assim entendeu alguma jurisprudência. Cfr. Acórdão do Supremo Tribunal de Justiça, de 27-03-2007, (Moreira Alves), Proc. n.º 404/07, sumário disponível em www.stj.pt; Acórdão do Tribunal da Relação de Lisboa, de 17-10-2006, (Pimentel Marcos), Proc. n.º 4866/2006-7, disponível em www.dgsi.pt; Acórdão do Tribunal da Relação do Porto, de 21-11-2006, (Vieira e Cunha), Proc. n.º 0523508, disponível em www.dgsi.pt.

[422] ASCENSÃO, José de Oliveira. (1985). Locação de bens dados em garantia – Natureza jurídica da locação. *In Revista da Ordem dos Advogados* (ano 45, II), pp.345 e ss.

a venda executiva do mesmo, para que o imóvel possa ser transmitido livre de ónus (art. 824.º, n.º 2 do CC)[423]. Neste sentido tem ido maioritariamente a jurisprudência mais atual[424]. Se sobre o imóvel existir uma hipoteca constituída antes da celebração do contrato de arrendamento, aquando da venda executiva, este contrato (enquanto ónus que incide sobre aquele bem) vai extinguir-se por caducidade, pois *"mal se compreenderia que o senhorio pudesse onerar o imóvel com um arrendamento e este fosse oponível ao credor beneficiário de tal garantia"*[425].

No entanto, quando a propriedade do imóvel que serve de casa de morada de família é transmitida do senhorio para o novo adquirente através da venda deste bem apreendido para a massa insolvente, o contrato de arrendamento celebrado antes da constituição de uma possível hipoteca não caduca, pois esta garantia real foi constituída com o conhecimento

[423] Em sentido contrário decidiu o Tribunal da Relação de Lisboa ao considerar que a venda executiva do imóvel hipotecado não faz caducar o arrendamento posteriormente celebrado, por entender que, de entre outros motivos, *"não se pode ter como regra geral que a locação implica uma desvalorização para o bem a que se reporta constituindo um pesado ónus de que o senhorio não pode libertar-se a breve prazo"*. e que *"resulta das disposições legais reguladoras da hipoteca que o devedor não fica inibido de dispor do imóvel hipotecado e de praticar relativamente a ele actos de mera administração (ordinária)"*, como é o caso do arrendamento por prazo inferior a seis anos (art. 1024.º, n.º 1 do CC). Cfr. Acórdão do Tribunal da Relação de Lisboa, de 30-04-2019, (Rijo Ferreira), Proc. n.º 1357/17.0T8LSB-C.L1-1, disponível em www.dgsi.pt.

[424] Acórdão do Supremo Tribunal de Justiça, de 15-11-2007, (Pereira da Silva), Proc. n.º 07B3456, disponível em www.dgsi.pt; Acórdão do Supremo Tribunal de Justiça, de 05-02-2009, (João Bernardo), Proc. n.º 08B4087, disponível em www.dgsi.pt; Acórdão do Supremo Tribunal de Justiça, de 27-05-2010, (Álvaro Rodrigues), Proc. n.º 5425/03.7TBSXL.S1, disponível em www.dgsi.pt; Acórdão do Supremo Tribunal de Justiça, de 15-02-2018, (Roque Nogueira), Proc. n.º 851/10.8TBLSDA-D.S1, sumário disponível em www.stj.pt; Acórdão do Tribunal da Relação de Coimbra, de 21-10-2008, (Hélder Roque), Proc. n.º 699/06.4TBAND-A.C1, disponível em www.dgsi.pt; Acórdão do Tribunal da Relação de Guimarães, de 14-05-2009, (António Sobrinho), Proc. n.º 683/03.0TCGMR-D.G1, disponível em www.dgsi.pt; Acórdão do Tribunal da Relação de Évora, de 13-09-2018, (Tomé Ramião), Proc. n.º 43/16.2T8FAL-F.E1, disponível em www.dgsi.pt.

[425] Acórdão do Tribunal da Relação de Coimbra, de 09-10-2012, (Albertina Pedroso), Proc. n.º 1734/10.7TBFIG, disponível em www.dgsi.pt.

de que sobre aquele bem já recaía aquele ónus[426]. Assim, aquele lar não é desfeito; os direitos e obrigações do senhorio são transmitidos para o novo adquirente e não se priva o inquilino dos direitos que a lei lhe atribui: mantém-se na sua posição contratual e é-lhe dada preferência para a sua compra, nos termos da lei geral e principalmente do princípio *emptio non tollit locatum* que assegura que a locação não caduca com a venda e, desta forma, oferece estabilidade à relação locatícia (art. 1057.º do CC).

No tocante ao direito de preferência do arrendatário não insolvente notar que, a par deste, recai sobre o senhorio uma obrigação de *facere* ou de *non facere*, conforme se entenda que, na hipótese de venda ou dação em cumprimento do imóvel, este tem a obrigação legal de dar escolha ao arrendatário ou a obrigação de se abster de contratar com outro sujeito que não o arrendatário. A intenção de tal prende-se com a ideia de que se o inquilino goza daquele bem de forma tendencialmente duradoura, este deve poder aceder à propriedade do mesmo e, possivelmente, manter naquele imóvel a sua habitação e a da sua família pela estreita ligação que com ela estabelece[427]. Assim, caberá ao administrador da insolvência a função de comunicar ao locatário não insolvente o projeto de venda e as cláusulas do respetivo contrato para que este, querendo, se pronuncie no prazo estipulado, sob pena de caducidade do seu direito de preferência, nos termos do art. 416.º do CC. Caso o administrador da insolvência não cumpra com esta sua função, o locatário *in bonis* pode intentar ação de preferência nos termos do art. 1410.º do CC, de forma a valer o seu direito, opondo-o ao terceiro que possa ter adquirido o bem e, com isto, conseguir para si a compra do mesmo, ainda que este tenha sido alienado no âmbito do processo de insolvência do locador, nos termos da 2.ª parte do art. 422.º do CC.

As grandes críticas ao art. 109.º assentam fundamentalmente no seguinte: o preceito não tem muita utilidade prática, uma vez que toda a sua redação se encontra no sentido daquilo que a lei geral já antes tute-

[426] Acórdão do Tribunal da Relação de Coimbra, de 09-10-2012, (Albertina Pedroso), Proc. n.º 1734/10.7TBFIG, disponível em www.dgsi.pt.

[427] Epifânio, M. R. *Manual de Direito da Insolvência, ob. cit.*, p. 194.

lava[428]; ademais, o regime desta norma pensa de "forma excessiva"[429] na proteção do locatário, esquecendo a situação de insolvência do locador[430].

2.3. A repercussão da declaração de insolvência do devedor na casa de morada de família enquanto bem integrante da massa insolvente

2.3.1. Apreensão dos bens

Quando o devedor é declarado insolvente perde os seus poderes de administração e disposição sobre os seus bens, que são imediatamente transferidos para o administrador da insolvência (art. 81.º, n.º 1 do CIRE)[431] para que não pratique atos que possam lesar o seu ativo e, com isso, dificultar a satisfação dos direitos dos seus credores. Também vê todo o seu património suscetível de penhora ser imediatamente apreendido[432/433] e entregue ao administrador da insolvência para que passe a integrar a massa insolvente (arts. 36.º, n.º 1, al. *g)* e 149.º do CIRE). Como vimos, a casa de morada de família não é um bem impenhorável[434] e, por isso, a mesma será apreendida para a massa insolvente e arrastada para a liquidação, com o mesmo tratamento conferido a qualquer dos bens do devedor, caso o processo de insolvência corra pela via liquidatória. É ao administrador da insolvência que compete atuar de forma a que os bens lhe sejam imediatamente entregues para que deles fique depositário. Contudo, por força do art. 756.º, n.º 1 do CPC (para o qual o legislador do CIRE remete

[428] SERRA, Catarina, *Efeitos da Declaração de Falência Sobre o Falido, In ob. cit.*, p. 311; FERNANDES, L. C., & LABAREDA, J. *Código da Insolvência e da Recuperação de Empresas anotado, ob. cit.*, anotação 5, ao art. 109.º, p.506.

[429] EPIFÂNIO, M. R. *Manual de Direito da Insolvência, ob. cit.*, p. 193.

[430] FERNANDES, L. C., & LABAREDA, J. *Código da Insolvência e da Recuperação de Empresas anotado, ob. cit.*, anotação 6 ao art. 109.º, p.506.

[431] Exceto no caso do art. 39.º, n.º 7, a*)* do CIRE, caso em que ocorre uma insuficiência da massa insolvente e nenhum credor requereu o complemento da sentença.

[432] Exceto os apreendidos por infração criminal ou de mera ordenação social (n.º 1, art. 149.º do CIRE). E com a ressalva do n.º 2 do art. 149.º.

[433] A apreensão não ocorre quando a administração é excecional e judicialmente entregue ao insolvente titular de uma empresa que preencha os pressupostos do art. 224.º, n.º 1 (art. 228.º, n.º 2 do CIRE). Cfr. MARTINS, A. S. *Um curso de Direito da Insolvência, ob. cit.*, p.142.

[434] *Vide* ponto 1.5.4.

no art. 150.º, n.º 1), ocorre uma exceção a este regime: tratando-se da apreensão[435] de um bem que serve de habitação efetiva ao insolvente ou à sua família, será aquele o depositário (al. a)).

Por força da remissão presente no n.º 5 do art. 150.º do CIRE para os arts. 862.º e ss. do CPC, o legislador estabeleceu também um regime especial para a entrega desta casa, com fundamento no direito constitucional à habitação e na salvaguarda da dignidade da pessoa humana[436]. Com isto, o insolvente pode, a título excecional e apenas para o caso de estar em causa um imóvel habitacional, apresentar requerimento para diferimento da desocupação e entrega da casa à massa insolvente (quando apreendida) ou ao adquirente (quando já tiver sido vendida ou adjudicada), por um prazo máximo de cinco meses a contar do trânsito em julgado da sua decisão (art. 865.º, n.º 4 do CPC)[437/438]. O juiz irá decidir no prazo de vinte dias (art. 865.º do CPC), sempre atento à situação económica e social dos habitantes e à circunstância de o insolvente ficar desalojado se tal saída for decretada, e só poderá conceder o diferimento se estiver provado um dos seguintes fundamentos: uma carência de meios (nos termos da al. a) do n.º 2 do art. 864.º do CPC) ou uma deficiência do insolvente cuja incapacidade seja superior a 60% (al. b) do mesmo preceito)[439]. Ademais, deverá ter em conta outras razões como o facto de não dispor imediatamente de outra habitação, o número de pessoas que

[435] Tem como finalidade assegurar a permanência dos bens na massa insolvente. Cfr. MARTINS, L. M. *Processo de insolvência, ob. cit.*, p.359.

[436] Acórdão do Tribunal da Relação de Guimarães, de 01-03-2018, (Eugénia Cunha), Proc. n.º 26/15.0T8VNF-E.G1, disponível em www.dgsi.pt.

[437] Acórdão do Tribunal da Relação do Porto, de 13-05-2014, (Rui Moreira), Proc. n.º 6371/07.0TBMTS-J.P1, disponível em www.dgsi.pt ; Acórdão do Tribunal da Relação de Guimarães, de 08-02-2018, (José Cravo), Proc. n.º 164/13.3TBCBT-E.G1, disponível em www.dgsi.pt ; Acórdão do Tribunal da Relação de Évora, de 11-07-2019, (Maria Domingas), Proc. n.º 25/16.4 T8PTG-A.E1, disponível em www.dgsi.pt.

[438] Apesar de o Tribunal da Relação de Évora ter entendido que o legislador apenas permite aplicar tais preceitos ao insolvente que tenha a qualidade de arrendatário. Cfr. Acórdão do Tribunal de Évora, de 14-01-2021, (Conceição Ferreira), Proc. n.º 260/14.0TBTVR-J.E1, disponível em www.dgsi.pt.

[439] *Vide* Acórdão do Tribunal da Relação de Guimarães, de 06-06-2019, (António Penha), Proc. n.º 5608/17.2T8VNF-E.G1, disponível em www.dgsi.pt.

consigo habitem e a sua idade, o seu estado de saúde e a situação económica e social das pessoas envolvidas.

Apesar de o legislador processual civil ter limitado o campo de aplicação deste regime aos imóveis arrendados, tendemos a seguir o entendimento de outros Autores[440] que consideram que, tendo em conta a finalidade do preceituado, tal poderá ser também aplicado quando estiver em causa imóvel próprio do devedor insolvente, no âmbito do seu processo de insolvência[441]. Se o escopo destas normas leva em linha de consideração razões sociais e permite a reorganização condigna da família quando confrontada com a realidade de ter de sair do seu lar arrendado, impedindo-se esta desocupação de forma imediata em nome do direito fundamental à habitação e do princípio constitucional da dignidade da pessoa humana, então o mesmo deverá suceder quando a casa de morada de família é adquirida à massa insolvente. Até porque o legislador remete no n.º 5 do art. 150.º do CIRE para este regime quando está em causa *"a desocupação de casa de habitação onde resida habitualmente o insolvente"*. E fá-lo com a intenção de equiparar o insolvente ao arrendatário habitacional executado, permitindo aplicar aquele regime à casa apreendida, tal com dispõe na epígrafe do art. 150.º do CIRE (*"Entrega dos bens apreendidos"*).

Esta casa de morada de família pode não estar constituída num bem próprio do devedor insolvente mas antes num bem que é parte integrante do património comum dos cônjuges. Assim atente-se que, declarada a insolvência de apenas um dos cônjuges casado num dos regimes da comunhão (ou em processo de divórcio em que não tenha ainda ocorrido a respetiva partilha) por incumprimento de obrigações cuja responsabilidade é exclusiva deste e uma vez apreendidos os bens do devedor na sua totalidade (nomeadamente os que tem em comum com o seu consorte), deverá o cônjuge não insolvente ser citado[442] para, querendo, proceder à

[440] LEITÃO, L. M. *Direito da Insolvência, ob. cit.*, p.171; COSTA, L. M. *A insolvência de pessoas singulares, ob. cit.*, pp. 268-270.

[441] Assim também entendeu a jurisprudência. Cfr. Acórdão do Tribunal da Relação de Guimarães, de 06-06-2019, (António Penha), Proc. n.º 5608/17.2T8VNF-E.G1, disponível em www.dgsi.pt ; Acórdão do Tribunal da Relação do Porto, de 07-11-2019, (Carlos Portela), Proc. n.º 6784/17.0T8VNG-C.P1, disponível em www.dgsi.pt.

[442] Contudo, entende-se que no caso de estarem em causa dívidas da responsabilidade de ambos os cônjuges esta citação não precisa de ocorrer uma vez que, por esse incum-

reclamação e verificação do direito de separar da massa a sua meação nos bens comuns (al. b), do n.º 1, do art. 141.º do CIRE), após fixado o prazo para reclamação de créditos (art. 36.º, n.º 1, al. j)) ou a todo o tempo em ação autónoma nos termos do art. 146.º, n.º 2, e, com isto, pedir ao administrador da insolvência para que promova a separação dos bens comuns. Esta separação poderá também ser ordenada oficiosamente pelo juiz, se assim o administrador da insolvência o requerer após parecer favorável da comissão de credores (quando exista), nos termos do n.º 3 do art. 141.º do CIRE. Isto porque não se entende que seja possível apreender concretamente o direito à meação do património comum do cônjuge insolvente[443], uma vez que nenhum dos cônjuges casados no regime da comunhão (ou divorciados sem que tenha ocorrido ainda a partilha dos bens) possui uma quota-parte sobre bens concretos. São apenas titulares de um direito sobre um património autónomo, único e indiviso. A apreensão da meação nos bens comuns não faz sentido quando o art. 740.º do CPC prevê a hipótese de penhora de bens comuns em execução movida apenas contra um dos cônjuges, para satisfação de dívidas da sua exclusiva responsabilidade (ainda que a título subsidiário) ou de responsabilidade comum (a título principal), a que se seguirá a citação do outro (ex-) cônjuge para, querendo, requerer a separação dos bens e, desta forma, concretizar a parte que lhe cabe pelo seu direito à meação (art. 741.º do CPC). Ora, se tal é entendível no processo de execução deverá ser assim também entendido no processo de insolvência[444]. Atente-se ainda no art. 46.º, n.º 1 do CIRE interpretado com o sentido que o regime substantivo presente no art. 601.º do CC lhe determina. Até porque, uma vez que se trata de um processo concursal, são chamados ao processo todos os credores do insolvente, sejam eles titulares de um direito de crédito da respon-

primento, vão responder os bens comuns do casal, de qualquer das formas – art. 1695, n.º 1 do CC. Cfr. Acórdão do Tribunal da Relação de Guimarães, de 10-07-2018, (Raquel Tavares), Proc. n.º 93/16.9T8MNC.G1, disponível em www.dgsi.pt.

443 Até porque a adjudicação de um direito à meação seria substancialmente mais difícil uma vez que os únicos interessados seriam apenas o cônjuge do insolvente ou o credor hipotecário, o que desvalorizaria imenso o seu valor.

444 Tal como ocorreu de facto no caso do Acórdão do Tribunal da Relação do Porto, de 11-03-2014, (Maria João Areias), Proc. n.º 3471/13.1TBVNG-C.P1, disponível em www.dgsi.pt.

sabilidade singular do devedor ou da responsabilidade comum do casal. E é através da totalidade dos bens que a massa insolvente vai permitir satisfazer as dívidas comuns ou até ao valor da meação correspondente ao cônjuge insolvente no caso de dívidas da sua exclusiva responsabilidade.

Por isso, isto não impede o administrador da insolvência de promover a apreensão de bens para a massa que possam ser comuns ao casal. Impede sim que se avance para a liquidação dos mesmos sem se permitir que o (ex-)cônjuge possa proceder à separação de bens[445] (*vide* art. 160.º, n.º 1 do CIRE). Assim, a lista de bens sobre os quais tal direito incide só se concretizará quando tiver ocorrido a partilha do património do casal, por força da separação dos bens (art. 1715.º, n.º 1, al. d) do CC)[446].

Esta separação de bens poderá mostrar-se benéfica também para a restante família (*v.g.*, filhos) que poderia ver-se afetada com a declaração de insolvência de um dos membros do agregado. Isto porque o cônjuge não insolvente, ao solicitar a separação de bens, poderá tentar afastar da massa insolvente a casa de morada de família comum através da faculdade que o legislador lhe atribui de, no âmbito deste processo de separação de bens, escolher os bens que integram a sua parte da meação, nos termos do n.º 4 do art. 1135.º do CPC aditado pela Lei n.º 117/2019, de 13 de setembro e que entrou em vigor a 1 de janeiro de 2020[447]. Por isso, aquando da concretização do seu direito à meação e a possuir um excedente valor patrimonial equivalente àquele que a casa representa, poderá o cônjuge não insolvente optar por tentar salvaguardar a casa de morada de família na parte do património que lhe couber, ao passo que pelas dívidas pessoais do cônjuge insolvente irá responder o seu património próprio e o património que lhe couber pelo seu direito à meação, concretizado com a separação de bens.

[445] *Parecer do IRN n.º 34/CC 2014 – Proc.: C. P. 20/2014 STJ-CC.* Disponível em https://www.irn.mj.pt/IRN/sections/irn/doutrina/pareceres/predial/2014/34-cc-2014-c-p-20-2014/downloadFile/file/34_C_P_20-2014_STJ-CC.pdf?nocache=1406709561.4

[446] Cfr. Acórdão do Tribunal da Relação de Guimarães, de 19-05-2016, (Conceição Bucho), Proc. n.º 3686/11.7TBVCT-B.G1, disponível em www.dgsi.pt.

[447] E que revogou a Lei do Regime Jurídico do Processo de Inventário (Lei n.º 23/2013, de 05 de março) que já previa o mesmo no seu art. 81.º, n.º 1, al. c)).

Ocorrida a separação de bens verifica-se a situação desvantajosa para a liquidação de esta não poder exceder no valor que coube, por meação, ao insolvente e que pode ser escasso e insuficiente para a satisfação dos credores. Dessa forma, existindo credores comuns, estes dispõem de uma solução: tentar pedir a insolvência do outro (ex-)cônjuge ainda não declarado insolvente (que, efetivamente e, na prática, também se poderá encontrar na mesma situação). Ou, então, no caso de já existir uma ação executiva a correr contra este, tentar-se a venda daquele bem conjuntamente entre a ação executiva e o processo de insolvência, com venda preferencialmente neste[448].

Já no caso de existirem dívidas de responsabilidade comum (por exemplo, as relativas a um crédito hipotecário concedido para aquisição da casa de morada de família), os bens comuns serão apreendidos no processo de insolvência mesmo que apenas um dos cônjuges esteja insolvente. Apesar de se entender que, neste caso, o cônjuge do insolvente não terá de ser citado para requerer a separação de bens deverá, contudo, ocorrer a citação do mesmo para aceitar ou não a comunicabilidade da dívida e da garantia (art. 741.º do CPC, com as devidas adaptações)[449] com apresentação dos factos pelo administrador da insolvência e pelos credores – fundamentalmente o credor hipotecário que poderá facilmente demonstrar que a dívida foi contraída por ambos na pendência do matrimónio. Se a dívida for da responsabilidade de ambos e estiver garantida por bens comuns dá-se a apreensão da totalidade do património, nomeadamente da casa dada em garantia e que passará a integrar a massa insolvente. Não ocorrerá aqui qualquer inconveniente na apreensão deste bem comum do casal uma vez que a dívida é também da responsabilidade do cônjuge não insolvente. O mútuo contraído e garantido por hipoteca será pago com prioridade sobre os restantes créditos sobre a insolvência[450] (art. 686.º, n.º1 do CC) com preferência no produto da venda do bem hipotecado, logo que esta

[448] Bettencourt, P. O. Da liquidação em processo de insolvência – Uma perspetiva prática. *In ob. cit.*, pp. 91-92.

[449] Acórdão do Tribunal da Relação de Coimbra, de 18-05-2020, (Barateiro Martins), Proc. n.º 2510/19.7T8CBR-C.C1, disponível em www.dgsi.pt.

[450] Cfr. art. 47.º, n.º 1 e n.º 4, al. a) e art. 174.º do CIRE.

ocorra (art. 174.º, n.º 1 do CIRE) e sobre o qual lhes pode interessar propor a aquisição (art. 165.º)[451]. Já no caso de não se tratar de uma dívida de ambos será levantada a apreensão dos bens comuns e só será liquidado apenas o concretizável do respetivo direito à meação do cônjuge insolvente no património conjugal.

No caso de estar em causa não uma relação conjugal mas antes uma família constituída pela união de facto, os membros desta relação encontra-se numa situação de compropriedade. Tendo em conta que, presumivelmente, corresponde a ½ para cada um dos unidos de facto (art. 1403.º, n.º 2 do CC) aquilo que é apreendido para a massa não se trata dos bens pertencentes a um património comum, mas a concreta e determinada quota-parte sobre a coisa referente ao seu direito. Uma eventual casa de morada de família de ambos não ingressa num património que é comum de ambos em bloco enquanto massa autónoma e com especial afetação sem quotas ideias, podendo antes dizer-se que, ao invés, existe apenas uma propriedade em comum.[452]

Tratando-se de uma família monoparental não se afiguram dúvidas relevantes quanto ao processo de insolvência de um dos seus membros.

2.3.2. Coligação dos cônjuges

Não obstante, encontrando-se ambos os cônjuges (casados num dos regimes da comunhão[453]) em situação de insolvência[454] e sendo ambos responsáveis pelas dívidas em causa, podem vir a figurar em conjunto no

[451] Martins, A. S. *Um curso de Direito da Insolvência, ob. cit.*, p.277.

[452] Acórdão do Tribunal da Relação do Porto, de 23-09-2013, (Manuel Domingos Fernandes), Proc. n.º 812/13.5TBMTS-B.P1, disponível em www.dgsi.pt.

[453] Existe quem defenda que a coligação deveria ser igualmente permitida para cônjuges casados no regime da separação de bens uma vez que nada impede que, na constância do matrimónio, apesar de terem patrimónios separados, sejam responsáveis por dívidas comuns. Cfr. Vieira, Sara (2018). *A insolvência de pessoa singular: breve análise à insolvência de pessoa singular e à insolvência de ambos os cônjuges.* Dissertação de Mestrado (Solicitadoria de Empresa). Instituto Superior de Contabilidade e Administração do Instituto Politécnico de Coimbra, Coimbra, p.75, disponível em https://comum.rcaap.pt/bitstream/10400.26/27850/1/Sara_Vieira.pdf.

[454] Desde que ambos cumpram os requisitos do art. 249.º do CIRE.

mesmo processo, se assim os apresentarem ou se assim requererem[455] e desde que tenham responsabilidade conjunta perante o requerente da declaração (arts. 264.º a 266.º do CIRE e art. 1691.º do CC), o que permite que apresentem em conjunto uma proposta de plano de pagamentos (al. b), n.º 4 do art. 264.º do CIRE) e verem a situação de insolvência de ambos apreciada numa mesma sentença (al. a), n.º 4 do art. 264.º do CIRE).

"Efetivamente, se a impossibilidade de cumprimento ocorrer em relação a dívidas da responsabilidade de ambos os cônjuges, naturalmente que estarão ambos em situação de insolvência"[456].

Assim, os bens comuns são apreendidos para a massa insolvente dos bens comuns, separadamente das massas relativas aos bens próprios de cada um (art. 266.º do CIRE) para que não ocorra confusão de patrimónios e para que não se faça responder pelas dívidas pessoais de um, os bens próprios de outro[457]. As três massas insolventes são administradas por um mesmo administrador da insolvência que poderá listar as dívidas existentes segundo a natureza pessoal ou comum da responsabilidade por cada uma delas e fixar na sentença de verificação e graduação de créditos, ainda que tais factos possam também ser indicados pelos cônjuges na proposta de plano de pagamentos ou referidos na reclamação de créditos (art. 265.º do CIRE).

O credor hipotecário poderá ter interesse em requerer esta coligação dos cônjuges insolventes, enquanto devedores responsáveis em conjunto pelo crédito à habitação, pois pode facilitar o desenvolvimento dos trâmites processuais e permitir uma menos dificultosa satis-

[455] É possível que esta coligação ativa seja feita de forma superveniente, ou seja, após um dos cônjuges já se ter apresentado à insolvência. Assim como é permitida a coligação passiva superveniente, apesar de expressamente prevista no n.º 2 do art. 264.º do CIRE. Cfr. Marques, Letícia (2013). O regime especial da insolvência de pessoas singulares. *In Revista da Faculdade de Direito e Ciência Política da Universidade Lusófona do Porto, n.º* 2 (Vol. 2, pp. 135-164). Porto., p. 160, disponível em http://revistas.ulusofona.pt/index.php/rfdulp/article/view/3260.

[456] Vieira, S. *A insolvência de pessoa singular: breve análise à insolvência de pessoa singular e à insolvência de ambos os cônjuges, ob. cit.*, p.72.

[457] A responsabilidade de cada um não é afetada pela coligação. Cfr. arts. 1691.º e ss. do CC.

fação do seu crédito ao ver ambos os cônjuges declarados insolventes e, com isso, ver apreendido e liquidado todo o património comum e o pessoal de cada um deles. Isto permite evitar o inconveniente de, uma vez declarados insolventes ambos os cônjuges em processos separados, verem apreendida e vendida a casa de morada de família comum no processo de um, enquanto no processo do outro cônjuge é apreendido o direito à meação enquanto direito à parte que lhe corresponde no produto da venda. Apesar de todo o transtorno processual, o crédito hipotecário terá, contudo, preferência não só no pagamento com o produto que resulte da venda da casa no processo de um, como no montante que resulte da venda que caiba ao outro cônjuge e sobre a qual se mantém a garantia desse crédito[458].

No caso de a coligação dos cônjuges ser requerida, pode dar-se a hipótese de um deles apresentar oposição (n.º 5 do art. 264.º do CIRE). Caso já tenha sido apresentado o plano de pagamentos por um dos cônjuges, este incidente correrá em paralelo ao processo de insolvência do opositor que segue os trâmites normais. Aquele incidente fica, contudo, suspenso até que seja proferida sentença no processo de insolvência do opositor (al. *a)* do preceito e art. 255.º, n.º 1, parte final). Se tal oposição proceder e o cônjuge opositor não for considerado insolvente, o incidente do plano de pagamentos continuará a correr normalmente de forma a produzir os seus efeitos, embora apenas em relação ao cônjuge insolvente que o apresentou (al. *c)* do preceito). Mas tenha-se cuidado: caso a sua oposição não proceda, será declarada a insolvência por sentença que extinguirá o incidente do plano de pagamento (al. *b)*). Esta consequência pode ser vista como forma de dissuadir o cônjuge a não se opor ao pedido da sua declaração de insolvência[459].

Se um processo de insolvência requerida já correr contra um dos cônjuges mas ainda não tiver sido proferida sentença, pode o outro cônjuge casado com aquele num dos regimes da comunhão e igualmente

[458] Acórdão do Tribunal da Relação de Évora, de 08-06-2017, (Tomé Ramião), Proc. n.º 639/15.0T8ELV-A.E1, disponível em www.dgsi.pt;_Acórdão do Tribunal da Relação de Évora, de 31-01-2019, (Ana Margarida Leite), Proc. n.º 191/18.4T8EVR-B.E1, disponível em www.dgsi.pt.

[459] Martins, A. S. *Um curso de Direito da Insolvência, ob. cit.*, p. 622.

responsável perante o requerente vir apresentar-se à insolvência, desde que com o acordo do primeiro e desde que o plano de pagamentos cujo incidente já se tenha iniciado não tiver sido aprovado ou homologado, nos termos do art. 264.º n.º 2[460]. Admitida tal apresentação, a situação de insolvência do apresentante não é considerada confessada se a insolvência do outro cônjuge não vier a ser declarada (art. 264.º, n.º 3, al. a) do CIRE), diferentemente do regime do art. 28.º. A sua apresentação tem o efeito útil de suspender anteriores processos de insolvência que corram apenas contra o apresentante e onde ainda não tenha sido proferida sentença que o declare insolvente, se o apresentante confessar expressamente a sua situação de insolvência ou se os cônjuges apresentarem uma proposta de plano de pagamentos em conjunto (art. 264.º, n.º 3, al. b) do CIRE).

Se ambos os cônjuges decidirem apresentar-se *a priori* conjuntamente à insolvência, a oposição de um deles naturalmente não procederá, uma vez que tal facto implica a confissão da situação de insolvência por cada um deles (art. 28.º). Ademais, tal circunstância evita que se protele no tempo a decisão de declaração de insolvência do cônjuge que não está a conseguir cumprir as suas obrigações mas que ainda não se apresentou à insolvência e, com isso, ver correr processos de execução instaurados contra si (*vide* art. 88.º, n.º 1 do CIRE).

Caso o devedor insolvente esteja casado no regime da separação de bens e a casa de morada de família for da sua exclusiva propriedade esta questão da coligação não se coloca, apesar de a sua família ser consequentemente atingida pela liquidação do seu património.

Se tiver sido declarada a insolvência de cada um dos cônjuges casados num dos regimes da comunhão em processos distintos sem que nenhum deles tenha tomado a iniciativa da coligação, pode o administrador da insolvência solicitar ao juiz a apensação desses mesmos processos, no caso destes responderem também pelas dívidas do outro insolvente (art. 86.º do CIRE e art. 267.º do CPC *ex vi* art. 17.º do CIRE).

[460] Martins, A. S. *Um curso de Direito da Insolvência, ob. cit.*, pp.651-652.

2.3.3. Plano de pagamentos: uma solução que pode proteger a casa de morada de família

Como já se disse *supra*[461], um dos benefícios desta coligação é a possibilidade de formulação conjunta de um só plano de pagamentos[462].

O incidente do plano de pagamentos corre em processo apenso ao processo de insolvência[463] e determina a suspensão deste último (art. 255.º, n.º 1, parte final do CIRE). Após elaborado e cumpridos que estejam os requisitos do art. 249.º (para ambos os cônjuges)[464], o juiz profere despacho liminar de suspensão do processo de insolvência até que seja tomada decisão no incidente[465].

Não deixando de ter em conta a finalidade do processo de insolvência de satisfação dos direitos dos credores mas atendendo à situação dos devedores pessoas singulares não empresárias ou titulares de pequenas empresas (art. 249.º n.º 1, al. *a)* e al. *b)*), o plano de pagamentos permite a reestruturação do passivo do(s) insolvente(s) através da negociação das dívidas com os credores (*vide* art. 252.º, n.º 1 e n.º 2).

Após aceite[466] e homologado judicialmente[467], segue-se a declaração de insolvência[468] de ambos por sentença onde, por força do art. 259.º, apenas constam limitadamente as menções previstas nas als. *a)* e *b)*, do

[461] *Vide* ponto 2.3.2.

[462] E, em alternativa, o pedido em conjunto da exoneração do passivo restante (art. 254.º).

[463] Cfr. art. 263.º do CIRE.

[464] Leitão, L. M. *Direito da Insolvência, ob. cit.*, pp. 355-356.

[465] Ou despacho de encerramento do incidente do plano de pagamentos – que poderá ser encerrado se o juiz entender que será improvável a aprovação do plano apresentado, sem possibilidade de recurso. Desta forma, é proferida sentença de declaração de insolvência, uma vez que a apresentação deste plano de pagamentos implica a confissão de insolvência. Cfr. arts. 255.º, n.º 1, parte inicial e 252.º, n.º 4 do CIRE.

[466] Pelos credores, nos termos dos arts. 256.º e 257.º, ou com suprimento judicial dos credores cujos créditos representem apenas 1/3 do valor total dos créditos se os credores relativos aos 2/3 dos restantes créditos tiverem aprovado o plano de pagamentos, conforme o disposto no art. 258.º.

[467] Cfr. art. 259.º.

[468] Após o trânsito em julgado a sentença de homologação.
Contudo, a declaração de insolvência, por força da tramitação do incidente do plano de pagamentos, não será proferida até ao 3.º dia útil seguinte ao da distribuição da petição inicial (art. 28.º do CIRE).

n.º 1, do art. 36.º. Trata-se de uma transação entre o(s) devedor(es) e os credores onde o(s) primeiro(s) reconhece(m) as suas dívidas (art. 252.º, n.º 2 e n.º 5, al. *a)*) e demonstra(m) o património ativo existente e os seus rendimentos (art. 252.º, n.º 5, als. *b)* e *c)*) para que, com a apresentação de uma proposta de satisfação dos direitos dos credores, consigam acordar com estes novos termos para o cumprimento das suas obrigações, que ficarão estabelecidas naquele plano (art. 252.º, n.º 1).

Mesmo que não seja aprovado e homologado, com a apresentação do plano de pagamentos por si só, a situação de insolvência vê-se confessada (art. 252.º, n.º 4) e, por isso, o julgador irá declarar a insolvência do(s) devedor(es). Neste caso, sem necessidade de produzir prova da situação patrimonial do(s) mesmo(s) (arts. 259.º, n.º 1 e 262.º).

Todavia, com a aprovação e homologação do plano de pagamentos, não se verificam imediatamente certos efeitos da declaração de insolvência que não virão prescritos na sentença (art. 259.º, n.º 1 e art. 36.º, n.º 1, al. *a)* e *b)*). Em consequência, os cônjuges, apesar de já declarados insolventes, têm a possibilidade de continuar a administrar o património que ainda é sua propriedade e que não será apreendido para a massa nem liquidado para pagamento das respetivas dívidas[469/470]. Assim, esta poderá ser uma boa solução para quem não tem um passivo demasiado elevado e possui rendimentos profissionais razoáveis que, não obstante não lhe permitam cumprir total e pontualmente as suas obrigações, possibilitam o cumprimento do plano de pagamentos – este negociado de forma a recuperar patrimonialmente o(s) devedor(es), sem descurar do interesse dos credores. O casal poderá assim ter aqui uma hipótese de

[469] Contudo, pode o juiz ordenar, *ex officio* ou a requerimento, a adoção de medidas cautelares como a nomeação de um administrador da insolvência provisório com poderes de administração sobre o património do insolvente, nos termos do art. 31.º (atendendo-se ao n.º 3 do art. 255.º).

[470] Se o juiz entender que a massa é insuficiente para a satisfação das custas do processo e das previsíveis dívidas da massa insolvente declara-o na sentença de declaração de insolvência, nos termos do art. 39.º, n.º 1 do CIRE (exceto se tiver sido requerida a exoneração do passivo restante – n.º 8). Isto permite que qualquer interessado venha requerer o complemento da sentença para que esta inclua as restantes menções do n.º 1 do art. 36.º. Nesse caso, o insolvente fica privado dos seus poderes de administração e disposição do património que é apreendido e poderá ser liquidado (n.º 7, do art. 36.º *a contrario sensu*).

continuar a usufruir da casa de morada de família com a possibilidade de evitar a sua perda.

Com o plano de pagamentos também não é nomeado administrador da insolvência. Ademais, não pode, em nenhuma circunstância, ser aberto o incidente da qualificação da insolvência, o que é igualmente vantajoso para o casal que, desta forma, não se sujeita às consequências da procedência daquele e que vêm previstas no n.º 2 do art. 189.º do CIRE: nomeadamente a inibição para a administração de patrimónios de terceiros e da ocupação de cargos relativos a titulares de órgãos de sociedade por certo período, o que poderia mostrar-se prejudicial no contexto do exercício da atividade profissional se esta estivesse relacionada com tais cargos, tornando mais difícil a recuperação dos visados que assim se veriam impedidos de obter rendimentos do seu trabalho; e da condenação ao pagamento de indemnização aos credores não satisfeitos; assim como a perda de créditos sobre a insolvência ou sobre a massa insolvente detidos pelas pessoas afetadas pela qualificação; e a sua condenação na restituição dos bens ou direitos já recebidos em pagamento desses créditos – tudo o que poderia agravar fortemente a situação da massa insolvente.

Acrescenta-se ainda que a declaração de insolvência – que só terá lugar após a aprovação do plano de pagamentos – e a sentença de homologação deste não são publicitadas nem registadas, o que permite poupar o(s) apresentante(s) a danos ao seu bom nome e à sua reputação (n.º 5 do art. 259.º); ambas são apenas notificadas aos credores constantes da relação fornecida pelo devedor(es) e ao(s) próprio(s), conforme o art. 259.º, n.º 2. Com o trânsito em julgado de ambas as decisões judiciais, o processo de insolvência é encerrado (art. 259.º, n.º 4). Em regra, os credores listados na relação apresentada no plano de pagamentos não podem insistir em pedir a declaração de insolvência, exceto quando ocorra incumprimento do plano (arts. 261.º, n.º 1, al. *a)* e 260.º) ou quando os credores provem algo que não tenha sido tido em conta na relação anexa ao plano de pagamentos: que os seus créditos são de montante mais elevado ou possuem características mais favoráveis do que aquelas que constam na relação anexa ao plano de pagamentos (al. *b)*, do n.º 1, do art. 261.º), ou são titulares de créditos não declarados em tal relação que não possam ser perdoados nos termos da al. *b)*, do n.º 2, do art. 256.º (al. *c)* do mesmo preceito).

O incumprimento do plano de pagamentos[471] tem geralmente[472] como consequência a ineficácia da moratória ou do perdão[473] previstos no mesmo, se relativamente a esses créditos o devedor não tiver cumprido a sua prestação acrescida de juros moratórios no prazo de 15 dias após a sua interpelação pelo credor (art. 218.º, n.º 1, al. *a)* do CIRE). Contudo, a moratória e o perdão ficam igualmente sem efeito relativamente a todo e qualquer crédito previsto na relação anexa ao plano de pagamentos se, no entretanto, o devedor for declarado insolvente em novo processo (al. *b)* do mesmo preceito). Ademais, a consequência mais forte é, como já se mencionou, a possibilidade de os credores presentes na relação anexa ao plano de pagamentos requererem a insolvência do mesmo num outro processo (art. 261.º, n.º 1, al. *a)*). Se não o fizerem, também não parecem estar impedidos de intentar ação executiva e utilizar como título executivo a sentença que homologou o plano de pagamentos, tal como estipulado no art. 233.º, n.º 1, al. *c)* do CIRE[474]

Uma vez cumprido o plano de pagamentos, esta poderá ser uma boa forma de a família (ou apenas o cônjuge insolvente) conseguir manter a casa de morada no seio familiar e evitar nova declaração de insolvência requerida pelos seus credores listados na relação apresentada em anexo àquele plano.

A dificuldade poderá residir na própria aprovação do plano. Se estiver em causa um crédito à habitação – que representa, geralmente, a maior dívida de um casal – poderá o credor hipotecário que entender que o conteúdo daquele plano não vai de encontro ao seu interesse para a satisfação do seu crédito nos termos que deseja, opor-se ao mesmo (n.º 2, do art. 257.º). Assim, se o seu crédito representar pelo menos 2/3 do valor

[471] Cfr. art. 260.º do CIRE.

[472] "Geralmente" porque estas consequências podem ser eliminadas do plano de pagamentos se houver estipulação expressa no mesmo que vá nesse sentido. Cfr. Martins, A. S. *Um curso de Direito da Insolvência, ob. cit.*, p. 647.

[473] Mas nada se prevê quanto à obrigatoriedade de previsão destas medidas no plano de pagamentos. Além de que podem existir muitas outras, como a alienação de certos bens, o arrendamento, etc. Quanto a essas não está previsto nenhum regime para quando ocorra incumprimento do plano de pagamentos.

[474] Cfr. *Ibidem*, p. 648.

total dos créditos do(s) devedor(es), o plano de pagamentos não consegue obter aprovação.

Ademais, acrescenta-se ainda a desvantagem relativa à limitação do passivo global do devedor para apresentação do plano de pagamento que não poderá exceder os 300.000€ (art. 249.°, n.° 1, al. b*)*, *iii)*).

E igualmente o facto de, na prática, esta figura não ser tão aliciante por não permitir em simultâneo a exoneração do passivo restante. A escolha entre uma e outra opção é sempre alternativa. Assim, pode ser útil que aquando da apresentação do plano de pagamentos seja pedida, em alternativa, a exoneração do passivo restante sob pena de tal direito ficar precludido com a apresentação do primeiro desacompanhada de tal pedido, nos termos do art. 254.°.

Se tiver sido encerrado o incidente (art. 255.°, n.° 1), se não for aprovado o plano de pagamentos, ou, tendo-o sido, se tiver ocorrido a revogação da sentença de homologação em via de recurso (art. 262.°), o processo de insolvência retoma os trâmites normais com a sentença da declaração de insolvência a ser proferida nos termos do art. 36.° ou 39.°. Não esqueçamos que a apresentação daquele plano envolveu a confissão da situação de insolvência do(s) apresentante(s) (art. 252.°, n.° 4).

2.3.3.1. O pedido de exoneração do passivo restante

Naturalmente que este pedido poderá ser feito pelo casal insolvente aquando do pedido de declaração de insolvência ou nos dez dias após a citação para o processo de insolvência requerida[475] desacompanhado de um plano de pagamentos, nos termos dos arts. 235.° a 249.° do CIRE. O que a lei não permite acontecer é apresentá-lo após recusado um plano de pagamentos sem que antes tenha sido pedido em alternativa.

Outra questão a ter em conta é a de que o pedido de exoneração do passivo restante será indeferido liminarmente, de entre outros motivos presentes no art. 238.°, se o(s) devedor(es) não titulares de uma empresa sobre os quais não recai um dever de apresentação, não se tiver(em) apresentado à insolvência no prazo de 6 meses após a verificação da sua situação de insolvência quando sabia(m) ou não podia(m) ignorar, sem

[475] Art. 23.°, n.° 2, al. a*)* e art. 236.°, n.° 1, n.° 2 do CIRE.

culpa grave, que não haviam expetativas na melhoria da conjuntura económica do(s) requerente(s), e se de tal atraso resultou um aumento do passivo ou a dificuldade de cobrança dos créditos pelos credores (n.º 1, al. d))[476/477]. O pedido também será sempre rejeitado se for apresentado após a assembleia de apreciação do relatório que serve para o administrador da insolvência e os respetivos credores da insolvência se pronunciarem ou, no caso de dispensa, após os 60 dias subsequentes à sentença de declaração de insolvência. Entre o período que medeia a declaração de insolvência e os seus 60 dias posteriores, pode o juiz decidir se admite ou rejeita o pedido (art. 236.º, n.º 1).

Este instituto disponível para todas as pessoas singulares[478] através de pedido apresentado pelo devedor ao juiz[479], permite oferecer uma segunda oportunidade para recomeçarem as suas vidas económicas de forma mais aliviada uma vez que ficam libertos, através do perdão, das

[476] Tem de ficar provado que tal atraso não prejudicou os interesses dos credores. Cfr. Acórdão do Tribunal da Relação do Porto, de 06-10-2009, (Sílvia Pires), Proc. n.º 286/09.5TBPRD-C.P1, disponível em www.dgsi.pt; Acórdão do Tribunal da Relação de Évora, de 30-11-2011, (Maria João Brás), Proc. n.º 230/11.0-E, disponível em www.dgsi.pt; Acórdão do Tribunal da Relação de Évora, de 10-01-2013, (Canela Brás), Proc. n.º 3740/11.5, disponível em www.dgsi.pt.

[477] *"Os fundamentos previstos nas alíneas do n.º 1 do art. 238.º do CIRE, consubstanciam factos impeditivos do direito à exoneração, pelo que a sua alegação e prova competirá aos credores ou ao administrador da insolvência, uma vez que o insolvente tem o direito potestativo a que o seu requerimento seja admitido e submetido à assembleia de credores, sem que tenha de apresentar prova daqueles requisitos, bastando-lhe declarar expressamente que os preenche."*, Cfr. Acórdão do Supremo Tribunal de Justiça, de 21-01-2014, (Paulo Sá), Proc. n.º 497/13.9TBSTR-E.E1.S1, disponível em www.dgsi.pt.

[478] Mesmo que titulares de uma pequena empresa porque pelo regime geral qualquer um deles continua responsável pela obrigação até à sua prescrição. Contudo, se este pedido for feito no âmbito da coligação dos cônjuges, tal só é possível se estiverem cumpridos os requisitos do art. 249.º para ambos.
As pessoas coletivas, por regra, extinguem-se com a declaração de insolvência. Cfr. Leitão, L. M. *Direito da Insolvência, ob. cit.*,p.341.

[479] Na petição inicial caso se apresente à apresentação à insolvência ou nos 10 dias subsequentes à citação caso esta tenha sido requerida por terceiros. Cfr. art. 236.º, n.º 1 do CIRE.

obrigações que correspondiam a créditos sobre a insolvência[480] e que permaneçam por satisfazer integralmente após a liquidação do património do(s) devedor(es) na pendência do processo de insolvência ou decorridos, conforme anterior regime, 5 anos do encerramento do mesmo[481] (art.235.º), o que evita que fique(m) vinculado(s) à totalidade das mesmas até ao limite do prazo de prescrição que pode ser de até 20 anos (art. 309.º do CC)[482]. Tal não é uma vantagem apenas para o(s) devedor(es) insolvente(s) mas também para os seus credores que poderão assim obter a satisfação dos seus créditos através da repartição do património atual e, uma vez encerrado o processo, através da cessão do rendimento disponível no período de cinco anos (art. 239.º), nos termos do anterior regime – período este que foi encurtado para três anos com a nova alteração ao CIRE – assim como da liquidação património por aquele(s) adquirido naquele período (hipótese de liquidação presente no art. 241.º-A, introduzida apenas com a Lei n.º 9/2022, de 11 de janeiro). Só não serão transferidos os rendimentos respeitantes ao rendimento indisponível previsto no n.º 3 do art. 239.º: os créditos futuros cedidos a terceiro antes da declaração de insolvência enquanto vigorar a sua cedência e previstos no art. 115.º (al. a)); e o rendimento tido como indispensável tanto para o sustento mínimo[483] do devedor e do seu agregado familiar (com um limite máximo

[480] Cfr. art. 47.º, n.º 1 e n.º 2. Já as dívidas sobre a massa são pagas com preferência segundo o regime presente nos arts. 51.º e 172.º do CIRE.

[481] Entretanto, com a entrada em vigor da Lei n.º 9/2022, de 11 de janeiro, este período foi encurtado para três anos, conforme a mais recente redação atribuída aos artigos 235-.º e 239.º, n.º 2, do CIRE. Contudo, o legislador introduziu a hipótese de prorrogação do período de cessão até ao máximo de três anos, o que pode tornar este período total mais extenso do que o do anterior regime.

[482] Leitão, L. M. *Direito da Insolvência, ob. cit.*,pp.339-340.

[483] Pese embora tenha sido prática judicial comum a adoção da escala de Oxford, antiga escala da OCDE, criada em 1982, para a determinação do rendimento indisponível – *vide*, Acórdão do Tribunal da Relação de Lisboa, de 11-10-2016, (Carla Câmara), Proc. n.º 1855/14.7TCLRS-B.L1-7, disponível em www.dgsi.pt; Acórdão do Tribunal da Relação de Coimbra, de 12-03-2013, (Sílvia Pires), Proc. n.º 1254/12.5TBLRA-F.C1, disponível em www.dgsi.pt –, certo é que temos vindo a constatar um afastamento da utilização da mesma por parte de alguns Tribunais superiores, nomeadamente, no sentido de uma avaliação mais casuística da norma em apreço – *vide* Acórdão do Tribunal da Relação de Coimbra, de 21-01-2020, (Maria João Areias), Proc. n.º 49/15.9T8SEI.C1, disponível em

de três salários nacionais, valor que só pode ser ultrapassado com decisão judicial fundamentada), para o exercício da sua atividade profissional de forma a que a obtenção dos seus rendimentos profissionais não seja afetada, e para outras despesas que o juiz possa vir a ter em conta (al. b)).

A admissão do(s) devedor(es) à aplicação deste instituto passa por dois momentos concretizados por dois despachos judiciais. Veja-se. Inicialmente falamos do despacho inicial em que o juiz verificará se existem as condições para aceitar tal requerimento. Em caso afirmativo, ao ser proferido, o despacho de admissão vai determinar o encerramento do processo de insolvência[484] (art. 237.º, al. b)) mesmo que ainda existam bens por liquidar[485] (art. 230.º, n,.º1 e)), pois com esta decisão não se verificam todos os efeitos normais do fecho do processo: o administrador da insolvência mantém as suas funções e assim, pode fazer seguir o processo para a liquidação de todo o património ativo do(s) insolvente(s)[486]. Assim, se existir património por liquidar, aquele encerramento do processo *"tem como único efeito, o início do período de cessão do rendimento disponível"* [487] (art. 233.º, n.º 7).

www.gde.mj.pt; Acórdão do Tribunal da Relação de Guimarães, de 30-04-2020, (Paulo Reis), Proc. n.º 5310/19.0T8GMR.G1, disponível em www.dgsi.pt.

[484] O processo de insolvência só pode ser encerrado no despacho liminar de deferimento da exoneração do passivo restante se não houver património para liquidar. Cfr. Acórdão do Tribunal da Relação de Évora, de 08-03-2018, (Conceição Ferreira), Proc. n.º 358/16.0TBOLH.E1, disponível em www.dgsi.pt.

[485] Isto só após a alteração no CIRE com o Decreto-Lei n.º 79/2017, de 30 de junho que ordenou a introdução do n.º 7 do art. 233.º do CIRE.
Sem esta disposição, anteriormente os Tribunais tinham de aguardar que todo o património fosse liquidado pois esta era uma das funções do administrador da insolvência (e que só a tinha enquanto durasse o processo) para só depois do rateio final encerrar o processo de insolvência (art. 230.º, n.º 1, al. *a)* e art. 239.º, n.º 2) e, só após esse momento, começar a contar o período de cessão – tal contagem só se pode iniciar após encerrado o processo de insolvência. Isto trazia atrasos substanciais para o recomeço da vida económica dos insolventes.

[486] Acórdão do Tribunal da Relação de Évora, de 12-04-2018, (Paulo Amaral), Proc. n.º 686/16.4T8OLH.E1, disponível em www.dgsi.pt.; Acórdão do Tribunal da Relação de Guimarães, de 10-07-2018, (António Barroca Penha), Proc. n.º 4843/13.7TBBRG-E.G1, disponível em www.dgsi.pt.

[487] Cfr. Acórdão do Tribunal da Relação de Évora, de 26-03-2018, (Florbela Moreira Lança), Proc. n.º 348/15.0T8OLH.E1, disponível em www.dgsi.pt.

Este despacho inicial, proferido após audição dos credores e do administrador da insolvência na assembleia de apreciação do relatório ou nos dez dias posteriores depois de transcorridos 60 dias da data da declaração de insolvência[488], determina dois aspetos: a transferência do rendimento disponível[489/490] (enquanto acréscimos patrimoniais) para o fiduciário, independentemente do consentimento do devedor, com a finalidade de pagar aos credores durante o período de cessão e a sujeição às restantes obrigações exigidas para esse período presentes no n.º 4, do art. 239.º dentro das quais se evidenciam a exigência de exercer ou procurar exercer uma atividade profissional remunerada (al. b)), a de entregar imediatamente os rendimentos obtidos[491] (al. c)) e a proibição de colocar certos credores da insolvência numa posição privilegiada em relação a outros, nomeadamente pela satisfação "por sua mão" de certos créditos da insolvência[492] (al. e)).

[488] Após ser proferido o despacho inicial fica, em regra, precludido o direito a manifestarem oposição em momento posterior. A exceção prende-se com a possibilidade de tomarem conhecimento posterior de circunstâncias anteriores ou de verificação superveniente – art. 243, n.º 1, al. b).

[489] Que diz respeito aos valores que excedam o necessário para o sustento do devedor e do seu agregado familiar e o necessário para o exercício da atividade profissional (rendimento indisponível).

No caso de ter havido coligação dos cônjuges, será fixado em comum tendo em conta as necessidades de ambos e do respetivo agregado familiar. Cfr. Acórdão do Tribunal da Relação de Évora, de 18-10-2018, (Francisco Xavier), Proc. n.º 466/16.7T8OLH-E.E1, disponível em www.dgsi.pt.

Não se pode ignorar o facto de um cônjuge não auferir rendimentos. Assim, para a determinação do rendimento indisponível, leva-se em conta o que é tido como indispensável, não só para o cônjuge que os aufere como para o sustento do outro cônjuge e a sua família. Cfr. Acórdão do Tribunal da Relação de Guimarães, de 07-03-2019, (José Amaral), Proc. n.º 1267/18.3T8GMR.G2, disponível em www.dgsi.pt.

[490] Tem a natureza de uma cessão de bens ou de créditos futuros de acordo com os arts. 577.º e ss. do CC, *ex vi* art. 588.º. Cfr. LEITÃO, L. M. *Direito da Insolvência, ob. cit.*, p. 345

[491] Quando essa entrega não seja feita diretamente pelas entidades pagadoras (art. 241.º, n.º 1 do CIRE).

[492] Sobretudo é nula qualquer concessão de vantagens especiais a um credor da insolvência, quer pelo devedor quer por qualquer terceiro (n.º 2, do art. 242.º).

Uma das grandes vantagens é a de, durante o período de cessão, estarem impedidas as ações executivas sobre os bens do devedor pelos credores da insolvência para satisfação dos seus créditos (art. 242.º, n.º 1).

Só depois de cumpridas as obrigações exigidas no despacho inicial e após transcorrido o referido período de cessão (atualmente três anos; anteriormente cinco anos) é que o julgador após ouvir o devedor, os credores da insolvência e o fiduciário (art. 244.º, n.º 1) poderá proferir ou não o despacho de exoneração (al. *d)* do art. 237.º) que corresponde à decisão final do juiz e que determina a extinção de todas as dívidas restantes – exceto as referentes a alimentos, a indemnizações por fatos ilícitos dolosos[493] e reclamados nessa qualidade, sanções pecuniárias por crimes ou contraordenações como multas ou coimas e as dívidas à Autoridade Tributária e à Segurança Social[494] (n.º 2 do art. 245.º). Para chegar a este momento, é pressuposto óbvio que não tenha ocorrido nenhum motivo para indeferimento liminar do pedido presente no n.º 1, do art. 238.º que impedisse o iniciar do procedimento (al. *a)* do art. 237.º), e ainda que não tenha sido aprovado ou homologado nenhum plano de insolvência[495] (al. *c)*). Ademais, os credores da insolvência mantêm os seus direitos contra os condevedores ou terceiros garantes da obrigação que, por força da exoneração do passivo restante, não poderão exigir o direito de regresso contra o devedor insolvente[496] (art. 217.º, n.º 4 *ex vi* art. 245.º, n.º 1).

[493] O art. 245.º, n.º 2, al. *b)* deverá ser interpretado restritivamente de forma a abranger apenas as indemnizações por factos ilícitos dolosos provenientes da responsabilidade extracontratual, uma vez que alargar tal regime aos provenientes da responsabilidade contratual poderia significar atribuir um regime de satisfação destes créditos mais favorável do que aquele que resultaria de um crédito proveniente de um negócio contratual. MARQUES, L. O regime especial da insolvência de pessoas singulares. *In ob. cit.*, p.148.

[494] Apesar da exoneração não operar em relação a estas dívidas, também não poderá ser promovida nenhuma penhora neste período. Cfr. art. 242.º, n.º 1 do CIRE.

[495] Os efeitos da exoneração já resultam da homologação do plano de insolvência (art. 197.º, al. *c)* e art. 217.º, n.º 1), embora este último seja aplicado apenas a pessoas singulares titulares de empresas que não sejam pequenas empresas (art. 250.º). Cfr. MARQUES, L. O regime especial da insolvência de pessoas singulares. *In ob. cit.*, p.140.

[496] LEITÃO, L. M. *Direito da Insolvência, ob. cit., pp.352-353.*

Para que o julgador possa proferir tal despacho é necessário ainda que não tenha ocorrido nenhum incumprimento das obrigações exigidas (n.º 4 do art. 239.º).

Este despacho será emitido 10 dias após o final do período de cessão do rendimento disponível, se não tiver ocorrido nenhum dos fundamentos para a cessação antecipada de tal procedimento (art. 243.º, n.º 1, als. *a*), *b*) e *c*), *ex vi* art. 244.º, n.º 2 do CIRE)[497]. Com tal decisão, o remanescente das dívidas sobre a insolvência que subsistam por satisfazer após decorrido o período de cessão do rendimento disponível é perdoado e extingue-se a obrigação relativa a tais valores, com exceção dos previstos no n.º 2 do art. 245.º.

A decisão de exoneração do passivo restante pode ser revogada durante o ano seguinte ao do trânsito em julgado do despacho de exoneração, se se tiver verificado alguma das situações previstas nas als. *b*) e seguintes, do n.º 1, do art. 238.º ou se tiverem sido dolosamente violadas as obrigações previstas para o período da cessão e que tal facto tenha prejudicado de forma relevante a satisfação dos credores da insolvência (art. 246.º). Como efeito, todos os créditos considerados extintos são reconstituídos integralmente.

Os despachos inicial, de exoneração, de cessação antecipada e de revogação da exoneração são publicados e sujeitos a registo, nos termos do art. 247.º do CIRE (art. 1.º, n.º 1, al. *o*) do Código do Registo Civil e art. 9.º do Código do Registo Comercial).

Vislumbramos aqui uma hipótese da família se recuperar mais facilmente da situação de insolvência. Não obstante, contrariamente ao plano de pagamentos, pode não conseguir evitar a perda da casa de morada de família atual porque não impede de forma direta a liquidação do património do devedor. Poderá este recorrer à dispensa daquele imóvel da liquidação (art. 171.º) mas, como veremos adiante[498], essa solução nos termos dispostos parece de muito difícil acesso.

[497] Requerida pelo administrador da insolvência, qualquer dos credores da insolvência ou pelo fiduciário caso mantenha funções neste momento. No caso de o julgador decidir nesse sentido, este encerra o processo de insolvência. Cfr. art. 243.º.

[498] *Vide* ponto 2.3.4.1.

2.3.4. A liquidação dos bens

Transitada em julgado a sentença que declara o devedor insolvente, seguem-se as diligências de apreensão, as relativas à reclamação e verificação de créditos e, naquilo que nos interessa aqui, as relativas à liquidação da massa insolvente para distribuição do valor pecuniário obtido com a alienação dos bens e com a cobrança dos créditos pelos credores do insolvente para a satisfação dos mesmos.

Enquanto finalidade principal do processo de insolvência, a satisfação dos direitos dos credores é mormente atingida com a liquidação do património ativo do devedor e consequente repartição do produto por aqueles (art. 1.º, n.º 1). Mesmo quando esteja compreendida na massa insolvente uma empresa e haja uma tentativa de recuperação da mesma através de um plano de insolvência, não fica de todo impedida a liquidação cujos termos da mesma podem mesmo vir a ser regulados naquele (*v.g.* arts. 192.º, n.º 1 e 195.º, n.º 2, al. b), pelo anterior regime do CIRE, atualmente alínea c)).

A massa insolvente, enquanto património autónomo, é constituída por todo o património ativo do devedor à data da declaração de insolvência e o que venha a adquirir na pendência do processo (art. 46.º, n.º 1 do CIRE). Tratando-se de um devedor casado num regime da comunhão de bens, a sua massa insolvente é composta por todos os seus bens que foram apreendidos e, portanto, pode conter não apenas os bens próprios do insolvente como também os bens comuns do casal. Quer se trate de um bem que integra um património comum conjugal ou de um bem próprio do devedor, um dos bens integrantes da massa insolvente e sujeito a liquidação poderá ser, por isso, a casa de morada de família. Como dissemos, se ambos os cônjuges se encontrarem em situação de insolvência podem apresentar-se conjuntamente no processo ou este ser requerido contra os dois, em coligação. A apresentação do plano de pagamentos, mesmo que por ambos, impede a apreensão e a liquidação do ativo.

Contudo, se tal não tiver acontecido, aquando da apreensão dos bens comuns para a massa insolvente, terá de ocorrer a citação do outro cônjuge para, querendo, requerer a separação de bens e assim escolher os bens que lhe cabem pelo direito relativo à sua meação aquando da partilha[499]. Esta citação é, aliás, condição necessária para o posterior registo em definitivo da declaração de insolvência[500]. Se tiver avançado para a separação de bens, só após o trânsito em julgado da decisão que confere a concretização do direito do insolvente se poderá avançar para a liquidação, salvo se o outro cônjuge (o não insolvente) der a sua anuência (art. 160.º, n.º 1, al. *a)* do CIRE). Se estiverem em causa dívidas da responsabilidade de ambos os cônjuges, embora possam existir entendimentos contrários, na prática, a casa de morada de família poderá vir a ser apreendida no seu todo, tal como os outros bens do devedor (exceto os impenhoráveis; quanto aos relativamente penhoráveis só se forem apresentados pelo devedor[501]). Esta apreensão do bem no seu todo poderá mostrar-se benéfica para a liquidação do bem, tendo em conta que será mais fácil a sua venda. E atente-se que o processo de insolvência tem carácter de urgência: o que interessa é vender o mais rápido possível.

Este incidente correrá por apenso ao processo de insolvência[502] e o seu regime vem disposto nos arts. 156.º e ss. do CIRE. Apesar de fundamentalmente consistir na alienação dos bens do devedor pode também abranger a possível cobrança de créditos sobre terceiros.

Compete ao administrador da insolvência elaborar um relatório com os elementos indicados no n.º 1 do art. 155.º ao qual é anexado o inventário e a lista provisória de credores (n.º 2) que apresentará posteriormente na assembleia de apreciação do relatório (art. 156.º).

Logo que tenha transitado em julgado a sentença de declaração de insolvência do devedor e após a realização da assembleia de apreciação do relatório onde não tenha ocorrido oposição à venda[503], o administra-

[499] Cfr. art. 1135.º, n.º 4 do CPC.

[500] *Parecer do IRN n.º 34/CC 2014 – Proc.: C. P. 20/2014 STJ-CC.* Disponível em https://www.irn.mj.pt/IRN/sections/irn/doutrina/pareceres/predial/2014/34-cc-2014-c-p-20-2014/downloadFile/file/34_C_P_20-2014_STJ-CC.pdf?nocache=1406709561.4

[501] Cfr. art. 46.º, n.º 2 do CIRE.

[502] Cfr. art. 170.º do CIRE.

[503] Por exemplo, é considerada como oposição à venda a deliberação que determine a suspensão da liquidação e partilha da massa insolvente. Cfr. SILVA, Paula Costa (2005). A liquidação da massa insolvente, *in Revista da Ordem dos Advogados* (Ano 65, III), disponível em https://portal.oa.pt/publicacoes/revista/ano-2005/ano-65-vol-iii-dez-2005/doutrina/paula-costa-e-silva-a-liquidacao-da-massa-insolvente/.

dor da insolvência[504] inicia a venda dos bens, independentemente da verificação do passivo[505] (art. 158.º, n.º 1). No entanto, em nome do princípio da preservação máxima do valor do património do insolvente, o administrador da insolvência pode, com a autorização do juiz (n.º 3, n.º 4 e n.º 5), efetuar a venda antecipada de certos bens cuja passagem do tempo possa colocar em causa a sua deterioração e a depreciação do seu valor (n.º 2).

No caso de estar em causa a prática de atos de especial relevo[506], a atuação do administrador de insolvência fica limitada à autorização da comissão de credores ou da assembleia de credores (art. 161.º, n.º 1).

Apesar de à data da liquidação poder ainda não estar concluída a separação de bens, poderá o cônjuge não insolvente dar o seu consentimento para que a mesma ocorra. Caso contrário, a liquidação não avançará enquanto não se apurarem quais os concretos bens que cabem ao insolvente pelo seu direito à meação (art. 160.º, n.º 1, al. *a)* do CIRE).

Anteriormente[507], era oferecida ao administrador da insolvência uma ampla discricionariedade para escolher a modalidade da alienação dos bens, de entre qualquer uma das previstas para o processo executivo (art. 811.º do CPC) ou por uma outra que entenda mais apropriada. Mas, atualmente, o legislador determina uma preferência pelo leilão eletrónico (art. 837.º do CPC e Portaria n.º 282/2013, de 29 de agosto). No entanto, não é uma obrigatoriedade. Por isso, poderá escolher uma qualquer modalidade, desde que devidamente fundamentada (art. 164.º, n.º 1)

Existem especificidades para a venda de bens onerados com garantias reais que garantem o pagamento de dívidas do devedor ou de terceiro. Tal se entende por tais medidas acautelarem os interesses dos titulares dessas garantias, dos terceiros adquirentes dos bens e do próprio devedor[508].

504 Nos termos do art. 55.º, n.º 1, al. *a)*.

505 O incidente de verificação dos créditos não tem efeito suspensivo. Cfr. Martins, A. S. *Um curso de Direito da Insolvência, ob. cit.*, p.262.

506 No n.º 3 do art. 161.º vem disposta uma lista exemplificativa de atos de especial relevo. Contudo, o n.º 2 estabelece uma cláusula geral: a qualificação de um ato como especialmente relevante deve levar em conta os riscos que tal prática envolve e as consequências que a mesma trará posteriormente para o processo, para a satisfação dos credores e para a suscetibilidade de recuperação de uma empresa.

507 Antes da alteração introduzida pelo Decreto-Lei n.º 79/2017, de 30 de junho.

508 Martins, L. M., *Processo de Insolvência, ob. cit*, p.25.

Se sobre a casa de morada de família recair uma garantia real – como a hipoteca que garante o cumprimento de um possível crédito à habitação – o credor hipotecário tem de ser ouvido antes de ser escolhida a modalidade da alienação. É-lhe prestada a informação quanto ao valor base fixado ou ao preço da alienação projetada (n.º 2) para que, querendo, possa apresentar proposta no prazo de uma semana (ou posteriormente, desde que em tempo útil) (n.º 3). Isto permite ao credor garantido *"influenciar a venda dos bens que garantem o seu crédito e, dessa forma, obter a melhor satisfação do seu direito"*[509]. Se tiver sido proposto por si um montante superior ao valor fixado e não lhe tiver sido adjudicado o imóvel, mas antes a um proponente que apresentou proposta inferior à sua, fica o administrador da insolvência obrigado a colocar o credor na situação em que ficaria caso a alienação tivesse sido feita ao preço da proposta mais elevada (n.º 3).

No caso de não serem cumpridos pelo administrador da insolvência os formalismos legais exigidos no n.º 2 e n.º 3 do preceito – por exemplo, a celebração de escritura pública da venda do imóvel antes de decorrido o prazo de uma semana para apresentação de proposta de aquisição sem que a data de tal evento lhe seja comunicada, com violação do disposto no n.º 3 do art. 164.º[510], ainda mais se o preço da proposta se mostrar superior ao da efetiva alienação; se o administrador da insolvência adjudicar a um credor por um preço abaixo do preço base fixado, sem autorização prévia do insolvente e da comissão de credores, com violação do art. 821.º, n.º 3 do CPC[511]; com violação das formalidades de comunicação do credor garantido (n.º 2, do art. 164.º) que deverão ser feitas através da plataforma eletrónica e não por correio eletrónico[512] – não se pode entender que tenha de se manter válido o ato praticado pelo administra-

[509] Acórdão do Tribunal da Relação de Coimbra, de 13-11-2019, (Emídio Santos), Proc. n.º 108/17.3T8LRA-N.C1, disponível em www.dgsi.pt.
[510] Acórdão do Supremo Tribunal de Justiça, de 15-02-2018, (Henrique Araújo), Proc. n.º 4488/11.6TBLRA-M.C1.S1, disponível em www.dgsi.pt.
[511] Acórdão do Tribunal da Relação de Évora, de 21-04-2016, (Rui Machado e Moura), Proc. n.º 1911/12.6TBLGS-F.E1, disponível em www.dgsi.pt.
[512] Interpretação extensiva da al. b), do n.º 1, do art. 2.º da Portaria n.º 280/2013. Cfr. Acórdão do Tribunal da Relação do Porto de 07-07-2016, (João Proença), Proc. n.º 7153/13.6TBMAI-D.P1, disponível em www.dgsi.pt.

dor da insolvência e que a violação de tais formalidades exigidas pela lei gere apenas efeitos internos como a responsabilização e a eventual destituição daquele administrador da insolvência (arts. 56.º e 59.º) que não atuou diligentemente no uso dos seus poderes funcionais e cujas atuações devem ter sempre como vetor a satisfação de interesses que não são seus, mas dos credores (e quanto maior for o produto da venda melhor serão satisfeitos os seus direitos). Estas soluções internas não são eficazes para atacar os atos ilegais praticados pelo administrador da insolvência. Além disso, suspendem o processo de insolvência, o que o faz arrastar mais no tempo. Nos termos do art. 58.º, a atividade do administrador da insolvência é fiscalizada pelo juiz. O entendimento que vá no sentido de a venda não poder ser anulada com fundamento de que tal excederia os poderes jurisdicionais do juiz no processo de insolvência em relação aos atos praticados no âmbito do incidente da liquidação esquece que o juiz tem a possibilidade de atuar imediatamente, em nome do princípio constitucional da tutela jurisdicional efetiva (art. 20.º da CRP[513]).

> *"A celeridade, a desburocratização, a desjudicialização e os amplos poderes do administrador da insolvência, no incidente de liquidação da massa insolvente, não devem ser interpretados de forma a excluir o papel imparcial e soberano do juiz, relegando-o para um papel secundário de mero controlo, ou no limite, nem sequer lhe consentindo que possa apreciar a irregularidade do negócio em que interveio o administrador da insolvência"*[514].

[513] O Tribunal Constitucional julgou inconstitucional o entendimento dos artigos 163.º e 164.º, n.º 2 e n.º 3 do CIRE que vá no sentido de considerar que o *"credor com garantia real sobre o bem a alienar não tem a faculdade de arguir, perante o juiz do processo, a nulidade da alienação efetuada pelo administrador com violação dos deveres de informação do valor base fixado ou do preço da alienação projetada a entidade determinada"*. Cfr. Acórdão do Tribunal Constitucional n.º 616/2018, de 21-11-2018, (Cons. Teles Pereira), Proc. n.º 251/2018, disponível em www.tribunalconstitucional.pt.

[514] Acórdão do Supremo Tribunal de Justiça, de 04-04-2017, (Fonseca Ramos), Proc. n.º 1182/14.0T2AVR-H.P1, disponível em www.dgsi.pt; Acórdão do Supremo Tribunal de Justiça, de 15-02-2018, (Henrique Araújo), Proc. n.º 4488/11.6TBLRA-M.C1.S1, disponível em www.dgsi.pt.

Por isso, seria benéfica uma intervenção legislativa para que não ocorra uma proteção absoluta da eficácia dos atos praticados pelo administrador da insolvência mesmo quando tenham sido desrespeitados os formalismos a si exigidos e que poderão mostrar-se de relevante importância.

Só a invocação da invalidade dos atos [que pode ser alegada pelo interessado (por exemplo, o credor garantido prejudicado[515])] no próprio incidente de liquidação[516] ou após é realmente eficaz para atacar os atos ilegais praticados pelo administrador da insolvência com a violação de formalismos legais, uma vez que tais irregularidades processuais (vícios procedimentais) cominam com uma nulidade processual que afeta a decisão da causa (arts. 195.º e 197.º n.º1 do CPC, *ex vi* art. 17.º do CIRE)[517].

Se o credor hipotecário pretender adquirir aquele bem imóvel integrado na massa insolvente poderá ser dispensado de depositar o preço através da aplicação do art. 815.º do CPC, por força do art. 165.º do CIRE. Neste sentido, será que o credor garantido com uma garantia real continua obrigado a depositar o cheque caução à ordem da massa insolvente – anteriormente, pelo anterior regime, com o valor de 20% do montante da proposta, (atualmente, 10%) – que acompanha a apresentação da sua proposta de aquisição daquele bem, como ordena o n.º 4? Entende-se que a remissão feita pelo art. 165.º é clara e, por isso, deve responder-se a esta questão no sentido negativo, pelo que poderá ficar dispensado do depósito da caução. Aquele preceito *"garante aos credores com garantia real que adquiram bens no âmbito do processo de insolvência, uma posição idêntica àquela que deteriam no âmbito do processo executivo comum"*[518].

Contudo, mesmo no caso de já ter sido reclamado mas ainda não estarem graduados todos os créditos, tal dispensa é apenas permitida até ao valor do seu crédito garantido, sendo obrigado a depositar o exce-

[515] Acórdão do Tribunal da Relação de Guimarães, de 22-10-2020, (António Barroca Penha), Proc. n.º 1942/19.5T8GMR-F.G1, disponível em www.dgsi.pt.

[516] Acórdão do Tribunal da Relação de Lisboa, de 23-05-2019, (Arlindo Crua), Proc. n.º 1094/11.9TYLSB-R.L1-2, disponível em www.dgsi.pt.

[517] No mesmo sentido foi também o Tribunal da Relação de Coimbra. *Vide* Acórdão do Tribunal da Relação de Coimbra, de 13-11-2019, (Emídio Santos), Proc. n.º 108/17.3T8LRA-N.C1, disponível em www.dgsi.pt.

[518] Cfr. Acórdão do Tribunal da Relação de Coimbra, de 16-04-2013, (Albertina Pedroso), Proc. n.º 1642/10.1TBVIS-Y.C1, disponível em www.dgsi.pt.

dente entre o seu crédito garantido reclamado e a proposta de aquisição daquele bem, nos termos do n.º 2 do art. 815.º do CPC. Se o seu crédito for manifestamente superior ao preço proposto pelo credor não é de aplicar obrigação de depósito do preço proposto, uma vez que não existe o excedente ao crédito. No entanto, para acautelar que essa dispensa não atingirá os interesses dos credores que possam vir a ser graduados preferencialmente antes deste credor garantido e uma vez liquidados os bens onerados com garantia real, deve assegurar-se o cumprimento do n.º 3 do art. 815.º do CPC e do art. 172.º, n.º 1 e n.º 2 do CIRE. Assim, nos termos do anterior regime, essa dispensa não abrangia o depósito do montante de até 10% do produto daquela liquidação para não prejudicar a satisfação integral dos créditos garantidos e a satisfação de dívidas da massa como o pagamento das custas do processo, remuneração do administrador da insolvência e despesas com a liquidação[519] (*vide* art. 174.º, n.º 1 do CIRE).

Caso o bem garantido seja adquirido por outro adquirente que não o credor hipotecário e por valor superior ao por este proposto, a garantia real que sobre o imóvel incida caduca com a sua venda e ocorre a transmissão do imóvel livre deste ónus, nos termos do n.º 2 e do n.º 3, do art. 824.º do CC[520] que não é apenas operável no processo de execução singular mas *"[p]or maioria de razão, também deverá ser convocada aquando da existência do*

[519] Acórdão do Tribunal da Relação de Coimbra, de 16-04-2013, (Albertina Pedroso), Proc. n.º 1642/10.1TBVIS-Y.C1, disponível em www.dgsi.pt; Acórdão do Tribunal da Relação de Guimarães, de 13-10-2016, (Ana Cristina Duarte), Proc. n.º 170/09.2TBEPS-AI.G1, disponível em www.dgsi.pt; Acórdão do Tribunal da Relação do Porto, de 26-10-2017, (Aristides Rodrigues de Almeida), Proc. n.º 6993/10.2TBMTS-K.P1, disponível em www.dgsi.pt; Acórdão do Tribunal da Relação de Guimarães, de 27-06-2019, (Alexandra Rolim Mendes), Proc. n.º 330/12.9TBCMN-J.G1, disponível em www.dgsi.pt.

[520] O art. 164.º, n.º 5 do CIRE representa uma exceção a este regime que permite, nos termos dispostos, a alienação de um bem dado em garantia para assegurar dívidas de terceiros ainda não exigíveis e pelas quais não responde o devedor insolvente pessoalmente, no caso de não prejudicar a satisfação do crédito com garantia prevalecente. Neste caso, a coisa adquirida pelo novo titular continua a estar onerada e a responder pelo cumprimento do crédito garantido, tendo em conta a faculdade de sequela da garantia real. Cfr. Acórdão do Tribunal da Relação de Guimarães, de 25-01-2018, (Alcides Rodrigues), Proc. n.º 83/16.1T8VRL-E.G1, disponível em www.dgsi.pt.

processo de execução universal em que consiste o processo de insolvência"[521]. Assim, o privilégio do credor atribuído com a hipoteca transfere-se para o produto da sua venda (art. 824.º, n.º 3 do CPC). O motivo para a transmissão de bens livre destas garantias que se extinguem com a venda prende-se essencialmente com a proteção dos credores: a satisfação dos seus direitos é garantida de melhor forma se assim se verificar, uma vez que evita uma desvalorização do valor do bem que, a não acontecer dessa forma, seria naturalmente menor[522]. O crédito do credor garantido será satisfeito com o produto da venda do bem sobre o qual recaía a garantia real e é-lhe pago com preferência sobre os demais credores que não gozem de privilégio especial ou prioridade no registo (art. 686.º, n.º 1 do CC, arts. 47.º, n.º 1 e n.º4, al. a)[523] e 174.º do CIRE).

Porém, atente-se no seguinte relativamente à insolvência com coligação de cônjuges: é igualmente reconhecido e garantido o crédito do credor garantido por hipoteca sobre um imóvel que é bem comum daquele casal e, por isso, *"não se vê razão para excluir essa garantia quando os cônjuges se apresentam, ou são demandados, em separado à insolvência, e no processo de um deles o imóvel é apreendido para a massa e vendido e no processo do outro é apreendido o direito à meação"*[524]. O credor garantido vai ser pago com a preferência que a sua garantia lhe oferece, tanto com o produto resultante da venda no processo de um como com o produto resultante no processo do outro.

Os valores que resultam das alienações eram depositados na conta à ordem da administração da massa insolvente (art. 167.º, n.º 1 do CIRE), conforme anterior regime. Atualmente, o produto é agora depositado na conta bancária titulada pela massa insolvente (conforme a mais recente redação dada a tal preceito). É com esses montantes que o administra-

[521] Nesse sentido foi o Acórdão do Tribunal da Relação de Guimarães, de 23-05-2019, (José Amaral), Proc. n.º 2468/18.0T8BRG.G1, disponível em www.dgsi.pt.

[522] Acórdão do Tribunal da Relação do Porto, de 16-03-2010, (Sílvia Pires), Proc. n.º 2384/08.3TBSTS-AA.P1, disponível em www.dgsi.pt.

[523] Para além da hipoteca (arts. 686.º e ss. do CC), abrange também a consignação de rendimentos (art. 656.º e ss), o penhor (art.666.º e ss.) e o direito de retenção (art. 754.º e ss.).

[524] Acórdão do Tribunal da Relação de Évora, de 08-06-2017, (Tomé Ramião), Proc. n.º 639/15.0T8ELV-A.E1, disponível em www.dgsi.pt.

dor da insolvência, após o encerramento da liquidação[525] e da elaboração da conta, vai fazer o rateio final e, com isso, concretizar a satisfação dos direitos dos credores, procedendo aos respetivos pagamentos (Título VII – Pagamentos aos Credores). É após este momento que se encerra o processo de insolvência (art. 182.º, n.º 1 e art. 230.º, n.º 1, al. a) do CIRE).

Vale sempre relembrar a hipótese de o devedor apresentar ao adquirente um requerimento para diferimento de desocupação do imóvel, que já aqui defendemos[526] (art. 862.º do CPC *ex vi* art. 150.º, n.º5 do CIRE).

Note-se que, como já tivemos oportunidade para referir noutras ocasiões deste estudo, a situação epidemiológica provocada pela COVID-19 aflorou ainda mais a importância da manutenção da casa de morada de família numa época em que a mesma era extremamente relevante para a proteção da saúde individual e da saúde pública da sociedade, época em que os rendimentos das famílias diminuíram drasticamente. Por esta altura, o legislador criou vários diplomas com medidas excecionais e transitórias para mitigar os efeitos provocados por esta pandemia, cabendo-nos agora analisar uma das medidas excecionais que foi implementada.

Muito embora o legislador tenha introduzido na Lei n.º 1-A/2020, de 19 de março, o art. 6.º-A, através das alterações introduzidas pela Lei n.º 16/2020, de 29 de maio, o que conferiu no seu n.º 7 a possibilidade de o julgador suspender os atos a realizar em sede de processo executivo ou de insolvência referentes a vendas e entregas judiciais de imóveis que fossem suscetíveis de causar prejuízo à subsistência do executado ou do declarado insolvente, a pedido destes, desde que aquela suspensão não causasse prejuízo grave à subsistência do exequente ou um prejuízo irreparável. Contudo, este preceito foi já expressamente revogado pela Lei n.º 4-B/2021, de 1 de fevereiro.

O mesmo não aconteceu com o Art. 6.º-E do mesmo diploma que foi, posteriormente àquela revogação, introduzido na Lei n.º 1-A/2020, de 19 de março por força da Lei n.º 13-B/2021, de 5 de abril, essencialmente o seu n.º 7. Apesar de já termos analisado a alínea c), do n.º 7 deste preceito, aquando do estudo da proteção conferida à casa de morada de família

[525] Não deve durar mais de um ano a contar da assembleia de apreciação do relatório (art. 169.º).

[526] *Vide* ponto 2.3.1.

arrendada[527], debruçar-nos-emos agora sobre a sua alínea b) que, diferentemente daquela, tem aplicação *ope legis*[528], conferindo a possibilidade de suspensão dos atos a realizar em sede de processo executivo ou de insolvência relacionados com a concretização de diligências de entrega judicial da casa de morada de família. E para tal, basta comprovar que *"o imóvel a entregar constitui a casa de morada de família da pessoa visada com a diligência de entrega, devendo o executor da medida de entrega suspender imediatamente essa diligência logo que se aperceba que se trata de uma casa de morada de família"*[529]. Isto não significa que, com isto, se encontrem automaticamente suspensas as diligências relacionadas com a venda que, naturalmente, continuam o seu curso para que seja atingida a finalidade do processo de insolvência (art. 1.º, n.º 1 do CIRE). Se ainda não tiver sido procedida a venda executiva, é ainda possível ao executado ou insolvente requerer judicialmente a suspensão da mesma e da sua entrega, nos termos do n.º 8. Apesar de este preceito estar pensado para qualquer imóvel, permite proteger a casa de morada de família, tutelando-se assim o direito à subsistência[530]. Este último preceito tem, no entanto, aplicação *ope judicis*[531], sendo necessária uma avaliação judicial, uma vez que tal decisão não poderá causar prejuízo grave à subsistência do exequente ou credores do insolvente.

O Art. 6.º-E da Lei n.º1-A/2020, de 19 de março continua ainda em vigor, remetendo mais desenvolvimentos para o que já esclarecemos anteriormente[532].

[527] *Vide* subtítulo aa) do ponto 2.2.2.1., referente ao *Regime excecional face à situação epidemiológica provocada pela COVID-19.*

[528] Acórdão do Tribunal da Relação do Porto, de 25-10-2022, (Artur Dionísio de Oliveira), Proc. n.º 18281/21.0T8PRT.P1, disponível em www.gde.mj.pt.

[529] Acórdão do Tribunal da Relação de Lisboa, de 24-03-2022, (Nelson Borges Carneiro), Proc. n.º 1320/11.4TBMTA-C.L1-2, disponível www.gde.mj.pt.

[530] Cfr. Acórdão do Tribunal da Relação de Lisboa, de 17-02-2022, (Adeodato Brotas), Proc. n.º 3220/17.5T8FNC-C.L1-6, disponível em www.dgsi.pt.

[531] Acórdão do Tribunal da Relação do Porto, de 25-10-2022, (Artur Dionísio de Oliveira), Proc. n.º 18281/21.0T8PRT.P1, disponível em www.gde.mj.pt.

[532] *Vide* subtítulo aa) do ponto 2.2.2.1., referente ao *Regime excecional face à situação epidemiológica provocada pela COVID-19.*

Apesar de tudo isto, a liquidação não ocorre, como já referimos *supra*[533], com o trânsito em julgado da sentença que homologou o plano de pagamentos e da sentença que declarou o devedor como insolvente, que encerram o processo nesse momento (art. 259.º, n.º 4). Não ocorre também quando se verifique uma insuficiência da massa insolvente para pagar as dívidas da mesma e as custas do processo (art. 39.º). Também não ocorre quanto à parte da massa insolvente sobre a qual tenha sido deferido o requerimento de dispensa da liquidação, podendo abranger a totalidade da mesma (art. 171.º) Veremos adiante.

2.3.4.1. A dispensa de liquidação: uma solução exequível para a proteção da casa de morada de família do insolvente?

Apesar de nos parecer de difícil execução, pode a casa de morada de família ser dispensada da liquidação sendo esta uma das formas possíveis para salvar este bem da sua alienação pelo administrador da insolvência e, assim, conservá-lo na esfera patrimonial do devedor, impedindo-se a sua liquidação no processo de insolvência (art. 171.º).

Esta solução é uma novidade do CIRE que já vinha prevista no art. 154.º do seu Anteprojeto.

Para tal, é necessário que se verifiquem dois pressupostos: o insolvente tem de ser uma pessoa singular e não pode existir uma empresa na correspondente massa insolvente (art. 171.º, n.º 1).

Ademais, é necessário que se verifiquem também dois requisitos: o requerimento ao juiz tem ser apresentado pelo administrador da insolvência[534], após acordo prévio do devedor; e o pagamento da quantia

[533] *Vide* ponto 2.3.3.

[534] Paula Costa Silva entende que a razão para não poder ser o insolvente a requerer a dispensa (após obtido o consentimento prévio do administrador da insolvência) poderá residir na sua incapacidade judiciária para praticar pessoalmente atos processuais como a apresentação deste requerimento judicial. Cfr. Silva, P. C. A liquidação da massa insolvente, *In ob. cit.* Contudo, uma vez que o devedor tem capacidade para atuar no processo (art. 81.º, n.º 5), não se pode dizer que este tenha incapacidade jurídica.
Podemos antes seguir o entendimento do Tribunal da Relação de Lisboa que considera que esta atuação por sua iniciativa é, no entanto, restringida aos casos excecionalmente previstos na lei (v.g. art. 193.º, n,.º1) para que o desenrolar deste processo que se espera célere não fique prejudicado com a criação de obstáculos apresentados pelo insolvente.

fixada para a totalidade da massa insolvente ou para a parte referente à qual se pede a sua dispensa, no prazo de oito dias.

O que nos parece de mais difícil verificação é precisamente esta obrigação de o devedor entregar ao administrador da insolvência, num tão curto período de tempo, uma quantia em dinheiro que substitui aquilo que seria o produto da liquidação e que não pode ser inferior àquele, uma vez que tal será necessário para uma máxima satisfação dos direitos dos credores. Tendo em conta que esta parte/totalidade da massa insolvente dispensada acaba por não ser colocada no mercado, disposto à procura por qualquer adquirente (nos termos do art. 164.º), o valor fixado e que permite liberar esses bens da massa resulta apenas de uma estimativa feita pelo administrador da insolvência, após proceder à apreensão e ao inventário dos bens (arts. 149.º, 152.º e 153.º), num parecer por si emitido onde apresenta uma avaliação *in loco*, resultado de meros *"exercícios intelectuais*[535]*"* e que são fruto da sua experiência e dos conhecimentos por si adquiridos. O valor que a liquidação dos bens iria concretamente produzir só seria realmente percebido se tal ocorresse efetivamente. Por isso, trata-se antes de uma estimativa do valor mínimo a fixar com os elementos que aquele dispõe, para que aqueles bens possam ser dispensados da liquidação sem prejuízo para os credores. Afinal, se estiver em causa um mesmo valor, a alienação destes bens ao devedor ou a outro comprador em nada afeta o direito dos credores.

Contudo, não se entende que o administrador da insolvência tenha de ser imperativamente auxiliado por peritos para efetuar esta estimativa uma vez que o exercício das suas funções é principalmente orientado pelo princípio da pessoalidade (art. 55.º, n.º 1 e n.º 2). É até *"economicamente desaconselhável"* que tal seja feito. Por isso, só no caso de se tratar de uma avaliação "particularmente difícil" e que possa ultrapassar as capacidades do mesmo é que este deve encetar diligências para um melhor esclarecimento, nomeadamente pedir auxílio a técnicos sob a sua responsabilidade (como os peritos – n.º 3 e n.º 4 do mesmo preceito) que

Cfr. Acórdão do Tribunal da Relação de Lisboa, de 02-11-2017, (Jorge Leal), Proc. n.º 17451/15.9T8SNT-D.L1, disponível em www.pgdlisboa.pt.

[535] FERNANDES, L. C., & LABAREDA, J. *Código da Insolvência e da Recuperação de Empresas anotado, ob. cit.*, anotação 5 ao art. 171.º, p.675.

o ajudem a formar convicção sobre o *quantum* que poderia ser obtido com a liquidação daquele(s) bem/bens dispensados da mesma e, assim, evitar eventuais erros negligentes[536]. Até porque este é responsável perante os credores se não atuar diligentemente na defesa dos interesses daqueles (art. 59.º). O facto de a lei não condicionar aqui a decisão do juiz à audição dos credores[537] acaba por impor um maior cuidado ao administrador da insolvência. Neste sentido, no caso de tal avaliação extrapolar as suas capacidades, este deve solicitar auxílio a técnicos especialistas para tal, por uma questão de cuidado[538].

Não obstante, após apresentado o requerimento, o juiz não está obrigado a aceitá-lo. Contudo, também não se entende que possa decidir de forma arbitrária, pelo que a sua decisão poderá ser censurada. Assim, deve recusá-lo se não estiverem preenchidos os requisitos necessários e, sobretudo, se entender que o valor fixado pelo administrador da insolvência e oferecido pelo devedor é inferior ao que se obteria com uma efetiva liquidação. E deve aceitá-lo se se verificarem todos os pressupostos e requisitos e não existir nenhum motivo para decidir em sentido diverso. Por não ser uma decisão implacável, é suscetível de recurso quer pelos credores (quando foi deferido o requerimento em termos censuráveis) quer pelo devedor e pelo administrador da insolvência (quando não existam motivos fundamentados para o indeferimento de tal requerimento)[539].

O legislador expressa no n.º 2 do art. 171.º que a decisão de deferimento do requerimento para dispensa de liquidação fica sem efeito se o devedor não entregar a quantia fixada pelo juiz no prazo de oito dias.

[536] Acórdão do Tribunal da Relação de Guimarães, de 18-06-2020, (José Amaral), Proc. n.º 890/19.3T8VLR-D.G1, disponível em www.dgsi.pt.

[537] Apesar de se poder entender que o juiz, tendo em conta a sua faculdade de promover as diligências que entenda necessárias para tomar a sua decisão, poderá convocar a comissão de credores (se existir) ou a assembleia de credores (art. 75.º, n.º 1 do CIRE). Cfr. Fernandes, L. C., & Labareda, J. *Código da Insolvência e da Recuperação de Empresas anotado, ob. cit.*, anotação 8, ao art. 171.º, p.676.

[538] *Ibidem*, anotações 5 e 6 ao art. 171.º, p.676.

[539] *Ibidem*, anotação 7, ao art. 171.º, p.676.

Esta decisão está, assim, sob uma condição suspensiva[540]. Ou seja, até que se verifique o evento futuro e incerto relacionado com a efetiva entrega do montante fixado ao administrador da insolvência[541] até ao limite do prazo estipulado, a decisão não produz os efeitos esperados: a dispensa dos bens de liquidação (art. 270.º do CC). Esta situação de pendência cessa ao fim dos oitos dias estabelecidos.

Após o trânsito em julgado da decisão judicial que deferiu o requerimento para dispensa de liquidação, o administrador da insolvência tem legitimidade para, sem mais, separar os bens cuja liquidação foi dispensada[542]. Quanto aos demais bens não reservados para o devedor prossegue-se a liquidação efetiva e as diligências relativas à venda dos mesmos.

Agora pergunte-se: como é que o devedor insolvente tem capacidade para entregar este dinheiro se, atendendo aos pressupostos da declaração de insolvência, o mesmo não possui liquidez para dispor de tamanha verba? Acrescenta-se que, com a apreensão do ativo para a massa, poderão ser também apreendidas todas as contas bancárias do devedor. Aliás, habitualmente os bancos que tomam conhecimento da publicitação da sentença de declaração de insolvência tendem a bloquear tais contas para que aquele não as movimente sem o conhecimento do administrador da insolvência[543].

Mesmo que, hipoteticamente, a família se una para conseguir ajudar o insolvente a obter tamanha quantia, a dispensa fica sem efeito se esta importância em dinheiro não for depositada na conta à ordem da administração da massa numa instituição de crédito escolhida pelo admi-

[540] E não sob uma condição resolutiva do não pagamento atempado uma vez que esta decisão não produz efeitos imediatos quando emitida, ficando sujeita à sua resolução que destrói retroativamente os seus efeitos se não se verificar tal evento. No mesmo sentido que nós, Fernandes, L. C., & Labareda, J. *Código da Insolvência e da Recuperação de Empresas anotado, ob. cit.*, anotação 9, ao art. 171.º, pp.676-677.

[541] Que deverá ir ao processo notar esta entrega, quando a fizer.

[542] Fernandes, L. C., & Labareda, J. *Código da Insolvência e da Recuperação de Empresas anotado, ob. cit.*, anotação 9, ao art. 171.º, p.677.

[543] Bettencourt, P. O. Da liquidação em processo de insolvência – Uma perspetiva prática. *In ob. cit.*, nota 56, p.101.

nistrador da insolvência[544/545] e no apertadíssimo prazo de 8 dias (n.º 2). Apesar de se entender que o processo de insolvência deva ser célere e que este mecanismo evita a passagem para a liquidação efetiva [que não deve prolongar-se para que o encerramento do processo de insolvência não seja atrasado (atenção ao art. 169.º)], este prazo contribui para inviabilizar o acesso a este regime.

Tal como acontece com a homologação do plano de pagamentos (art. 255.º, n.º 1) e com a insuficiência da massa insolvente (arts. 232.º e 233.º; inaplicável no processo em que ocorre a exoneração do passivo restante), esta é uma forma de evitar a liquidação da massa insolvente, embora com fundamentos diferentes.

Este regime tem em vista a economia e a celeridade processual e ainda leva em linha de conta a tutela mínima do devedor[546]. Note-se que, de uma vez só, é possível assegurar ao devedor a possibilidade de manter a propriedade sobre certos bens sem que isto afete os interesses credores, obtendo-se de uma forma processualmente mais rápida e económica o efeito que a liquidação produziria.

Contudo, este regime parece pensado para bens familiares de valor diminuto e cuja disponibilização do montante relativo aos mesmos não se afigura de tão difícil possibilidade para o insolvente, e não propriamente para a casa de morada de família. Daí que seja raramente utilizado na prática[547].

Não obstante, não podem as famílias em cujo património exista uma empresa aceder a este regime. E muitas vezes, as famílias dependentes

[544] Cfr. arts. 167.º, n.º 1 e 150.º, n.º 6.

[545] Atente-se que, se tal montante for depositado na conta do devedor, já não poderá ser utilizado para este fim uma vez que o insolvente já não a pode movimentar por a mesma se encontrar apreendida e afeta à massa insolvente. Cfr. Costa, L. M. *A insolvência de pessoas singulares, ob. cit.*, pp. 267-268.

[546] Fernandes, L. C., & Labareda, J. *Código da Insolvência e da Recuperação de Empresas anotado, ob. cit.*, anotação 1, ao art. 171.º, p.674.

[547] Leitão, Luís Menezes (2015). *Código da Insolvência e da Recuperação de Empresas anotado, ob.cit.*, anotação n.º 2, ao art. 171.º, p.208; Bettencourt, P. O. Da liquidação em processo de insolvência – Uma perspetiva prática. *In ob. cit.*, p.101, nota 56; Costa, L. M. *A insolvência de pessoas singulares, ob. cit.*, p. 267.

de um pai/mãe empresário podem ver-se afetadas da mesma forma que aquelas que não possuem uma empresa no património do insolvente.

2.3.4.2. Suspensão da liquidação da massa insolvente através da administração pelo devedor

No caso do membro da família declarado insolvente se tratar de um titular de uma empresa[548] que integra a massa insolvente, pode o mesmo, querendo, solicitar a administração daquela massa (art. 36.°, n.° 1, al. *e)* e art. 223.° do CIRE). Para tal lhe ser concedido é necessário que se encontrem verificados os pressupostos do art. 224.°, n.° 2: tem de ser requerida pelo devedor(al. *a)*), tem de ser apresentado um plano de insolvência que preveja a continuidade da exploração da empresa por si próprio, até ao prazo máximo de 30 dias após a sentença de declaração de insolvência (al. *b)*); não podem existir razões para recear delongas no processo ou desvantagens para os credores (al. *c)*); e, caso tenha sido requerida a insolvência do devedor, a anuência do respetivo requerente (al. *d)*).

A administração da massa insolvente também pode ser confiada ao devedor na assembleia de apreciação de relatório ou na assembleia de credores, independentemente da verificação dos pressupostos presentes nas alíneas *c)* e *d)* do n.° 2 do art. 224.° se os credores deliberarem nesse sentido, perante requerimento do insolvente (n.° 3).

Face ao art. 250.°, este regime da administração da massa pelo devedor (Título X) não se aplica nos processos de insolvência de pessoa singular não empresária ou titular de uma pequena empresa[549]. Como tal, para poder administrar a massa, o insolvente terá de tratar-se de um empresário ou titular de uma empresa que não seja pequena.

Tal também não é possível se o juiz concluir pela insuficiência da massa insolvente uma vez que a sentença que declara o devedor insolvente apenas pode fazer menção às als. *a)* a *d)* e *h)*, do n.° 1, do art. 36.° e, eventualmente da al. *i)*, nos termos do art. 39.°, n.° 1.

Se puder ser concedida esta administração da massa, o devedor mantém os poderes de administração sobre o seu património. Contudo, deve entender-se que lhe são retirados os poderes de disposição sobre o

[548] Art. 223.° do CIRE.

[549] MARTINS, A. S. *Um curso de Direito da Insolvência, ob. cit.*, p.123.

mesmo (art. 81.º, n.º 1, 1.ª parte)[550/551]. Tal é entendível para que o devedor não possa desviar o ativo relativo aos bens presentes na massa insolvente e, em consequência, prejudicar a satisfação dos direitos dos credores. Neste sentido, o administrador da insolvência tem de dar o seu consentimento para a assunção de obrigações que resultem de atos de administração extraordinária (al. *b)*, do n.º 2, do art. 226.º), ao passo que, relativamente à assunção de obrigações de gestão corrente, pode aquele apenas opor-se (al. *a)* do mesmo preceito). A atuação do devedor pode ficar ainda mais limitada se o juiz, a pedido da assembleia de credores ou *ex officio,* entender que aquele não poderá praticar certos e determinados atos sem a aprovação do administrador da insolvência. Nesse caso, é aplicado o disposto no n.º 6 do art. 81.º (art. 226.º, n.º 4).

Neste contexto, o devedor pessoa singular só pode retirar da massa insolvente os valores estritamente necessários para a sua vida e a do seu agregado familiar (n.º 2, do art. 227.º).

Uma das vantagens deste regime é a suspensão da liquidação e partilha da massa insolvente enquanto a administração estiver entregue ao devedor (art. 225.º). Neste caso, a liquidação *"não chega, sequer, a iniciar-se"*[552]. Assim, enquanto vigorar este regime, a casa de morada de família não será liquidada.

Esta administração pelo devedor pode sempre terminar nos termos do artigo 228.º, n.º 1, nomeadamente se o plano de insolvência não for apresentado pelo devedor em prazo razoável ou se o mesmo não for admitido, aprovado ou homologado (al. *e)*). Desta forma, aquela suspensão cessa automaticamente, é determinada a normal apreensão dos bens (n.º 2 do art. 228.º que remete para o art. 149.º) e procede-se à liquidação (art. 225.º).

[550] Leitão, L. M. *Direito da Insolvência, ob. cit.,* p. 309.

[551] Tendo em conta o n.º 6 do art. 81.º, são ineficazes em relação à massa insolvente os atos de disposição do devedor, exceto se cumulativamente preencherem os requisitos presentes nas alíneas desse mesmo preceito.

[552] Martins, A. S. *Um curso de Direito da Insolvência, ob. cit.,* p.340.

2.3.4.3. O recurso ao direito de remição

Imagine-se que pelo menos um dos cônjuges é empresário[553] ou é titular de uma empresa que não é pequena (*vide* art. 5.º). Apesar de poder administrar a massa insolvente, a possibilidade de apresentarem um plano de pagamentos (individualmente ou em coligação com o outro cônjuge) e que permite evitar a liquidação encontra-se-lhes vedada[554], assim como a hipótese de dispensar da liquidação parte ou a totalidade da massa[555].

Vejamos aqui uma outra hipótese de tentativa de salvaguarda da casa de morada de família que ainda não foi abordada e que, apesar de prevista na lei processual civil, veremos se poderá ser aplicada no processo de insolvência, mesmo que se trate de um devedor empresário: o direito de remição.

O exercício do direito de remição é um mecanismo muito antigo[556], previsto na lei processual civil (art. 842.º a 845.º do CPC), que permite proteger o património familiar do executado ao atribuir a certos familiares daquele, taxativamente previstos na lei, a faculdade de evitar a saída dos bens da sua esfera familiar aquando da adjudicação ou da venda executiva, com o objetivo final da proteção da família.

Assim, é permitido ao cônjuge não separado judicialmente de pessoas e bens[557], aos parentes em linha reta (descendentes ou ascendentes) do executado haverem para si os bens alienados pelo preço que tiver sido feita a adjudicação ou a venda (art. 842.º)[558].

[553] Na aceção do art. 249.º, n.º 1, al. a) do CIRE, são os titulares de uma empresa – pelo menos nos três anos anteriores ao início do processo de insolvência.

[554] Cfr. art. 249.º, n.º 2 do CIRE.

[555] Nos termos do art. 171.º do CIRE.

[556] Já previsto nas Ordenações do Reino onde se determinava que a mulher deveria ser citada para, querendo, exercer o direito de remição no caso de não aparecer lançador dentro do prazo dos pregões (Ordenação, liv. 1.º, tit.80, pr.52; liv. 3.º, tit. 86, §28 . Cfr. Leitão, Hélder Martins (1997). *Dicionário de Processo Civil.* Porto: ELCLA, p.306; Costa, Salvador (2013). A venda executiva, os direitos reais de aquisição e os direitos de remição. *In* AAVV, *Estudos em homenagem ao Prof. Doutor José Lebre de Freitas* (Vol. I, pp. 1217-1243). Coimbra: Coimbra Editora, p. 1236.

[557] Pois nesse caso já não faz sentido tutelar o património familiar.

[558] E ainda ao cônjuge casado no regime da separação de bens uma vez que se pretende proteger o património familiar (que pode existir uma vez que existe comunhão de vida) e não propriamente um património conjugal. Cfr. Reis, José Alberto (1985), *Processo de*

A hierarquia estabelecida no art. 845.º, n.º 1 do CPC[559] tem como objetivo manter o património familiar do executado junto dos familiares que lhe são mais próximos. Imagine-se que está em causa a venda executiva da casa de morada de família: desta forma, pode ser mais fácil tentar manter a habitação naquela casa e evitar o *"desmembramento do agregado familiar em causa"*[560].

O n.º 2 deste preceito regula a situação de concurso entre vários descendentes ou vários ascendentes[561]. Porém, não é possível o exercício do direito de remição no caso de *"concurso de cônjuges, resultante de segundas núpcias após divórcio dos executados, na pendência do processo de execução"*[562].

Apesar de não estar expressamente previsto na lei, entende-se que o art. 842.º deve ser interpretado de forma a incluir nele a pessoa que viva com o executado ainda que no âmbito de uma união de facto, tendo-se em conta não a natureza desta relação e da matrimonial – claramente distinguíveis – mas antes uma perspetiva constitucional de proteção familiar (art. 36.º e art. 67.º da CRP) e levando-se em linha de conta os princípios da igualdade (art. 13.º) e da proporcionalidade (art. 18.º, n.º 2)[563] que não permitem o tratamento discriminatório quanto às relações de filia-

execução (Vol. II), *Coimbra*: Coimbra Editora, p.479; *Vide* ainda Acórdão do Tribunal da Relação de Guimarães, de 03-11-2016, (Isabel Silva), Proc. n.º 141/14.7TBGMR-E.G1, disponível em www.dgsi.pt.
Existe ainda quem entenda que tal é possível mesmo que o cônjuge se encontre separado de facto ou separado judicialmente de pessoas e bens. Cfr. COSTA, S. A venda executiva, os direitos reais de aquisição e os direitos de remição. *In ob. cit.*, p. 1239.

[559] Em primeiro lugar pertence ao cônjuge, depois aos descendentes e só por último aos ascendentes do executado.

[560] Ribeiro, Virgínio & Rebelo, Sérgio (2015). *A ação executiva anotada e comentada*. Coimbra: Almedina, p.571.

[561] *"Concorrendo à remição vários descendentes ou vários ascendentes, preferem os de grau mais próximo aos de grau mais remoto; em igualdade de grau, abre-se licitação entre os concorrentes e prefere-se o que oferecer maior preço"*.

[562] Acórdão do Tribunal da Relação de Coimbra, de 26-06-2012, (Arlindo Oliveira), Proc. n.º 366-C/2002.C1, disponível em www.dgsi.pt.

[563] Ainda que no âmbito do equivalente art. 912.º do Código de Processo Civil de 1995 *vide* Acórdão do Supremo Tribunal Administrativo, de 08-09-2010, (Dulce Neto) Proc. n.º 0634/10, disponível em www.dgsi.pt.

ção que emergem de uma ou de outra relação[564]. Seria inconstitucional não tolerar que o unido de facto pudesse exercer o direito de remição tal como previsto para o cônjuge. Isto poderia esvaziar o efeito da norma de proteger a família através da proteção do património familiar do executado. Por isso, entendam-se como extensíveis aos unidos de facto as regras aplicáveis aos cônjuges.

Estes legitimados familiares do executado podem assim tornar-se os compradores dos bens a alienar em processo executivo daquele.

Entende-se que não poderá exercer o direito de remição quem, apesar de ter legitimidade conferida pelo art. 842.º, figurar no processo igualmente como executado, uma vez que a remição é permitida para os legalmente legitimados desde que estes sejam terceiros relativamente à execução[565]. O executado já tem o direito de extinguir a instância executiva a qualquer momento, desde que pague a quantia exequenda e as custas prováveis (art. 846.º do CPC).

Mas reflita-se: se uma execução tiver sido movida contra ambos os cônjuges, não pode nenhum destes exercer o direito de remição[566]? Já no caso do interessado remidor se ter tornado parte nesse processo, eventualmente através do incidente de habilitação de herdeiros, passando assim a ocupar o lugar do executado falecido, verificado o critério formal da qualidade de executado, também não poderia este exercer o direito de remição[567]?

[564] Acórdão do Tribunal Constitucional n.º 359/91, de 09-07-1991, (Cons. Monteiro Diniz), Proc. n.º 36/90, disponível em www.tribunalconstitucional.pt; Acórdão do Tribunal da Relação de Guimarães, de 03-12-2020, (Anizabel Pereira), Proc. n.º 335/17.3T8CHV-D.G1, disponível em www.dgsi.pt.

[565] Assim entendeu o Tribunal da Relação do Porto. Cfr. Acórdão do Tribunal da Relação do Porto, de 13-11-2000, (Ribeiro de Almeida), Proc. n.º 0051088, sumário disponível em www.dgsi.pt.

[566] Mondlane, Carlos Pedro (2014). *Código de Processo Civil – Anotado e comentado.* Maputo: Escolar Editora, p. 917.

[567] O Tribunal da Relação do Porto decidiu no sentido de não permitir que o filho do executado e que, entretanto, foi habilitado possa exercer o direito de remição. Cfr. Acórdão do Tribunal da Relação do Porto, de 11-09-2006, (Abílio Costa), Proc. n.º 0653650, disponível em www.dgsi.pt.

Se tivermos em conta um critério material da posição do terceiro face à dívida, entendemos que é injusto que o habilitado (agora na posição do executado) não possa remir quanto a bens que não estejam a responder por dívidas da sua responsabilidade. Nestes casos, deveria entender-se que só estará afastado do exercício deste direito potestativo se a dívida for do próprio que figura no processo como executado[568]. Assim, segundo este critério, o cônjuge executado não o pode fazer quanto a um bem que é comum ou quanto a um bem que, apesar de próprio do outro cônjuge, responde por uma dívida que é comum. Poderá antes fazê-lo se a dívida for própria do outro cônjuge executado.

Não entendemos que este direito de remição seja um direito de preferência[569/570], mas antes um benefício familiar, contrariamente a outra parte da doutrina[571].

Diferem no tocante ao fim a que se destinam: o direito de preferência em regra, *"visa a transformação da propriedade comum em propriedade singular, da propriedade imperfeita em propriedade perfeita ou a redução do número de titulares do direito de compropriedade"*[572]; e não é isso que acontece com o exercício do direito de remição, que se destina a defender o património familiar do executado ao evitar que caia nas mãos de terceiros estranhos[573].

Ademais, o fundamento do direito de preferência reside numa relação patrimonial, enquanto o do direito de remição reside numa relação

[568] Sousa, M. Teixeira (2018). *Pode o executado exercer o direito de remição?*, disponível em https://blogippc.blogspot.com/2018/05/pode-o-executado-exercer-o-direito-de.html

[569] Assim também entendeu o STJ. Cfr. Acórdão do Supremo Tribunal de Justiça, de 02-11-2010, (Azevedo Ramos), Proc. n.º 617/09.8T2ETR.S1, disponível em www.dgsi.pt ; Acórdão do Supremo Tribunal de Justiça, de 13-09-2012, (Abílio Vasconcelos), Proc. n.º 4595/10.2TBBRG.G1.S1, disponível em www.dgsi.pt.

[570] Cfr. Costa, S. A venda executiva, os direitos reais de aquisição e os direitos de remição. *In ob. cit.*, p. 1237; GONÇALVES, Marco Carvalho (2020). *Lições de processo civil executivo* (4.ª ed.). Coimbra: Almedina, p. 527.

[571] Cfr. Ribeiro, V., & Rebelo, S. *A ação executiva anotada e comentada, ob. cit.*, p.570; Ferreira, Fernando Amâncio. (2010). *Curso de processo de execução* (13.ª ed.). Coimbra: Almedina, p.392; Freitas, José Lebre (2014), *A ação executiva: à luz do código de processo civil de 2013.* Coimbra: Coimbra Editora, pp. 385-386.

[572] Cfr. Costa, S. A venda executiva, os direitos reais de aquisição e os direitos de remição. *In ob. cit.*, p.1237.

[573] Reis, J. A. *Processo de execução, ob. cit.*, p.478.

familiar, sendo titulares deste último apenas aqueles que a lei permite ao levar em linha de conta o vínculo familiar que têm com o executado. Ou seja, o que lhe é inerente é a relação familiar que o remidor tem com o executado.

O direito a remir tais bens é adquirido apenas no momento desta venda executiva, ao passo que o direito de preferência pode ser exercício em caso de venda ou dação em cumprimento e não apenas no âmbito da venda em ação executiva[574/575].

Atendendo-se à estrutura do direito de remição, pode dizer-se que este não tem na sua estrutura intrínseca elementos relacionados com a sequela e a prevalência, característicos do direito de preferência com eficácia real[576].

Os titulares do direito de remição não são notificados para irem à ação executiva exercerem este direito potestativo[577]. Assim, exige-se-lhes que estejam atentos à publicidade do anúncio da venda ou da adjudicação dos bens. Outra forma de tomarem conhecimento deste momento pode ser através do executado que, esse sim, é sempre notificado (arts. 812.°, n.° 6 e 800.°, n.° 2 do CPC) e que a lei presume que fará chegar essa informação atempadamente aos interessados para que, querendo, possam exercer o direito de remição[578]. Diversamente, os preferentes são notificados

[574] Costa, S. A venda executiva, os direitos reais de aquisição e os direitos de remição. *In ob. cit.*, p. 1238.

[575] É também reconhecido no processo de execução fiscal (art. 258.° do CPPT).

[576] Costa, S. A venda executiva, os direitos reais de aquisição e os direitos de remição. *In ob. cit.*, p.1238.

[577] Apesar de haver jurisprudência que vai no sentido contrário exigindo-se a notificação pela finalidade do instituto da remição. *"Embora a lei não contemple a notificação para o exercício do direito de remição, o regime legal aponta, indubitavelmente, no sentido de possibilitar que os familiares mais próximos do executado – cônjuge, ascendentes ou descendentes – adquiram o bem a vender em execução, pelo preço já determinado; daí que toda a intervenção judicial neste âmbito se deva pautar pela necessidade de coadjuvar a eficácia do instituto, isto é, em termos de promover que o património do executado seja o menos prejudicado possível sem, contudo, colocar em causa a satisfação do interesse do exequente."*; *Vide* Acórdão do Tribunal da Relação de Lisboa, de 29-01-2008, (Graça Amaral), Proc. n.° 532/2008-7, disponível em www.dgsi.pt.

[578] Acórdão do Tribunal da Relação de Coimbra, de 20-01-2009, (Jorge Arcanjo), Proc. n.° 877/2002.C1, disponível em www.dgsi.pt; Acórdão do Supremo Tribunal de Justiça, de 13-09-2012, (Abílio Vasconcelos), Proc. n.° 4595/10.2TBBRG.G1.S1, disponível

para exercerem o seu direito de preferência com eficácia real (arts. 819.º e 823.º do CPC).

Pretendendo requerer o direito a remir o bem ou parte dele, têm os legitimados de provar a sua relação conjugal com o executado ou a sua relação de parentesco (art. 365.º, n.º 1, do CC e art. 211.º do Código do Registo Civil). Não sendo possível fazê-lo no imediato, o legislador concede-lhes um prazo razoável (se outro não for determinado pelo juiz, será em regra de 10 dias – art. 149.º, n.º 1 do CPC).

Por isso, pode dizer-se que, apesar de os efeitos práticos serem semelhantes aos emergentes do exercício do direito de preferência, o direito de remição não é uma modalidade deste e possui uma natureza diversa. Enalteça-se o facto de ser o próprio legislador a distingui-los ao estabelecer a prevalência do direito de remição sobre o direito de preferência, seja legal ou convencional, nos termos do art. 844.º, n.º 1; no confronto dos dois, o preferente tem de ceder face ao remidor.

Esta característica é igualmente benéfica para a não destruição de um lar sediado numa casa de morada de família, permitindo-se que membros do agregado familiar possam ter prioridade sobre titulares do direito de preferência sobre a mesma, na aquisição daquele bem[579].

Se houver um conflito entre uma pluralidade de legitimados que se apresentem para remir parte ou a totalidade dos bens, será o mesmo litígio resolvido num incidente (arts. 292.º a 295.º do CPC).

O prazo para apresentação de tal requerimento varia consoante a modalidade da venda. Há uma especificidade para o caso de se tratar da venda de bens por proposta em carta fechada: até à emissão do título da transmissão dos bens para o proponente ou, não tendo exercido o seu direito no momento da abertura e aceitação das propostas, no prazo de cinco dias a contar do fim do prazo para o depósito do preço oferecido pelo proponente ou preferente faltoso (art. 843.º, n.º 1, al. a)). Assim, apesar de já poder ter sido exercido um direito de preferência[580] pelo seu

em www.dgsi.pt; Acórdão do Tribunal da Relação do Porto, de 23-06-2015, (Aristides Almeida), Proc. n.º 4666/11.8TBMAI-AA.P1, disponível em www.dgsi.pt.

[579] Ribeiro, V., & Rebelo, S. *A ação executiva anotada e comentada*, *ob. cit.*, p.571.

[580] Tem de ser exercido no momento da aceitação da proposta efetuada pelo proponente. Cfr. art. 823.º, n.º 1 do CPC.

titular, o direito de remição validamente exercido prevalece sobre este e o bem é transmitido para o remidor.

Quanto a todas as outras modalidades de venda, poderá fazê-lo até ao momento da entrega dos bens ou da assinatura do título que a documenta (al. b) do mesmo preceito).

Assim, a alienação executiva do bem subsiste quando for deferida a remição dos bens, substituindo-se o anterior adquirente pelo remidor que paga o preço e as despesas da compra (art. 839.º, n.º 2 do CPC). E o facto de já ter sido realizada a outorga de um contrato-promessa, no âmbito da venda do bem por negociação particular, não configura um incumprimento ilícito daquele, uma vez que foi concretizado o exercício do direito de remição de forma válida e atempada, tal como permitido pela lei[581].

O remidor tem de pagar o valor pelo qual tiver sido realizada a adjudicação ou a venda dos bens penhorados, em igualdade de condições. Portanto, assiste-lhe o direito de *"adquirir, tanto por tanto, ou seja, em relação de tanteio, o bens vendidos ou adjudicados na ação executiva"*[582]. Não há, por isto, qualquer prejuízo para a execução.

Contudo, se no momento em que o remidor se apresenta para exercer o seu direito já tiverem licitado vários preferentes, a remição tem de ser feita pelo preço mais elevado de entre aqueles lanços (art. 844.º, n.º 2 do CPC).

Se pretender exercer o seu direito no momento da abertura e aceitação das propostas em carta fechada, deve juntar ao seu requerimento um cheque visado com o valor equivalente a 5% do montante anunciado à ordem do agente de execução, ou da secretaria no caso de o agente de execução ser um oficial de justiça, ou documento comprovativo da prestação de garantia bancária do mesmo valor. O preço tem de ser integralmente pago e de forma imediata quando o direito de remição for exercido em momento após a abertura e a aceitação das propostas fechadas, a

[581] Foi o entendimento do Tribunal da Relação de Guimarães. Cfr. Acórdão do Tribunal da Relação de Guimarães, de 03-11-2016, (Isabel Silva), Proc. n.º 141/14.7TBGMR-E.G1, disponível em www.dgsi.pt.

[582] Costa, S. A venda executiva, os direitos reais de aquisição e os direitos de remição. *In ob. cit.*, p. 1236.

que acrescerá também aqui o valor de 5% para indemnização do proponente (apenas se este já tiver feito o depósito da totalidade do preço)[583] (art. 843.º, n.º 2).

Se não for feito este pagamento no exercício do direito de remição, a venda subsiste, mas dá-se a substituição do adquirente[584].

Acrescenta-se que, pela prevalência legal atribuída no art. 844.º, caso os titulares do direito de preferência não tenham sido notificados nos termos do art. 819.º para exercerem o seu direito, um eventual exercício do direito de remição faz caducar o direito de aqueles intentarem uma ação de preferência[585].

O remidor pode, contudo, desistir. As circunstâncias podem ter-se alterado e seria injusto obrigá-lo a, num momento posterior àquele em que demonstrou o seu interesse em adquirir o(s) bem/bens do executado, entregar um montante que já não tem ou que já não consegue obter[586].

2.3.4.3.1. A sua admissibilidade no processo de insolvência

Será possível o exercício deste direito de remição no âmbito do processo de insolvência?

Esta possibilidade de carácter excecional não vem prevista no processo insolvencial (art. 158.º, n.º 1 do CIRE). Contudo, cumpre-nos aqui dizer que a grande finalidade do processo de insolvência prende-se com a satisfação dos credores e esta não fica prejudicada com a venda ou adjudicação do bem ao remidor, pois o produto da venda é igualmente obtido quer o proponente seja aquele ou outro terceiro qualquer.

Além disso, apesar de não estar previsto no CIRE, a novidade por si trazida com o art. 17.º permite aplicar subsidiariamente as disposições presentes na lei processual civil. Não se nega que se deve ter em primeira linha de conta a autossuficiência das normas daquele diploma e

[583] Cfr. Acórdão do Tribunal da Relação de Coimbra, de 14-07-2014, (Henrique Antunes), Proc. n.º 2741/11.8TBPBL-I.C1, disponível em www.dgsi.pt.

[584] Cardoso, Eurico Lopes (1992). *Manual da acção executiva* (3.ª ed.). Coimbra: Almedina., p.615.

[585] Ribeiro, V., & Rebelo, S. *A ação executiva anotada e comentada*, *ob. cit.*, p.576.

[586] Cardoso, E. L. *Manual da acção executiva*, *ob. cit.*, pp. 615-616.

dispensar-se, sempre que possível, o recurso subsidiário às normas do CPC. Contudo, sobre este tema, o CIRE nada dispõe. Assim, o que se exige é que a aplicação subsidiária de tais preceitos seja necessária (e é) e não contrarie as disposições presentes na lei insolvencial nem os princípios que estiveram na sua criação[587/588]. Há ainda quem entenda que por força da natureza especial do processo de insolvência é desnecessário o art. 17.º[589]. O conhecimento das normas do Código de Processo Civil a aplicar no processo de insolvência é facultado pela conjugação daquele preceito com os arts. 549.º, n.º 1 e 551.º, n.º 4. Esta convocação subsidiária dos preceitos do CPC pode acontecer em qualquer fase do processo de insolvência e nos seus incidentes, apensos e recursos[590].

Ademais, tem sido prática da jurisprudência aceitar a aplicação dos arts. 842.º a 845.º do CPC relativos ao exercício do direito de remição no processo de insolvência, por força deste art. 17.º do CIRE.[591] Até porque, tal como no processo de execução, também aqui ocorre uma venda coativa dos bens do devedor com o intuito da satisfação dos direitos dos credores a quem é indiferente a origem do dinheiro com que vão ser satisfei-

[587] Martins, L. M., *Processo de Insolvência, ob.cit.*, p.98.

[588] No caso de haver tal contradição, a lacuna preenche-se com apoio do critério geral subsidiário presente no art. 10.º, n.º 3, do CC. Cfr. Fernandes, L. C., & Labareda, J. *Código da Insolvência e da Recuperação de Empresas anotado, ob. cit.*, anotação 6 ao art. 17.º, p.138.

[589] *Ibidem*, anotação 2 ao art. 17.º, p.138.

[590] *Ibidem*, anotação 4 ao art. 17.º, p.138.

[591] Cfr. Acórdão do Tribunal da Relação de Lisboa, de 08-02-2001, (Fernanda Isabel Pereira), Proc. n.º 0062486, sumário disponível em www.dgsi.pt; Acórdão do Tribunal da Relação de Coimbra, de 14-07-2014, (Henrique Antunes), Proc. n.º 2741/11.8TBPBL--I.C1, disponível em www.dgsi.pt; Acórdão do Tribunal da Relação de Guimarães, de 03-11-2016, (Isabel Silva), Proc. n.º 141/14.7TBGMR-E.G1, disponível em www.dgsi.pt; Acórdão do Tribunal da Relação de Évora, de 11-07-2019, (Francisco Xavier), Proc. n.º 238/17.1T8ETZ-I.E1, disponível em www.dgsi.pt ; Acórdão do Tribunal da Relação de Guimarães, de 06-06-2019, (José Dias), Proc. n.º 1562/17.9T8VNF-G.G1, disponível em www.dgsi.pt; Acórdão do Tribunal da Relação de Évora, de 25-06-2020, (Conceição Ferreira), Proc. n.º 1242/12.1TBSLV-F.E1, disponível em www.dgsi.pt; Acórdão do Tribunal da Relação de Guimarães, de 18-06-2020, (Alexandra Lopes), Proc. n.º 808/18.0T8VLN--H.G1, disponível em www.dgsi.pt ; Acórdão do Tribunal da Relação de Guimarães, de 17-12-2020, (José Flores), Proc. n.º 1258/19.7T8VCT-H.G1, disponível em www.dgsi.pt.

tos. Ademais, não seria lógico que os familiares do executado pudessem exercer o direito de remição num processo de execução singular e ficassem impedidos de o exercer num processo de execução universal – como é o processo de insolvência.

Portanto, nada parece obstar a que os familiares do insolvente legitimados pelo art. 842.º do CPC e que não figurem no processo de insolvência como insolventes possam exercer este direito de remição[592].

Tal mostra-se útil para poder resgatar a casa de morada de família das mãos de eventuais terceiros estranhos e mantê-la no seio do património familiar de forma a que não sejam provocadas eventuais desagregações e inconvenientes para o agregado familiar que nela habita.

Neste contexto, o cheque terá de ser emitido a favor da massa insolvente.

Contudo, pode existir uma certa dificuldade de execução prática deste direito para a proteção da casa de morada de família. Estando em causa a insolvência de um dos cônjuges pode acontecer, muito frequentemente, que o outro se encontre numa situação económica difícil que o impossibilite de pagar aquele montante por aquela casa. E quem diz cônjuge, diz unido de facto. No entanto, tendo ocorrido a coligação dos cônjuges, tal pode nem ser possível se atendermos ao critério formal da figura do insolvente uma vez que a remição é possível apenas para os familiares que não figurem naquele processo como insolventes. Contudo, se sobre aquela casa existir uma dívida que não é comum, atendendo-se ao critério material da posição do remidor face à dívida deveria o mesmo poder ser admitido, como já se disse no âmbito do processo executivo.

Já no caso das famílias monoparentais, não existe um parceiro conjugal. A existirem descendentes menores a cargo, pode esta hipótese de proteção ficar quase fora de questão. A menos que existam ascendentes que possuam meios económicos para irem ao processo remir tal bem e, assim, proteger aquele património familiar.

[592] Costa, S. A venda executiva, os direitos reais de aquisição e os direitos de remição. *In ob. cit.*, p. 1238.

2.3.4.4. A admissibilidade do mecanismo de extinção total da dívida hipotecária pela adjudicação da casa de morada de família

Como já expusemos anteriormente[593], em 2012, um Tribunal Português seguiu o mesmo entendimento de uma decisão espanhola inovadora e, no âmbito de um processo de execução, considerou que caso o valor obtido[594] pela venda do imóvel penhorado seja inferior ao necessário para a satisfação integral da dívida exequenda, não poderá o credor hipotecário vir ao processo exigir qualquer remanescente, por atuar abusivamente.

Letícia Marques Costa[595] aproveitou o embalo e, sem proferir nenhuma afirmação categórica quanto à admissibilidade ou inadmissibilidade de tal possibilidade no âmbito do processo de insolvência (se o produto da venda do bem fosse destinado ao credor hipotecário), refletiu quanto aos argumentos aduzidos por aquele Tribunal: a exigir-se o remanescente ocorreria um grave desequilíbrio entre as posições dos contraentes – o devedor ficava sem a casa de morada de família e ainda era obrigado ao esforço adicional de liquidar o remanescente entre o valor da avaliação do imóvel e o montante em débito, mesmo durante um período de cessão; tal configuraria enriquecimento sem causa por parte do mutuante credor pois não haveria motivo justificativo para aquele enriquecimento obtido à custa de outrem (art. 473.º, n.º 1 do CC); o conteúdo negocial foi conformado pelas partes, tanto o respeitante ao valor atribuído ao imóvel como o resultado pretendido, pelo que a admitir-se o contrário não se cumpriria a vontade das partes; no âmbito do processo de insolvência, o crédito reclamado pelo credor hipotecário relativo ao incumprimento da prestação será satisfeito com o valor obtido com a venda do imóvel, mesmo que de valor inferior ao da dívida.

Sara Sousa Passos entende que, no caso de não haver estipulação, a questão deverá ser avaliada casuisticamente. O facto de o imóvel ser vendido ou adjudicado ao credor hipotecário mesmo que por valor inferior ao que aquele anteriormente determinou para o bem, não pode querer

593 *Vide* ponto 1.5.6.

594 Levou em linha de conta o valor da avaliação do imóvel que a própria instituição bancária fez voluntariamente e de forma sobrevalorizada, e que era superior ao respeitante àquela dívida.

595 Costa, L. M. *A insolvência de pessoas singulares, ob. cit.*, pp. 294-295.

significar automaticamente que a dívida se extinga na sua totalidade. Até porque, no caso de o devedor ter cumprido apenas algumas prestações, colocar-se-ia o credor numa posição injusta uma vez que teria de dar como extinta uma dívida que o devedor mal pagou[596].

Por isso, aquilo que se mostra relevante é saber se, eventualmente, a atuação da instituição bancária viola o artigo 334.º do CC.

A verdade é que as partes têm de cumprir o contrato em conformidade com o que ambas estipularam (art. 406.º, n.º 1 do CC). E, como tal, não cumprida a prestação a que está obrigado o mutuário (art. 762.º, n.º 1 do CC), tem o mutuante o direito de exigir judicialmente o seu cumprimento e de, para tal, executar o património do devedor (arts. 809.º e 817.º do CC; art. 732.º do CPC). Em virtude da hipoteca constituída em seu favor, beneficia do direito a ser pago com prevalência sobre os demais credores que não gozem de privilégios especiais ou de prioridade de registo (art. 686.º do mesmo diploma). Aquando da venda judicial, o valor base do bem é decidido pelo agente de execução/administrador da insolvência e corresponde ao maior dos valores: ou o valor patrimonial tributário (avaliação há menos de seis anos) ou o valor de mercado. Nesta fase, as partes são ouvidas, incluindo o executado e o credor hipotecário que podem aproveitar o momento para se oporem (art. 812.º do CPC). O preço a anunciar para a venda por propostas em carta fechada será de 85% desse valor base (art. 816.º, n.º 2 do CPC *ex vi* art. 802.º do CPC).

Será, no entanto, legítima a atuação do credor hipotecário de prosseguir a execução no referente à parte remanescente, quando o valor obtido pela venda ou adjudicação do bem é insuficiente para a satisfação integral da dívida exequenda? Esta ação *"não configura, sem mais, um abuso de direito"*[597], pelo que será necessário verificar as circunstâncias de cada caso em concreto[598].

[596] Coelho, C. *A dação em cumprimento como forma de extinção da dívida contraída com base num contrato de crédito à habitação, ob. cit.*, p.53.

[597] Acórdão do Tribunal da Relação de Coimbra, de 11-10-2012, (Pedro Martins), Proc. n.º 1417/08.8TCSNT.L1-2, disponível em www.dgsi.pt.

[598] Tal como entendeu o Tribunal da Relação de Lisboa. Cfr. Acórdão do Tribunal da Relação de Lisboa, de 12-12-2013, (Maria de Deus Correia), Proc. n.º 23703/09.0T2SNT--B.L1-6, disponível em www.dgsi.pt.

No caso de as partes terem optado pela dação em cumprimento em que os devedores aceitaram expressamente que continuavam devedores do remanescente, naturalmente que a atuação da instituição bancária que venha judicialmente exigir o remanescente não constitui abuso de direito nem preenche os requisitos do enriquecimento sem causa[599].

A questão fulcral parece colocar-se antes no momento da avaliação do bem.

Naquele último caso, é indiferente o valor do imóvel determinado ainda que inferior ao valor da dívida, uma vez que tal foi expressamente aceite pelo devedor.

Merece-nos atenção outra situação: a avaliação inicial ter sido feita de forma incorreta. Não sejamos ingénuos. Uma sobrevalorização na avaliação do imóvel serve também os interesses do mutuante para a concessão daquele mútuo, que lhe permite emprestar mais dinheiro do que aquele que resultaria da real venda do imóvel. E fá-lo de forma voluntária. Nesse caso, achamos, por isso, justo que corra por sua conta o risco de ver extinta a dívida exequenda uma vez que foi com base nesse valor que ambas as partes conformaram a sua vontade. Ademais, este vai receber 85% ou mais do valor base do imóvel. E, no decurso de um prazo razoável do cumprimento do crédito, já o devedor satisfez parte substancial do contrato, com o pagamento das mensalidades respeitantes ao mútuo acrescidas de serviços acessórios. Por isso, "*o banco poderá já ter recebido quantias suficientes para fazer face ao incumprimento por parte do devedor*"[600].

Só no caso de o devedor nunca ter chegado a cumprir qualquer prestação é que tal não deverá ser aceitável.

Entendendo-se feita de forma correta a avaliação do imóvel pelo valor justo do mercado à época da celebração do mútuo, deverá ainda ter-se em conta o fenómeno da desvalorização do bem pois, devido a alterações da realidade socioeconómica, este pode já não corresponder ao atual valor de mercado. E este risco de desvalorização do imóvel corre por conta da

[599] Neste sentido, decidiu o Tribunal da Relação de Évora. Cfr. Acórdão do Tribunal da Relação de Évora, de 05-02-2014, (Acácio Neves), Proc. n.º 722/12.3TBBJA-A.E1, disponível em www.dgsi.pt.

[600] Coelho, C. *A dação em cumprimento como forma de extinção da dívida contraída com base num contrato de crédito à habitação, ob. cit.*, p.25.

executada (art. 796.º do CC). Ademais, antes da venda judicial, os mutuários devedores interessados podem opor-se e requerer uma avaliação do imóvel[601/602]. Nesse caso, não se deverá poder falar em abuso de direito por parte da instituição bancária que exige o remanescente da dívida resultante da diferença entre o valor de aquisição do imóvel e o valor da venda ao banco. Nem o argumento de um enriquecimento por parte deste prevalece uma vez que não há um empobrecimento de outrem sem motivo justificado. O valor obtido pela venda foi aquele que foi possível obter. O valor de mercado é definido com base na lei da oferta e da procura. E se não houver ninguém que procure e esteja disposto a oferecer um valor pelo bem, este nada vale. Aqui, o risco da desvalorização do bem corre por conta do devedor enquanto proprietário do imóvel[603]. *"Uma coisa é o valor da dívida que não depende, nem é afectado por variações do valor do bem que é sua garantia outra o valor do imóvel hipotecado"*[604].

Em suma, para se extinguir totalmente a dívida, tem de ficar provado que a instituição bancária agiu em abuso de direito (art. 334.º do CC)[605]. Se o mutuante tiver agido em desconformidade com o *"objetivo natural"* do seu válido direito substantivo[606] no sentido de ver entrar na sua esfera patrimonial um bem de valor superior àquele pelo qual foi alienado no processo para satisfação da sua dívida, atua abusivamente ao pedir o rema-

[601] Cfr. Acórdão do Tribunal da Relação de Coimbra, de 11-10-2012, (Pedro Martins), Proc. n.º 1417/08.8TCSNT.L1-2, disponível em www.dgsi.pt.

[602] *"A reavaliação do imóvel em situação de incumprimento – extrajudicialmente – deverá ser efectuada de acordo com critérios objectivos de valor de mercado e por uma entidade independente de mutuário e mutuante."* Cfr. Câmara, Carla (2013). *A aquisição da propriedade do bem hipoteca pelo credor e a questão da satisfação (integral ou parcial) do crédito. In AAVV, Estudos em Homenagem ao Prof. Doutor José Lebre de Freitas* (Vol. I). Coimbra: Coimbra Editora, p. 768.

[603] Campos, Isabel Menéres (2012). O Justiceiro: o estranho caso do Juiz Legislador. *In IPSO JURE,* Conselho Distrital do Porto da Ordem dos Advogados (n.º 36), disponível em www.oa.pt/upl/%7B7ac1970a-8c65-4b95-8f80-147394b82313%7D.pdf.

[604] Câmara, C. *A aquisição da propriedade do bem hipoteca pelo credor e a questão da satisfação (integral ou parcial) do crédito. In ob. cit.,* p.767.

[605] Cfr. Acórdão do Tribunal da Relação de Lisboa, de 21-05-2020, (Carlos Castelo Branco), Proc. n.º 1425/07.6TCSNT-C.L1-2, disponível em www.dgsi.pt.

[606] Cfr. Acórdão do Tribunal da Relação de Évora, de 05-11-2020, (Tomé de Carvalho), Proc. n.º 820/19.2T8BJA-A.E1, disponível em www.dgsi.pt.

nescente da dívida (na modalidade do *venire contra factum proprium*)[607]. Tal se verifica no caso concreto se, por exemplo, o mutuante avaliou o bem incorretamente e considerou apto a pagar aquele montante concedido no mútuo, naquele momento; ou se o banco recusou fornecer a informação relativa ao valor pelo qual a instituição adjudicou o bem[608].

Para se evitar eventuais desequilíbrios, deveria ser realizada uma avaliação do imóvel por uma entidade externa aquando da venda executiva[609].

607 CÂMARA, C. *A aquisição da propriedade do bem hipoteca pelo credor e a questão da satisfação (integral ou parcial) do crédito. In ob. cit.*, pp.769-770.

608 *Ibidem*, pp. 770-773.

609 Cfr. COSTA, L. M. *A insolvência de pessoas singulares, ob. cit.*, p. 297.

Capítulo III
A Reflexão por uma solução razoável que proteja o Direito à Habitação na Casa de Morada de Família do Insolvente

3.1. O Direito Comparado

Compreende-se que não se pode querer proteger a casa a todo e qualquer custo, inclusive com prejuízo para os credores hipotecários. Isto influenciaria no próprio mercado e na concessão do mútuo para aquisição de habitação permanente. No entanto, fizemos a seguinte exposição para demonstrar a necessidade que o ordenamento jurídico português tem de uma legislação que venha contrabalançar os interesses envolvidos: quer o direito à habitação do devedor e da sua família, quer os direitos do credor hipotecário.

Vejamos como tal é feito noutros ordenamentos jurídicos.

3.1.1. Em Itália

Por terras italianas, a *Legge Fallimentare*[610] prevê no seu art. 47.º, § 2 um verdadeiro direito subjetivo de uso que permite que o insolvente mantenha a sua residência naquela propriedade até que comece a liquidação. Para tal é necessário que estejam verificados três pressupostos: que se trate de casa propriedade do insolvente; que tal bem esteja destinado à utilização por este e pela sua família; e que esta utilização seja necessá-

[610] *Regio Decreto* n.º 267/1942, de 16 de março, disponível em https://www.iiiglobal.org/sites/default/files/Decreeonthedisciplineofbankruptcy.pdf.

ria para satisfação das necessidades de habitação daqueles[611]. Porém, tal como por cá acontece, a lei não impede que a mesma venha a ser liquidada. Inclusive, a jurisprudência tem entendido que a lei italiana não proíbe que a casa seja vendida antes da liquidação dos outros ativos, pelo que poderá mesmo começar por esta[612]. Apenas expressa que o administrador judicial é obrigado a permitir que o insolvente e a sua família continuem a residir naquele local até à liquidação do mesmo, independentemente do momento em que tal aconteça[613]. No entanto, e uma vez que a lei italiana não é totalmente precisa quanto ao período temporal a que se refere e expressa apenas que não se pode retirar o uso desta habitação até à liquidação dos ativos do falido (*"alla liquidazione delle attivitá"*), podemos defender que a família deverá poder continuar a habitar naquele bem até estarem liquidados todos os bens do insolvente, pelo que se apela ao administrador judicial para vender esta casa em último lugar. Até porque, se o fizer em primeiro lugar, a família poderá ver-se necessitada de alimentos a pagar pela massa insolvente, o que prejudicará a mesma (art. 47.º, § 1).

Acresce ainda no art. 67.º, § 3, al. c) da *Legge Fallimentare* que fica excluída da possibilidade de revogação de certos atos praticados em períodos anteriores ao da declaração de insolvência a venda da casa própria de habitação do insolvente quando o comprador seja seu parente ou afins até ao terceiro grau, mesmo que já fosse conhecida a situação de insolvência do devedor. Esta restrição só é permitida se for possível conhecer o contrato no qual se acordou a venda daquela residência principal, se tiver sido feita por um "preço justo" e se ainda não tiverem cessado os efeitos desta transição. Desta exclusão só pode beneficiar o contrato relativo a apenas uma unidade imobiliária[614]. Tal é permitido em

[611] Decisão do Tribunal de Pescara, de 03-06-2016, (Anna Fortieri), disponível em http://www.ilcaso.it/giurisprudenza/archivio/16021.pdf.

[612] Decisão do Tribunal de Reggio Emilia, de 26-10-2013, (Giovanni Fanticini), disponível em http://www.ilcaso.it/giurisprudenza/archivio/9663.pdf.

[613] Decisão do Tribunal de Mantova, de 09-02-2011, (Luigi Bettini), disponível em http://www.ilcaso.it/giurisprudenza/archivio/3398.pdf.

[614] Berti, & Toninelli. (s.d.). *Revocatoria fallimentare immobili.* Disponível em https://www.btstudiolegale.it/revocatoria-fallimentare-immobili.

nome dos interesses do comprador enquanto parte mais fraca que prevalecem sobre os interesses dos credores do insolvente.

Nos artigos 167.º a 171.º do *Codice Civile*[615], é possível constituir o *Fondo Patrimoniale* através do qual os cônjuges podem, por escritura pública, separar os seus bens que são destinados às necessidades da família num património autónomo e que só cessa com a dissolução do casamento (porém, se existirem filhos menores, perdura até à maioridade do último). Salvo se tal for permitido no ato de constituição daquele, a alienação, a hipoteca e a penhora daqueles bens não é permitida sem o consentimento do outro cônjuge e, no caso de haver filhos menores, de autorização do juiz. Assim, se a casa de morada de família estiver presente naquele fundo, a mesma não é afetada pelas dívidas que o credor saiba que foram contraídas para fins alheios aos das necessidades familiares, nomeadamente as resultantes da atividade profissional dos cônjuges[616]. Tal mostra-se benéfico para o caso de um ou de ambos serem empresários ou titulares de uma empresa. Como tal, os bens presentes neste fundo só respondem por dívidas contraídas para satisfação de necessidades familiares. Contudo, a partir de 2015, com o *Decreto-Legge* n.º 83/2015, de 27 de junho e que alterou o Código Civil, permite-se que o credor hipotecário execute o ativo presente no fundo, no prazo de um ano a contar da data da sua constituição (art. 2929.º-bis do *Codice Civile*).

Mas tenha-se igualmente atenção ao seguinte: enquanto ato gratuito, se a constituição do *Fondo Patrimoniale* tiver sido feita no período de dois anos anteriores à declaração de insolvência, este não terá efeito perante os credores (art. 64.º da *Legge Fallimentare*).

No caso de se tratar de casa arrendada, não existe nenhum regime especial como o previsto no nosso art. 108.º, n.º 2 do CIRE. Assim, a declaração de qualquer uma das partes não dissolve o contrato de arrendamento que se mantém, por isso, em execução (art. 80.º da *Legge Fallimentare*). Porém, se se tratar da insolvência do senhorio, no caso de o

[615] *Regio Decreto* n.º 262/1942, de 16 de março, disponível em https://www.iiiglobal.org/sites/default/files/Decreeonthedisciplineofbankruptcy.pdf.

[616] Decisão da *Corte Suprema di Cassazione*, de 27-04-2020, (Luca Solaini), n.º 8201, disponível em https://www.expartecreditoris.it/wp-content/uploads/2020/05/cass-civ-ord-n.-8201-del-27.04.2020.pdf.

contrato exceder a duração de quatro anos, pode o administrador judicial, no prazo de um ano, rescindir contratualmente desde que pague ao inquilino uma compensação justa por essa rescisão antecipada. No caso de insolvência do inquilino, pode o administrador rescindi-lo a qualquer momento, desde que também pague ao senhorio uma indemnização.

3.1.2. Em Espanha

No país vizinho, se estiver em causa a casa arrendada, o despejo só pode ser evitado com o pagamento de todas as rendas[617]. Como tal, a declaração de insolvência não oferece vantagens neste aspeto. O contrato não é afetado pela mesma e mantém-se em vigor, pelo que se mantêm as obrigações das partes, por força do art. 156.º da *Ley Concursal*[618]. Tal como cá se passa, a massa insolvente é agora a responsável por pagar ou cobrar as rendas, conforme se trate da insolvência do inquilino ou do senhorio. Contudo, apresenta um regime menos favorável que o português ao não apresentar a restrição presente na al. *a)*, n.º 4, do art. 108.º do CIRE. Por isso, se estiver em causa a insolvência do inquilino, o senhorio pode sempre resolver o contrato e exigir o despejo daquele, com fundamento no incumprimento do pagamento de rendas vencidas quer antes, quer depois da sentença que o declara insolvente (arts. 160.º e 161.º da *Ley Concursal*). Ademais, o administrador da insolvência pode sempre decidir resolver o contrato, nos termos do art. 165.º. Contudo, é necessário cautela uma vez que ficará a cargo da massa insolvente o pagamento dos alimentos ao devedor, onde se poderá incluir a renda relativa a uma nova casa (art. 123.º).

Se estiver em causa a insolvência do senhorio, e se o imóvel que é sua propriedade mas que serve de habitação a uma família pelo arrendamento for liquidado, poderá o contrato de arrendamento terminar, com

[617] Yáñez Vivero, Fátima (2016), Vivienda familiar y endeudamiento del consumidor en las experiencias jurídicas de distintos ordenamentos, *in Revista Crítica de Derecho Inmobiliario* (*año* n.º 92, n.º 755), p. 1448.

[618] *Real Decreto Legislativo* n.º 1/2020, de 5 de maio, disponível em https://www.boe.es/buscar/pdf/2020/BOE-A-2020-4859-consolidado.pdf.

exceção do caso em que o arrendamento é registado e, portanto, oponível a terceiros que terão de respeitar a duração do mesmo até ao fim[619].

No caso de não estar em causa a casa de morada de família arrendada mas antes a casa própria, apesar do art. 1320.º do Código Civil Espanhol[620] prever que a prática de atos de disposição da mesma (seja propriedade de um dos cônjuges, seja do casal) necessita do consentimento de ambos os cônjuges, não impede que a mesma seja apreendida no âmbito de um processo de insolvência. Contrariamente ao que acontece em Itália, em Espanha a família poderá ficar imediatamente privada da utilização deste bem.

Se a casa for um bem comum dos cônjuges casados no regime da comunhão, pode aquele bem ser apreendido para responder pelas dívidas do insolvente (art. 193.º, n.º 2 da *Ley Concursal*). No entanto, poderá o cônjuge do insolvente requerer a separação de bens (art. 125.º, n.º 1 da *Ley Concursal*). Ademais, a lei oferece-lhe o direito de ver incluída na lista dos seus bens, de forma preferencial, aquela casa (n.º 3 da mesma norma). De qualquer forma, se a casa vier a ser liquidada, pode o cônjuge do insolvente adquiri-la à massa por metade do seu valor (que, após a alteração provocada pela *Ley* 16/2022, de 5 de setembro, corresponde ao maior preço entre o valor da avaliação e o valor de mercado), nos termos do art. 194.º.

Com a declaração de insolvência ficam os credores do insolvente proibidos de instaurar ação executiva (art. 142.º da *Ley Concursal*) e veem suspensas as que já tenham iniciado o seu curso (art. 143.º do mesmo diploma).

Chegados à fase de liquidação, a casa (com hipoteca ou não) pode ser liquidada. Até porque veja-se o que acontece: o art. 145.º da *Ley Concursal* impede a execução de garantias reais sobre bens da massa após a declaração de insolvência do devedor, mas tal impedimento diz respeito apenas a bens que sejam necessários à atividade profissional ou empresarial do insolvente. Como tal, não impede a execução de uma hipoteca

[619] YÁÑEZ VIVERO, F. Vivienda familiar y endeudamiento del consumidor en las experiencias jurídicas de distintos ordenamentos. *In ob. cit.*, p.1450.

[620] *Real Decreto* de 24 de julho de 1889, disponível em https://www.boe.es/buscar/pdf/1889/BOE-A-1889-4763-consolidado.pdf.

que incida sobre a casa de morada de família daquele e que, por exemplo, garanta o pagamento de um contrato de mútuo concedido para aquisição daquela. Se não fosse este preceito, a execução desta habitação poderia ser impedida de começar (art. 142.º) ou teria sido suspensa a ação já iniciada (art. 143.º), pela aplicação das regras gerais. Assim, há quem proponha uma interpretação corretiva da *Ley Concursal*[621] no sentido de aplicar o art. 145.º apenas aos casos de execução de garantias reais que incidam sobre bens afetos à atividade empresarial do insolvente, enquanto, para as execuções de garantias reais que incidam sobre os bens que não são utilizados para tal (como a casa), se poderá aplicar o art. 142.º que determina a suspensão das mesmas[622]. Neste sentido, já tinha ido o Tribunal de Barcelona[623].

O *Real Decreto-Ley* 6/2012, de 9 de março[624], embora apresente medidas urgentes para proteção dos devedores hipotecários sem recursos, também não impede a execução definitiva do imóvel nem apresenta um regime de tratamento especial para o caso de estar em causa a casa de morada de família. Não obstante, exibe medidas de reestruturação da dívida das pessoas singulares que se encontrem em situação de exclusão social[625]. Para aplicação destas medidas deverá existir um crédito garantido por uma hipoteca que incida sobre uma única habitação própria do devedor concedido para a aquisição da mesma (al. b)); que sobre este crédito não incidam outras garantias reais ou pessoais (al. c)); que os membros do agregado familiar careçam de outros bens ou rendimentos suficientes para fazer face à dívida (al. a)) – art. 3.º daquele diploma[626].

[621] *Real Decreto Legislativo 1/2020*, de 5 de maio, disponível em www.boe.es/buscar/act.php?id=BOE-A-2020-4859.

[622] Yáñez Vivero, F. Vivienda familiar y endeudamiento del consumidor en las experiencias jurídicas de distintos ordenamentos. *In ob. cit.*, p. 1454.

[623] Decisão do Tribunal de Barcelona n.º 10, de 15-04-2015, (Juan Manuel de Castro Aragonés), n.º 138/2015, disponível em https://www.poderjudicial.es/search/AN/openDocument/f8b4e733ef19853b/20170320.

[624] Com a última modificação provocada pelo *Real Decreto-Ley* 5/2017, de 17 de março. Disponível em www.boe.es/buscar/act.php?id=BOE-A-2012-3394.

[625] Para tal, têm de estar cumulativamente reunidos os pressupostos presentes no art. 3.º,

[626] Conforme a al. d), no caso de existirem codevedores que não sejam membros do agregado familiar, deverão estar incluídos nos pressupostos referidos.

Ademais, impõe-se, no art. 5.º, a sujeição ao Código das Boas Práticas em anexo pelas instituições de crédito. Nesse sentido, o anterior regime impunha ainda como requisito que o preço de aquisição do imóvel dado em garantia tenha como limite máximo os 250.000€ (art. 5.º, n.º 2, 2.ª parte).

Verificados que estejam estes requisitos, poderá renegociar-se a dívida hipotecária através da concessão de moratórias por cinco anos (ponto 1, al. b*)*, i*)* do Código das Boas Práticas em anexo) ou, em alternativa, o perdão parcial daquela (ponto 2). Para esta última hipótese ser viável, a prestação mensal relativa ao crédito não pode ultrapassar 50% do rendimento líquido e global do agregado familiar. Se tal não for possível, o devedor pode requerer a dação em cumprimento daquela habitação, no prazo de doze meses a contar do início do pedido de reestruturação (ponto 3). Se assim for, contrariamente ao que acontece por cá, o credor é obrigado a aceitar este procedimento (al. a*)*) e, com isso, ocorrerá uma extinção total da dívida garantida com aquela hipoteca (al. b*)*)[627]. É ainda possível que, caso seja requerido aquando da dação em cumprimento, o devedor e a sua família acedam ao arrendamento de forma a poderem continuar a habitar naquela casa por um período máximo de dois anos, agora como inquilinos, a troco do pagamento de uma renda anual de 3% do valor total da dívida àquela data (ponto 3, al. c*)*).

Suplementarmente, o devedor hipotecário pode solicitar o direito ao arrendamento de que beneficia em caso de execução da casa que configura a sua residência habitual, por um valor de renda anual de 3% do valor da avaliação, num período que não poderá ultrapassar os 5 anos (ponto 4).

Posteriormente, foi promulgada a *Ley* 1/2013, de 14 de maio[628], com medidas de reforço da proteção daqueles devedores hipotecários que suspende, excecionalmente, de forma imediata e por um período transitório de dois anos os despejos daquelas famílias em risco de exclusão social (preâmbulo da Lei). Contudo, de forma adicional, criou um Fundo de Habitação Social destinado a permitir alojar as famílias que ficaram

[627] Tal não é aplicável se já correr um processo de execução onde já tenha sido anunciado o leilão daquele bem (al. e*)*).

[628] Disponível em www.boe.es/buscar/act.php?id=BOE-A-2013-5073.

sem a sua habitação por incumprimento dos mútuos para aquisição das mesmas, com as rendas ajustadas à insuficiência de rendimentos daquelas (disposição adicional primeira, do Código das Boas Práticas em Anexo).

Mais tarde surgiu o *Real Decreto-Ley* 1/2015, de 27 de fevereiro[629] que prorrogou por mais dois anos a suspensão dos despejos prevista na *Ley* 1/2013.

Note-se que, no âmbito do anterior regime, enquanto estivesse a ser negociado um acordo extrajudicial de pagamento, a execução hipotecária poderia ser suspensa por um período máximo de dois meses (anterior redação do art. 591.º, n.º 2 da *Ley Concursal*).

E ainda, se estivesse em causa a exoneração do passivo restante e se não tivesse sido integralmente cumprido o plano previsto, a exoneração do passivo não satisfeito só seria integralmente concedida se o juiz, após ouvir os credores, assim o decidisse. Para tal, era necessário que o devedor tivesse destinado ao cumprimento daquele plano, pelo menos, metade dos rendimentos recebidos, durante os cinco anos do período da cessão, ou um quarto daqueles quando estivessem em causa devedores que cumprissem os requisitos das alíneas a*)* e b*)*, do n.º 1, do art. 3.º do *Decreto-Ley* 6/2012 (a carência de rendimentos do agregado familiar; a existência de um contrato de crédito garantido por uma hipoteca que incida sobre uma única habitação própria e que tenha sido concedido para aquisição da mesma) – anterior redação do art. 499.º, n.º 2 da *Ley Concursal.*

3.1.3. Nos Estados Unidos da América

No processo de insolvência de pessoa singular, nalguns Estados dos Estados Unidos da América, pode o devedor americano isentar a casa de morada de família das "garras" dos credores, por lhe ser atribuída a faculdade de excluí-la totalmente da liquidação. Contudo, nos restantes Estados (a maioria), existe uma isenção parcial: no caso de não ultrapassar o valor estipulado, a mesma fica excluída da liquidação; caso contrário, poderá a mesma ser liquidada, com entrega ao devedor da parte do valor obtido com a venda e que lhe cabe pela isenção. É a figura da *Homestead Exemption* que foi regulada, pela primeira vez, numa lei do Texas de 26 de

[629] Disponível em www.boe.es/diario_boe/txt.php?id=BOE-A-2015-2109.

janeiro de 1839 que instituía a impenhorabilidade da pequena casa rural de 50 hectares ou do terreno urbano até 500 US$, em qualquer execução fiscal. Esta lei, a *Homestead Exemption Act*, foi a primeira lei do mundo a pensar no risco de perda da residência principal e a proteger o devedor e a sua família de tal desalojamento, através da isenção da execução do montante necessário para uma vida condigna. Este princípio foi incorporado no *Article VII* da Constituição do Estado do Texas de 1845 e o seu valor foi subindo, após várias alterações legislativas.

Posteriormente, este instituto espalhou-se por outros Estados do país onde é variável apenas quanto à forma de proteção. Em Arkansas, Flórida, Iowa, Kansas, Minnesota, Oklahoma e Texas é isenta de liquidação a casa de morada de família, independentemente do seu valor, desde que sobre essa não incida qualquer garantia real. Nos restantes Estados, a proteção da casa de morada de família não é absoluta e é limitada a um certo montante. Assim, a mesma pode ser liquidada mesmo que sobre aquela incida uma garantia real e a parte do produto isenta de liquidação é devolvida ao devedor (geralmente, este valor de isenção é de 100.000 US$). Requisito comum obrigatório parece ser o de se tratar da residência principal do proprietário[630].

No âmbito da insolvência, a lei federal prevê no seu *Bankruptcy Code* (11 *US Code* § 522 d) e p)) um valor de federal *homestead exemption* de 25.150 US$ (solteiro) e 50.300 US$ (casado) para o caso de não haver previsão estadual de tal regime, ou 170.350 US$ para o caso de existir mas não estar estipulado o seu limite[631]. Deve apurar-se o valor de *equity* que corresponde ao valor de mercado da propriedade líquido, livre de encargos e de garantias reais (como a hipoteca). É sobre esse valor que se deve isentar o valor da *exemption* (estadual ou federal). Se o *equity* for menor que o valor da isenção, então o bem fica protegido e isento de liquidação. Caso contrário, o administrador da insolvência procede à sua liquidação

[630] Yáñez Vivero, F. Vivienda familiar y endeudamiento del consumidor en las experiencias jurídicas de distintos ordenamentos. *In ob. cit.*, p. 1458.

[631] Gouvêa, Eduardo Mingorance de Freitas (2021), *Bem de família e mínimo existencial: A responsabilidade patrimonial do devedor e o direito fundamental do credor*, São Paulo: Dialética, 2021, Anexo I.

e, posteriormente, distribui ao devedor o valor que lhe cabe em virtude daquela isenção[632].

3.1.4. No Brasil

A lei brasileira n.º 8.009/90[633], de 2 de março dispõe sobre uma impenhorabilidade *ope legis* do "bem de família" que poderá incidir sobre a casa de morada de família, pelo que, aquando da cobrança de uma dívida, responderá o património do devedor com exceção deste bem (e de outros impenhoráveis, naturalmente).

Esta figura está, no entanto, prevista com várias "cláusulas de salvaguarda" para que não seja utilizada indevidamente[634]. Assim, é impenhorável apenas um único bem que constitua residência familiar[635] (art. 5.º). Esse bem não responderá por qualquer tipo de "*dívida civil, comercial, fiscal, previdenciária ou de outra natureza*"[636], contraída pelos seus proprietários, pelo que esta impenhorabilidade é oponível aos respetivos credores, salvo as exceções legalmente previstas (art. 1.º). Não obstante, por força de uma destas exceções, a casa de morada de família poderá ser liquidada se estiver em causa uma dívida relacionada com a concessão do mútuo destinado à sua construção ou aquisição (art. 3.º, II).

Para salvaguarda dos direitos dos credores, não beneficia desta impenhorabilidade aquele que se saiba insolvente e que, mesmo assim, adquira de má-fé um imóvel mais valioso de forma a transferir a figura do bem de família para aquela residência. Neste caso, o juiz pode transferir a impenhorabilidade para o bem anterior ou anular-lhe o negócio, conforme se demonstre mais vantajoso (art. 4.º).

632 Costa, L. M. *A insolvência de pessoas singulares, ob. cit.*, pp. 283-284.

633 Disponível em http://www.planalto.gov.br/ccivil_03/Leis/L8009.htm.

634 Martins, António (2014). A protecção da casa de morada de família. *In Revista JULGAR, n.º 23*, p. 47, disponível em http://julgar.pt/a-proteccao-da-casa-de-morada-de-familia/

635 Se existir mais do que um bem, esta figura apenas protege o de menor valor. Salvo se outro estiver registado para esse fim (art. 5.º, parágrafo único).

636 Álvaro Azevedo critica o legislador e defende que, ao invés de enumerar os processos de execução em que se pode opor a impenhorabilidade do bem de família para de seguida expressar "*ou de outra natureza*", bastaria ter colocado "em qualquer processo de execução". Azevedo, Á. V. *Bem de família – Com comentários à Lei 8.009/90, ob. cit.*, p. 206.

Esta figura remonta ao Decreto-Lei de 3.200/41, de 19 de abril[637] que, na redação original do seu art. 19.º, adotou a figura da *Homestead Exemption* e estabelecia como limite máximo da impenhorabilidade imóveis de valor até 100 contos de réis. Porém, atualmente não se faz menção a um valor máximo. Apesar do Projeto de Lei da Lei n.º 11.382/06 ter como intenção a alteração do Código de Processo Civil Brasileiro no sentido de se estabelecer um limite à impenhorabilidade de 1000 salários mínimos, o que permitiria a execução dos imóveis de valor superior com entrega posterior ao devedor daquele limite, foi o mesmo vetado por ter sido entendido que, *"apesar de razoável, a proposta quebra a tradição surgida com a Lei n.º 8.009, de 1990, que 'dispõe sobre a impenhorabilidade do bem de família'"* e vai no sentido de uma impenhorabilidade *"independentemente do valor"*[638]. Este teria sido um passo excelente para a proteção da habitação que salvaguardasse o mínimo para garantir a dignidade do devedor. Adicionalmente, tal poderia permitir uma redução dos juros aplicados pelas entidades bancárias uma vez que estas não estariam impedidas de executar o bem de família de todo e qualquer valor (desde que não tenha sido adquirida com dinheiro concedido pelo mútuo que se encontre em incumprimento, naturalmente). Ademais, o Direito não é imutável e pode ser sujeito a novas revisões razoáveis, justas e proporcionais.

3.1.5. Na Grécia

A Lei Grega sobre a insolvência *Νόμος* 3869/2010[639] previa no § 2 do seu art. 9.º a possibilidade do devedor requer ao juiz a exclusão da liquidação da sua residência principal, o que lhe permitia salvaguardar a casa de morada de família. Para tal, era requisito obrigatório que o valor desta não ultrapassasse o valor limite de aquisição do imóvel isento de impostos[640] acrescido de 50%. Se o valor do imóvel se encontrasse dentro deste

[637] Disponível em http://www.planalto.gov.br/ccivil_03/Decreto-Lei/Del3200.htm.

[638] Mensagem de veto, disponível em http://www.planalto.gov.br/ccivil_03/_ato2004-2006/2006/Msg/Vep/VEP-1047-06.htm.

[639] Disponível em https://www.e-nomothesia.gr/sunegoros-tou-katanalote/n-3869-2010.html.

[640] Atualmente (2021), este valor situa-se nos 200.000€ quando se trate de pessoa solteira ou 250.000€ quando casado, a que acrescerá 25.000€ por cada um dos dois primeiros filhos e 30.000€ para o terceiro e subsequentes filhos do casal. Conforme o

enquadramento, para o mesmo ser excluído da liquidação da massa, o devedor teria de entregar 85% do valor do mercado daquele como forma de satisfação dos créditos dos seus credores. Este valor era satisfeito através do pagamento em prestações mensais num período que não poderia ultrapassar vinte anos, o que vantajosamente diferia do nosso mecanismo da dispensa de liquidação onde ocorre a entrega total do valor do bem num curto período de oito dias, previsto no art. 171.º do CIRE. Ademais, poderia estipular-se um período de carência de forma a permitir a reorganização e a estabilização económica do devedor. Com os pagamentos mensais eram satisfeitos os créditos reclamados pelos credores e era dada preferência àqueles que possuíam garantias registadas sobre aquele bem, pelo que os mesmos não ficavam prejudicados. O incumprimento das prestações mensais não impedia o credor de instaurar um processo de execução contra o devedor. No entanto, a casa só poderia ser liquidada se houvesse um atraso de, pelo menos, quatro prestações mensais.

Não obstante, a nova *Νόμος* 4738/2020[641] impediu a apresentação de novos processos de insolvência no âmbito daquela lei anterior (art. 265.º, § 1, al. b)), a partir do dia 27 de outubro de 2020. Esta nova legislação veio alterar a proteção da casa de morada de família naqueles termos. Assim, a partir do dia 1 de janeiro de 2021, a casa poderá ser liquidada e com este regime ficará apenas protegida a residência daqueles que estão financeiramente vulneráveis. Segundo o art. 3.º da Lei 4472/2017[642] *ex* vi art. 217.º, al. a) da Lei 4738/2020, é "devedor vulnerável" aquele que não aufira um rendimento individual anual superior 9.600€.

A proteção deste bem é, agora, limitada apenas para estes devedores insolventes que, no prazo de 60 dias após a declaração de insolvência (art. 219.º, § 4, al. b) da Lei 4738/2020), podem solicitar a transferência da propriedade sobre a casa para uma entidade concessionária privada

art. 21.º da Lei 3842/2010, disponível em https://www.e-nomothesia.gr/kat-oikonomia/phorodiaphuge/n-3842-2010.html. Para melhor compreensão, vide tabela disponível em https://symenoch.gr/forologisi-tis-agoras-akiniton-stin-ellada/.

[641] Disponível em https://www.e-nomothesia.gr/kat-oikonomia/nomos-4738-2020-phek-207a-27-10-2020.html.

[642] Disponível em https://www.e-nomothesia.gr/suntaksiodotika/nomos-4472-2017-fek-74a-19-5-2017.html.

que se compromete a adquiri-la, a arrendá-la e a transmiti-la ao devedor que fica com o direito de recompra no final do período daquele arrendamento (art. 218.º, § 2).

A *Νόμος* 4916/2022 veio implementar um programa que permite que o Estado conceda uma contribuição pública aos devedores vulneráveis para que, antes de procederem à transferência da sua residência, possam tentar mantê-la com este auxílio que não poderá exceder o período de quinze meses, com o objetivo de se suspender o processo de execução instaurado pelo credor (art. 13.º e ss. do diploma).

Avançando-se para a transferência, a mesma é efetuada à Agência de Aquisição e de Arrendamento que a adquire pelo seu valor de mercado avaliado e paga ao administrador da insolvência para que este distribua o produto pelos respetivos credores (art. 219.º, § 5). Assim, apesar de pela sua insolvência o devedor perder a propriedade da casa, não é dela despejado e pode continuar a habitar ali com a sua família, sob arrendamento, por um prazo de 12 anos – o que representa um período significativo para a sua reestruturação. O valor da renda é reajustado todos os anos e é determinado por decisão ministerial que leva em linha de conta o valor médio dos juros hipotecários acrescido de uma taxa de juro variável em vigor de acordo com o Banco da Grécia (art. 220.º). Se incumprir mais de três rendas, aquela entidade notifica-o para pagamento das mesmas no prazo de um mês. Se tal incumprimento não cessar no fim desse prazo, o contrato de arrendamento extingue-se automaticamente. Com isto, extingue-se também o direito de recompra daquela habitação (art. 221.º).

Não obstante, uma vez pagas todas as rendas, o devedor ou os seus sucessores poderão exercer o direito de recompra no final do arrendamento (art. 222.º) pelo valor de mercado do imóvel no momento em que aquele(s) exerce(m) aquele direito. No caso de este ser inferior ao preço de aquisição pela entidade, será o mesmo ajustado em benefício do devedor (art. 225.º, § 3). Nada o impede de exercer o seu direito de recompra antes do fim do contrato de arrendamento, mas, para tal, deverá liquidar o valor das rendas até ao fim dos 12 anos. Por isso, terá de avaliar se não lhe será mais vantajoso continuar na casa como arrendatário e exercer o direito de recompra no final do arrendamento, altura em que o valor de mercado do imóvel poderá estar mais baixo.

Ademais, paralelamente, poderá o devedor vulnerável beneficiar de um subsídio de habitação (art. 3.º da *Νόμος* 4472/2017) que, no âmbito deste mecanismo de proteção, será pago diretamente à Agência de Aquisição e de Arrendamento como forma de pagamento parcial da renda (art. 223.º da *Νόμος* 4738/2020).

3.2. Reflexão quanto a uma resposta solucionatória para Portugal

António Martins[643] vai no sentido de transportar para Portugal o mecanismo previsto no ordenamento jurídico brasileiro e, por isso, defende a impenhorabilidade de uma única residência que sirva de casa de morada de família (a de menor valor)[644], exceto quando a dívida em causa estiver relacionada com o mútuo para aquisição ou construção da mesma. Este último pormenor parece-nos um requisito justo e compreensível uma vez que, desta forma, não se prejudica a concessão deste tipo de mútuo nem se inviabiliza a hipoteca que garante o seu cumprimento. Aceitar-se uma impenhorabilidade absoluta da casa de morada de família seria extremamente prejudicial para o mercado do crédito. Ao saber disto, os devedores do crédito ofereceriam resistência em cumpri-lo e, por isso mesmo, as intuições bancárias e financeiras poderiam fechar facilmente as portas à sua concessão uma vez que a hipoteca sobre aquela casa ficaria despida de interesse prático. Mesmo que pudessem conceder o crédito com outro tipo de garantias, os custos do mesmo subiriam drasticamente.

Contudo, o Autor entende que, neste contexto, deveria ainda ser estipulado um valor máximo para a impenhorabilidade da casa de morada de família. Defendemos também esta salvaguarda, tal como acontece na maioria dos Estados dos Estados Unidos da América e como previa, no Brasil, o Projeto de Lei da Lei n.º 11.382/06 que foi vetado. Desta forma proteger-se-ia um valor patrimonial mínimo que permitisse assegurar o direito à habitação com dignidade. Uma impenhorabilidade ilimitada protegeria, sem mais, a propriedade sobre casas luxosas e não deve ser

[643] Martins, A. A protecção da casa de morada de família. *In ob. cit.*, pp.48-50.

[644] O Autor entende ainda que deveria estipular-se a inaplicabilidade desta impenhorabilidade a quem adquirisse habitação ou transferisse a sua, quando já se encontrava em situação de insolvência. Isto para que não ocorra fraude à lei. Cfr. *Ibidem*, p.49.

essa a intenção deste mecanismo. Ademais, uma vez que geralmente este bem é o único bem de grande valor presente no património do devedor, frustrar-se-ia a satisfação dos direitos dos credores, ainda que aquele imóvel fosse de valor patrimonial mais do que suficiente para o pagamento das suas dívidas. Assim, a aplicação de um limite poderia ainda ajudar na redução dos juros aplicados pelas instituições financeiras e bancárias, uma vez que, se se tratar de um bem de valor superior à limitação estipulada, o credor poderá sempre executá-lo, recuperar o valor excedente (que poderá permitir satisfazer parcial ou até totalmente o seu crédito) e devolver ao devedor o remanescente limitado que lhe permite assegurar uma habitação condigna. Relembre-se que o que tentamos proteger aqui é o direito à habitação e não propriamente a propriedade. Pelo que, mesmo que o valor impenhorável se mostre insuficiente para a aquisição de uma nova residência, o devedor terá sempre condições para, no mínimo, arrendar um lar.

No sentido do arrendamento, o Autor acrescenta ainda que o devedor deveria ter o direito potestativo de celebrar um contrato com o credor hipotecário (ou com outro adquirente da casa) que lhe permitisse continuar a habitar estavelmente naquele imóvel, com a sua família. Para ficar salvaguardada esta situação, entende ainda que deveria ser previsto um regime de arrendamento supletivo para o caso de as partes não chegarem a um acordo quanto aos seus termos que preveja, por exemplo, o valor da renda em função do mercado e da zona geográfica onde se insere o imóvel. Acrescentamos que, a ser assim, deveria também este regime supletivo estipular um prazo mínimo para a duração daquele contrato que representasse um período razoável para a reestruturação da família que se vê afetada pelos efeitos nefastos de uma declaração de insolvência.

O credor hipotecário só se veria confrontado com a hipótese do arrendamento forçado se não fosse capaz de renegociar a dívida ou de aceitar o imóvel em dação em cumprimento.

Assim, esta parece-nos uma boa forma de proteger a habitação com um razoável equilíbrio dos interesses das partes e dos riscos em jogo. Contudo, não impede o desalojamento da família daquela casa, pelo menos *a posteriori*.

Já no sentido de se estipular a isenção da liquidação da casa de morada de família no âmbito do processo de insolvência, vem LETÍCIA MARques Costa[645] propor precisamente limitar tal proteção apenas para a casa sobre a qual não recaia nenhuma hipoteca como garantia do cumprimento do crédito para aquisição ou construção daquela e cujo valor patrimonial tributário da mesma seja inferior ao valor do imóvel isento de imposto de transmissão onerosa[646]. Isto porque o escopo do legislador ao estabelecer esta isenção seria o de proteger a casa de morada de família, mas quanto ao mínimo necessário para assegurar o direito à habitação condigna.

A Autora acrescenta ainda um critério semelhante ao existente na Lei brasileira n.º 8.009/90 (art. 4.º) e que António Martins também defende: para beneficiar de tal regime, não pode o devedor defraudar o intuito da lei. Ou seja, não pode, de forma ardilosa, tentar desarredar o seu património ativo das mãos dos credores. Assim, o devedor não poderá ter adquirido a casa de morada de família quando já se encontrava em situação de insolvência, ou de insolvência iminente que conhecia ou desconhecia com culpa grave e de cuja melhoria da situação económica não perspetivava àquela data (*vide* os critérios dos arts. 3.º e 20.º do CIRE).

Cumulativamente, não poderá o passivo global do devedor exceder os 300.000€[647] à data do início do processo de insolvência para que, no caso de este ser o único bem do insolvente, não ocorra um sacrifício desproporcionado dos credores com a proteção daquela casa.

Com o devido respeito pela Autora e por entendimentos contrários, Sara Sousa Passos efetua um reparo. A estabelecer-se este limite quanto ao passivo global do devedor, se este não se tratar de empresário ou titular de uma pequena empresa, então esta figura da isenção da liquidação poderia estar disponível apenas para aquele que tivesse passado antes por uma tentativa de cumprimento do plano de pagamentos e ao qual poderá aquele aceder. Só após a tentativa deste cumprimento é que a casa de morada de família poderia vir a ficar livre da liquidação, se verificados os restantes requisitos. Não podemos olvidar que a finalidade do

[645] Costa, L. M. *A insolvência de pessoas singulares, ob. cit.*, p. 290.

[646] Em 2023, este valor é de 97.064€. Cfr. https://www.lusa.pt/article/40082658/isen%C3%A7%C3%A3o-de-imt-para-casa-destinada-%C3%A0-habita%C3%A7%C3%A3o-subiu-para-97-064-euros.

[647] Tal como acontece com o plano de pagamentos, no art.249.º, n.º 1, al. b*)*, iii*)*, do CIRE.

processo de insolvência é a satisfação dos credores e que esta poderia ficar fortemente condicionada se o passivo global do devedor não excedesse os 300.000€ e, adicionalmente, a casa de morada de família sobre a qual não incida uma hipoteca se tratasse do único bem de grande valor na massa do insolvente. Por isto, poderia, pelo menos, tentar o cumprimento de um plano de pagamentos antes da aplicação desta figura.

Seria isto, ou indo-se no sentido da proposta de Letícia Marques Costa, exigir-se cumulativamente que, para ser possível a aplicação deste regime, a casa não poderia ser o único bem de grande valor da massa.

Para Letícia Marques Costa[648], os devedores que ficassem de fora da aplicação do regime por si proposto da isenção da liquidação, nomeadamente quando exista hipoteca sobre a casa, poderiam ficar sujeitos ao instituto do acordo para "reafirmação do débito", tal como ocorre no ordenamento jurídico norte-americano (*Bankruptcy Code*, § 524, k*)*, d*)* e 6, A). Ou seja, para evitar perder a propriedade sobre aquele bem hipotecado, o devedor reconhece que pode continuar a pagar o crédito hipotecário, mesmo após a sua declaração de insolvência e mesmo que aquele tenha sido objeto de perdão. No entanto, no caso de incumprimento, continua responsável por aquela dívida mesmo que lhe tenha sido concedida a exoneração do passivo restante.

Sem prejuízo desta hipótese e da dação em cumprimento, outra alternativa iria na senda daquilo que António Martins também propôs relativamente à atribuição ao devedor de um direito a celebrar um contrato de arrendamento com quem a adquira no processo de insolvência, com a consagração de um regime supletivo para o caso da falta de acordo entre as partes quanto aos moldes daquele contrato, nomeadamente o valor da renda. Letícia Marques Costa[649] defende que a mesma poderia ser apurada conforme acontece no ordenamento jurídico espanhol: 3% do valor total da dívida no momento da adjudicação ou entrega do imóvel.

Sara Sousa Passos faz uma última nota para o novo regime previsto na lei grega[650]. Este seria um bom mecanismo para a proteção da casa de morada de família a implementar adicionalmente em Portugal, sem

[648] Costa, L. M. *A insolvência de pessoas singulares*, *ob. cit.*, pp. 290-291.

[649] *Ibidem.*

[650] Abordado no ponto 3.1.5.

prejudicar os interesses dos credores. Embora seja a defender que, ao invés do critério da vulnerabilidade financeira do devedor, deveria antes estipular-se um limite ao valor da habitação em causa[651]. Isto porque poderá estar em causa um devedor proprietário de uma casa luxosa mas cujos rendimentos, no momento da sua declaração de insolvência, são diminutos. Daquela forma, estar-se-ia a sujeitar a entidade privada de aquisição e de arrendamento concessionária a adquirir um imóvel de valor altíssimo que, muito provavelmente, o devedor não iria conseguir recomprar no fim do período do arrendamento, o que poderia ser fator determinante para a não apresentação destas ao concurso público para aquela posição. Assim, segundo este regime, estas adquiririam o imóvel que tivesse valor patrimonial até ao limite que ficasse legalmente estipulado. Contudo, caso o valor patrimonial da casa excedesse este limite, não ficaria absolutamente impedido este mecanismo, pelo que o devedor poderia apresentar requerimento para aceder a tal e caberia à entidade decidir quanto a essa possibilidade.

Isto impediria o desalojamento imediato da família e permitir-lhes-ia recuperar a propriedade da casa no final do prazo legalmente estipulado para o arrendamento, altura em que se espera que aquela esteja financeiramente recuperada e que possa até, eventualmente, já ter ocorrido uma desvalorização do imóvel. Acrescenta-se, que o facto de aquelas rendas serem pagas àquela entidade permitir-lhe-ia rentabilizar o investimento que fez, ao longo do tempo. Ademais, tal não prejudicaria o interesse dos credores que seriam satisfeitos com o produto da venda daquele bem àquela entidade.

[651] Poderíamos levar em linha de conta o valor patrimonial dos imóveis isentos de IMT que, em 2023, se situa nos 97.064€. Cfr. https://www.lusa.pt/article/40082658/isen%C3%A7%C3%A3o-de-imt-para-casa-destinada-%C3%A0-habita%C3%A7%C3%A3o-subiu-para-97-064-euros.

Conclusão

A casa de morada de família é o lugar físico destinado ao desenvolvimento de um agregado familiar que se encontra interligado por um vínculo sanguíneo ou de afinidade – seja ele de maior ou de menor extensão. Perante isto, será assim qualificada a residência familiar dos cônjuges mas também a dos unidos de facto, tal como o legislador dispôs no n.º 3, do art. 10.º da Lei de Bases à Habitação. Contudo, não é pelo facto de as famílias monoparentais serem menores em extensão que a sua casa não merece o mesmo tratamento. De tal forma, desde que exista título que legitime a habitação daquela família, de forma permanente e habitual, naquela residência principal, nada parece obstar a tal qualificação.

Tido como meio idóneo por excelência para a realização do direito à habitação condigna enquanto direito fundamental, consagrado internacional[652] e constitucionalmente[653] em nome do princípio da dignidade da pessoa humana, a sua interdependência a outros direitos fundamentais faz depender a concretização de outros direitos fundamentais à sua mesma efetivação, ao passo que este só estará também totalmente assegurado se os outros assim estiverem.

Desta forma, relevada a importância deste bem e a necessidade de assegurar o lar da família, o legislador estabeleceu no Código Civil que, na pendência do matrimónio, nenhum dos cônjuges poderá alienar ou onerar o mesmo (art. 1682.º-A do CC), nem dispor do direito ao arrendamento sobre aquele (art. 1682.º-B do mesmo diploma), sem o consen-

[652] Art. 25.º, n.º 1 da DUDH; art. 11.º do PIDESC; art. 34.º, n.º 3 da CDFUE.
[653] Art. 65.º da CRP.

timento do outro[654]. No caso de divórcio ou separação de pessoas e bens, o direito ao arrendamento da casa arrendada permanece e não caduca, evitando-se uma quebra do lar familiar por aquele motivo (art. 1105.º), enquanto a casa própria poderá ser dada em arrendamento a qualquer um dos cônjuges, tendo em conta as necessidades daquele (art. 1793.º)[655]. Pelos mesmos motivos, o direito ao arrendamento não caduca pela morte de um dos cônjuges e é transmitido àquele que sobreviva (art. 1106.º). Já no caso de se tratar de casa própria, tem este o direito a ser encabeçado no direito real de habitação da casa e no direito do uso do seu recheio (art. 2103.º-A).[656]

Apesar da sua importância e de ser muitas vezes o único bem de valor relevante no património da família, o legislador não incluiu a casa de morada de família no elenco de bens impenhoráveis presente no art. 736.º do CPC. Embora tenha previsto alguns mecanismos de defesa, não está impedida a penhora da mesma por uma dívida do devedor executado. Contudo, é de aplaudir a introdução do art. 244.º, n.º 2 no Código de Procedimento e de Processo Tributário com a alteração pela Lei n.º 13/2016, de 23 de maio que impôs restrições à sua venda, embora apenas no âmbito de processos de execução fiscal. No entanto, se correr uma ação executiva para cumprimento do mútuo destinado à aquisição da casa de morada de família garantida por hipoteca, esta venda pode ocorrer. E, nesse caso, o devedor poderá ficar sem a casa e ver o produto da sua venda ser destinado à ATA.

Nesse sentido e atendendo-se ainda ao facto de a entrega do imóvel poder não liquidar toda a dívida daquele crédito à habitação, que poderá representar a dívida de maior valor no passivo do devedor, foi promulgada uma série de diplomas. Contudo, o legislador poderia ter aproveitado o Decreto-Lei n.º 74-A/2017, de 23 de junho para ir mais além do regime geral (art. 837.º do CC). Assim, continuou a deixar nas mãos do credor a hipótese de a entrega do bem hipotecado através da venda executiva ou da dação em cumprimento extinguir as obrigações que resul-

[654] O facto de não estar prevista tal medida para as uniões de facto, não pode significar que este regime não seja também aplicável àquelas relações. Como vimos no ponto 1.5.3.

[655] Para as uniões de facto, *vide* art. 4.º da LUF.

[656] No mesmo sentido, para as uniões de facto dispõe o art. 5.º da LUF.

tam daquele contrato, ao exigir o acordo de ambas as partes. Tal pressuposto dificultará, naturalmente, o acesso a tal medida (art. 14.º, n.º 3, al. *b)* do Decreto-Lei n.º 74-A/2017).

Posteriormente, em 2019, o legislador criou a primeira Lei de Bases da Habitação que, no entanto, ficou muito aquém do esperado ao estipular medidas que já existiam no sistema jurídico português.

Face à situação pandémica provocada pela COVID-19 e à dificuldade económica com que as famílias se viram confrontadas provocada pela diminuição dos seus rendimentos, foram estipuladas medidas adicionais e excecionais para este período, como a aplicação do regime das moratórias que não prejudicavam o devedor por não aumentarem os encargos e o prazo para cumprimento de crédito e por não reduzirem as bonificações, desde que verificados os requisitos previstos. Contudo, uma desvantagem é o facto daquele não se poder encontrar em situação de insolvência à data em que pedia a adesão àquele regime (art. 2.º, n.º 2, al. *a)* do Decreto-Lei n.º 10-J/2020, de 26 de março). Apesar de uma das medidas mais notórias ter sido a suspensão do pagamento do capital, contudo não se suspendia o vencimento dos juros no período daquela moratória. Assim, se o consumidor não continuasse a pagar o valor relativo a estes, o valor total da dívida seria agravado. Vantajosamente, neste período, a instituição bancária não podia exigir o cumprimento das prestações vencidas e não pagas com fundamento em momento anterior ao da moratória, nem eram contabilizados os juros de mora ou outras penalizações contratuais (art. 14.º-A, n.º 4), o que permitia um não agravamento da situação económica daquelas famílias. Contudo, o regime das moratórias já foi revogado.

O problema fulcral sob o qual versa este estudo coloca-se quando o devedor vê a sua situação de insolvência declarada por sentença, nos termos do regime geral presente no CIRE.

Se este residir com a sua família numa casa arrendada o seu contrato mantém-se em execução e em nada é afetado com a sentença de declaração de insolvência. Contudo, o legislador demonstrou preocupação com o arrendamento habitacional pelos valores extrapatrimoniais que este envolve e, no n.º 2 do art. 108.º do CIRE, atribuiu a possibilidade de o administrador da insolvência declarar que o direito ao pagamento das rendas vencidas após 60 dias da sua comunicação (naturalmente, período posterior ao da declaração de insolvência) não poderá ser exercido no processo. Ademais, não poderá o contrato de arrendamento ser resolvido por falta de pagamento das rendas vencidas em momento anterior ao da declaração de insolvência (al. a), n.º 4, do art. 108.º), apesar de o poder fazer com fundamento no incumprimento das rendas relativas a momento posterior ao daquela sentença. Demos conta que, neste âmbito, deverá a ação de despejo correr também contra o cônjuge não insolvente, em litisconsórcio necessário legal com a massa insolvente do outro, por força do art. 1682.º-B do CC (art. 34.º, n.º 3 do CPC *ex vi* art. 17.º do CIRE). Os atos de execução da entrega do local arrendado estão, desde o período do estado de emergência decretado devido à pandemia provocada pela COVID-19, suspensos, nos termos da al. c), do n.º 7, do art. 6.º-A, da Lei n.º 1-A/2020, de 19 de março, tendo em conta que, mais do que nunca, a casa passou a assumir extrema importância para o confinamento no domicílio.

A maior problemática dá-se quando existe uma casa de morada de família enquanto bem integrante da massa insolvente do devedor que poderá ser liquidada.

Face à situação epidemiológica provocada pela COVID-19, continua ainda em vigor o art. 6.º-E, da Lei n.º 1-A/2020, de 19 de março, que na alínea b), do seu n.º 7, por aplicação *ope legis*, suspende os atos a realizar em sede de processo executivo ou de insolvência relacionados com a concretização de diligências de entrega judicial da casa de morada de família. Continua ainda em vigor a possibilidade de, por decisão judicial, ser decidida a suspensão da venda executiva, nos termos do n.º 8. Apesar de este preceito estar pensado para qualquer imóvel, permite proteger também a casa de morada de família

Fora a situação pandémica excecional e remetendo-nos ao regime geral da insolvência, se cumprir o plano de pagamentos, o devedor pessoa singular não empresária ou titular de uma pequena empresa – e que poderá figurar no processo coligado com o seu cônjuge, nos termos dos arts. 264.º a 266.º – tem a possibilidade de aderir ao plano de pagamentos que, uma vez cumprido, evita a apreensão dos bens e a liquidação do seu património, o que permite proteger a casa de morada de família (art. 249.º, n.º1, als. a) e b) do CIRE). Contudo, existem dificuldades a ultrapassar nomeadamente no tocante à própria aprovação do plano (art. 257.º, n.º 2) e à necessidade de verificação do limite relativo ao passivo global do devedor até 300.000€

(art. 249.º, n.º 1, al. b*)*, *iii*)). Além disto, esta figura não é tão aliciante quanto a da exoneração do passivo restante (arts. 235.º a 249.º), disponível para todas as pessoas singulares que, embora não evite a liquidação do património do devedor, exonera-o de pagar o passivo que restar depois de liquidados os bens e cumprido que esteja o período de cessão de rendimentos, tal como acordado. Estas figuras são alternativas, pelo que o devedor tende a optar por esta última, em detrimento do acesso ao plano de pagamentos.

Outra solução prevista na lei da insolvência e que evita a perda do património é a dispensa da liquidação, prevista no art. 171.º do CIRE. Contudo, este regime parece pensado para bens de diminuto valor uma vez que um dos requisitos para tal ser judicialmente deferido passa pela entrega da quantia em dinheiro relativa ao valor que o bem geraria com a sua liquidação, num curto prazo de oito dias. Ora, se o devedor está insolvente, pressupõe-se que não terá liquidez para apresentar a quantia respeitante à sua casa. Ademais, não podem aceder a esta figura as famílias que possuam no seu património uma empresa e que foi apreendida para a massa com a declaração de insolvência do devedor.

Assim, procuramos uma outra solução: a aplicação do direito de remição no âmbito do processo de insolvência (arts. 842.º a 845.º do CPC *ex vi* art. 17.º do CIRE), que permite que certos familiares do devedor, legitimados pela lei venham adquirir os bens daquele insolvente, nomeadamente a casa de morada de família e, desta forma, evitar a perda do património familiar. Contudo, esta figura está sempre dependente da atuação de terceiros (ainda que familiares daquele devedor) e da sua disponibilidade para tal.

Refletimos quanto à necessidade de uma solução que protegesse este bem de tamanha importância, tanto para o devedor como para a sua família, que se vê consequentemente afetada com a liquidação deste bem.

No âmbito do Direito comparado, embora em Itália o devedor possa continuar a utilizar a casa até à sua liquidação (art. 47.º, § 2 da *Legge Fallimentare*), não fica a mesma impedida. Exceto se esta estiver incluída no *Fondo Patrimoniale* criado pelos cônjuges (arts. 167.º a 171.º do *Codice Civile*) que permite proteger o património familiar das dívidas que não foram contraídas para a satisfação de necessidades familiares, salvo se se tratar de execução pelo credor hipotecário, no prazo de um ano a contar da sua constituição (art. 2929.º do *Codice Civile*).

Contrariamente ao que acontece em Itália, em Espanha a família pode ficar imediatamente privada da utilização da casa de morada de família, cuja liquidação não é impedida. No entanto, o cônjuge do insolvente poderá adquiri-la à massa, por metade do seu valor (art. 194.º da *Ley Concursal*) – o que difere da nossa figura da dispensa de liquidação.

Figura interessante parece ser a da *Homestead Exemption* prevista nos Estados Unidos da América. Enquanto alguns Estados estipulam uma isenção total de liquidação da casa de morada de família enquanto residência principal do devedor e independentemente do seu valor, a maioria dos Estados vai no sentido de estipular um limite máximo a excecionar. Assim, se a casa exceder esse valor, a mesma será liquidada, mas é sempre garantida ao devedor a devolução da parte que lhe cabe pela *exemption* e que lhe permitirá assegurar o seu direito à habitação. Caso o valor da casa não exceda aquele limite, então a liquidação da mesma não é permitida.

A lei grega – entretanto alterada – prevê agora um mecanismo de proteção para o devedor economicamente vulnerável, através da compra da sua casa por uma entidade que se compromete a arrendá-la e a vendê-la a si no final do prazo daquele arrendamento. Com isto, impede-se o desalojamento imediato daquela família e permite-se que os direitos dos credores sejam satisfeitos, uma vez que a casa é de facto liquidada no processo (*Νόμος* 4738/2020).

Já a lei brasileira n.º 8.009/90, de 2 de março impõe a impenhorabilidade de um único bem de família, independentemente do seu valor. Contudo, a mesma é excecionada quando está em causa a cobrança de dívida relativa ao crédito concedido para a aquisição ou construção da casa e, ainda, quando o devedor de má-fé tenta defraudar a lei ao transferir a figura do bem de família para um imóvel mais valioso quando já conhecia a sua situação de insolvência.

Assim, podemos chegar a uma conclusão: falta uma solução que salvaguarde a casa de morada de família, no nosso ordenamento jurídico.

Enquanto uns Autores[657] propõem transportar para Portugal o mecanismo utilizado no ordenamento jurídico brasileiro, ainda que mitigado com um limite máximo para a impenhorabilidade do bem, Letícia Mar-

[657] Martins, A. A protecção da casa de morada de família. *In ob. cit.*, pp.48-50.

ques Costa[658] propõe estipular a figura da isenção de liquidação no âmbito do processo de insolvência. Esta última hipótese só seria possível se a casa não excedesse o valor patrimonial isento de imposto de transmissão onerosa (atualmente, 97.064€) e se sobre a mesma não recaísse nenhuma hipoteca enquanto garantia de cumprimento de um crédito concedido para a sua aquisição ou construção. Requisito adicional seria o da limitação do passivo global do devedor que não poderia exceder os 300.000€.

Ao ponderar sobre último critério, Sara Sousa Passos reflete que a adesão a esta figura nestes termos poderia ser permitida apenas se o devedor passasse por uma tentativa de cumprimento de um plano de pagamentos, antes de lhe poder ser concedida a isenção de liquidação. Só assim se garantiria a satisfação dos credores, no caso de a casa de morada de família a isentar se tratar do único bem de grande valor presente na massa insolvente do devedor. Ou isto, ou a casa não poderia ser o único bem de valor patrimonialmente relevante presente naquele ativo.

Os que não se vissem abrangidos por esta figura, poderiam aceder à "acordo para reafirmação do débito"[659]. Sem prejuízo desta hipótese e da dação em cumprimento, poderia o legislador atribuir ao devedor um direito potestativo de celebrar um contrato de arrendamento com aquele que adquira a sua casa de morada de família, com os termos supletivos desse contrato a serem regulados legalmente[660].

Quanto à possibilidade de implementar em Portugal um mecanismo idêntico ao presente na Grécia, Sara Sousa Passos reflete que a adesão ao mesmo poderia levar em linha de conta não a vulnerabilidade financeira do devedor, mas antes o valor patrimonial do imóvel.

Em suma, está denotada a falta de proteção para este bem de tão especial importância aquando da declaração de insolvência do devedor, no nosso ordenamento jurídico. Ainda que esta não possa ser feita de forma absoluta para não defraudar a satisfação dos direitos dos credores, pode o legislador aproveitar um dos mecanismos abordados e, aquando de uma

[658] Costa, L. M. *A insolvência de pessoas singulares, ob. cit.*, pp. 288-292.

[659] *Ibidem*, pp. 290-291.

[660] Martins, A. A protecção da casa de morada de família. *In ob. cit.*, pp.48-50; Costa, L. M. *A insolvência de pessoas singulares, ob. cit.*, p. 291.

alteração à lei da insolvência, inseri-la no diploma do CIRE. Assim, ficaria salvaguardado o direito à habitação das famílias declaradas insolventes e que, face à situação económica e financeira provocada pela pandemia da COVID-19, se espera que aumentem drasticamente numa altura em que, mais do que nunca, ficou demonstrada a importância deste bem.

BIBLIOGRAFIA

Ascensão, J. O. (1985). Locação de bens dados em garantia – Natureza jurídica da locação. *In Revista da Ordem dos Advogados* (ano 45, II).

Ascensão, J. O. (1995). Efeitos da falência sobre a pessoa e negócios do falido. *In Revista da Ordem dos Advogados.* (ano 55, III).

Ascensão, J. O. (2005). Insolvência: efeitos sobre os negócios em curso. *In Revista da Ordem dos Advogados.* (ano 65, II).

Ascensão, Á. V. (2010). *Bem de família – Com comentários à Lei 8.009/90* (6.ª ed.). São Paulo: Atlas.

Banco de Portugal. (2020). *Sinopse de atividades de supervisão comportamental – 1.º semestre de 2020.* Disponível em https://www.bportugal.pt/publications/banco-de-portugal/all/127

Beleza, L. (1981). Os efeitos do casamento. *In Reforma do Código Civil* (pp. 91-135). Lisboa: Ordem dos Advogados.

Berti , & Toninelli. (s.d.). *Revocatoria fallimentare immobili.* Disponível em https://www.btstudiolegale.it/revocatoria-fallimentare-immobili

Bettencourt, P. O. (2017). Da liquidação em processo de insolvência – Uma perspetiva prática. *In Revista JULGAR* (n.º 21).

Câmara, C. (2013). A aquisição da propriedade do bem hipoteca pelo credor e a questão da satisfação (integral ou parcial) do crédito. *In* AAVV, *Estudos em Homenagem ao Prof. Doutor José Lebre de Freitas* (Vol. I). Coimbra: Coimbra Editora.

Campos, D. L. (2004). Eu-tu: o amor e a família (e a comunidade) (eu-tu-eles). *In* AAVV, *Comemorações dos 35 anos do Código Civil e dos 25 anos da Reforma de 1977* (Vol. I, pp. 41-ss). Coimbra: Coimbra Editora.

Campos, D. L. (2005). *Lições de Direito da Família e das Sucessões* (2.ª ed.). Coimbra: Almedina.

Campos, I. M. (2012). O Justiceiro: o estranho caso do Juiz Legislador. *In IPSO JURE*, Conselho Distrital do Porto da Ordem dos Advogados (n.º 36), disponível em www.oa.pt/upl/%7B7ac1970a-8c65-4b95-8f80-147394b82313%7D.pdf

Canotilho, J. G., & Moreira, V. (2007). *Constituição da República Portuguesa anotada* (4.ª ed., Vol. I). Coimbra: Coimbra Editora.

Cardoso, E. L. (1992). *Manual da acção executiva* (3.ª ed.). Coimbra: Almedina.

Cardoso, J. L. (1991). *Partilhas judiciais* (4.ª ed., Vol. III). Coimbra: Almedina.

Carvalho, T. (2004). A união de facto: A sua eficácia jurídica. *In* AAVV, *Comemorações dos 35 anos do Código Civil e dos 25 anos da Reforma de 1977* (Vol. I, pp. 221-255). Coimbra: Almedina.

Cavaleiro, T. (2015). *A união de facto no ordenamento jurídico Português – Análise de alguns aspectos de índole patrimonial.* Dissertação de Mestrado (Direito), Faculdade de Direito da Universidade de Coimbra, Coimbra. Disponível em https://eg.uc.pt/bitstream/10316/28646/1/A%20uniao%20de%20facto%20no%20ordenamento%20juridico%20portugues.pdf

César, G. (2015). *Os efeitos da insolvência sobre o contrato-promessa em curso.* Coimbra: Almedina.

Cid, N. S. (1996). *A protecção da casa de morada da família no Direito Português.* Coimbra: Almedina.

Coelho, C. (2018). *A dação em cumprimento como forma de extinção da dívida contraída com base num contrato de crédito à habitação.* Dissertação (Mestrado em Direito e Gestão), Faculdade de Direito da Universidade Nova de Lisboa, Lisboa. Disponível em https://run.unl.pt/bitstream/10362/66762/1/MartinsCoelho_2019.pdf

Coelho, F. P., & Oliveira, G. (2008). *Curso de Direito da Família – Introdução ao Direito Matrimonial* (4.ª ed., Vol. I). Coimbra: Coimbra Editora.

Coelho, F. P., & Oliveira, , G. (2016). *Curso de Direito da Família – Introdução ao Direito Matrimonial* (5.ª ed., Vol. I). Imprensa da Universidade de Coimbra. Disponível em 2020, de http://www.centrodedireitodafamilia.org/sites/cdb-dru7-ph5.dd/files/eBook_-_Curso_de_Direito.pdf

Collaço, I. M. (2004). A Reforma de 1977 do Código Civil de 1966. Um olhar vinte e cinco anos depois . *In* AAVV, *Comemorações dos 35 anos do Código Civil e dos 25 anos da Reforma de 1977* (Vol. I). Coimbra: Coimbra Editora.

Côrte-Real, C. P. (2016). Relance crítico sobre o Direito de Família Português. *In* Oliveira, G. (coord.), *Textos de Direito da Família: para Francisco Pereira Coelho* (p. 109 e ss.). Coimbra: Imprensa da Universidade de Coimbra.

Costa, L. M. (2021). *A insolvência de pessoas singulares.* Coimbra: Almedina.

Costa, S. (2013). A venda executiva, os direitos reais de aquisição e os direitos de remição. *In* AAVV, *Estudos em homenagem ao Prof. Doutor José Lebre de Freitas* (Vol. I, pp. 1217-1243). Coimbra: Coimbra Editora.

Credie, R. A. (2009). *Bem de família – Teoria e prática* (3.ª ed.). São Paulo: Editora Saraiva.

Epifânio, M. R. (2010). *Os efeitos substantivos da falência.* Porto: Publicações Universidade Católica.

Epifânio, M. R. (2012). Os efeitos processuais da declaração de insolvência. *In* Esteves, J. (coord.), *I Jornadas de Direito Processual Civil.* Valpaços: Câmara Municipal de Valpaços. Disponível em https://repositorio.ucp.pt/bitstream/10400.14/12881/1/Os%20Efeitos%20Processuais%20da%20Declara%c3%a7%c3%a3o%20de%20Insolv%c3%aancia.pdf

Epifânio, M. R. (2014). *Manual de Direito da Insolvência* (6.ª ed.). Coimbra: Almedina.

Fachini, N. R. (2017). *O pretenso princípio da afetividade como base estruturante das relações jurídicas familiares.* Dissertação de Mestrado (Ciências Jurídico-Políticas), Faculdade de Direito da Universidade Clássica de Lisboa, Lisboa. Disponível em https://repositorio.ul.pt/handle/10451/33941

Fernandes, L. C., & Labareda, J. (2013). *Código da Insolvência e da Recuperação de Empresas anotado* (2.ª ed.). Lisboa: Quid Juris.

Ferreira, A. R. (2018). *Contratos de crédito aos consumidores para imóveis destinados à habitação: problemas e soluções legais.* Dissertação de Mestrado (Solicitadoria), Instituto Superior de Contabilidade e Administração de Coimbra, Coimbra. Disponível em https://comum.rcaap.pt/bitstream/10400.26/29052/1/Ariana_Ferreira.pdf

Ferreira, F. A. (2010). *Curso de processo de execução* (13.ª ed.). Coimbra: Almedina.

Ferreira-Pinto, F. B. (2004). *Dicionário de Direito da Família e de Direito das Sucessões.* Lisboa: Livraria Petrony.

Fidalgo, A. A. (2017). *A responsabilidade dos administradores societários no processo de insolvência: Em especial o incidente de qualificação de insolvência.* Dissertação de Mestrado (Solicitadoria de Empresa), Escola Superior de Tecnologia e Gestão do Instituto Politécnico de Leiria, Leiria, disponível em https://iconline.

ipleiria.pt/bitstream/10400.8/2648/3/Disserta%C3%A7%C3%A3o%20Ana%20Fidalgo%20-%20MSE%202017.pdf

Freitas, J. L. (2014). *A ação executiva: à luz do Código de Processo Civil de 2013* (6.ª ed.). Coimbra: Coimbra Editora.

Garcia, M. O. (setembro de 2020). Alterações excecionais ao regime do arrendamento urbano (legislação COVID-19). *In Revista JULGAR online.* Disponível em http://julgar.pt/2020/09/

Gonçalves, M. C. (2020). *Lições de processo civil executivo* (4.ª ed.). Coimbra: Almedina.

González, J. A. (2014). *Código Civil anotado* (Vol. V). Lisboa: Quid Juris.

Gouvêa, E. F. (2021). *Bem de família e mínimo existencial: A responsabilidade patrimonial do devedor e o direito fundamental do credor.* São Paulo: Dialética

Idealista. (2015). *Crédito à habitação: regime extraordinário não está a ajudar quem tem dificuldades em pagar a prestação.* Disponível em https://www.idealista.pt/news/imobiliario/habitacao/2015/09/28/28835-credito-a-habitacao-afinal-o-regime-extraordinario-nao-esta-a-ajudar-quem-tem

Idealista. (2019). *A "arma" para evitar perder a casa em caso de incumprimento do crédito à habitação.* Disponível em https://www.idealista.pt/news/financas/credito-a-habitacao/2019/10/08/41111-como-evitar-perder-a-casa-em-caso-de-incumprimento-do-credito-a-habitacao

Idealista. (2020). *Guia das moratórias: o que são, quem pode aderir e quais são os prazos.* Disponível em https://www.idealista.pt/news/especiais/covid-19/2020/08/03/44167-guia-das-moratorias-o-que-sao-quem-pode-aderir-e-quais-sao-os-prazos

Idealista. (2022). *Juros e deduções do crédito habitação no IRS – cuidados a ter,* disponível em https://www.idealista.pt/news/financas/credito-a-habitacao/2022/12/13/55259-juros-e-deducoes-do-credito-habitacao-no-irs-cuidados-a-ter

INE. (2014). *Dia internacional da família – Famílias em Portugal.* Disponível em https://www.ine.pt/xportal/xmain?xpid=INE&xpgid=ine_destaques&DESTAQUESdest_boui=216875336&DESTAQUESmodo=2&xlang=pt

INE. (2020). *Nados-vivos, óbitos e casamentos.* Disponível em https://www.ine.pt/xportal/xmain?xpid=INE&xpgid=ine_destaques&DESTAQUESdest_boui=411265794&DESTAQUESmodo=2

Labareda, J. (2014). Reflexões acerca do regime extraordinário de protecção de devedores de crédito à habitação em situação económica difícil. *In* SERRA,

C. (coord.), *II Congresso de Direito da Insolvência* (pp. 281-311). Coimbra: Almedina.

Leitão, H. M. (1997). *Dicionário de Processo Civil.* Porto: E.L.C.L.A.

Leitão, L. M. (2004). Os efeitos da declaração de insolvência sobre os negócios em curso. *In Código da Insolvência e da recuperação de empresas – aprovado pelo Decreto-Lei n.º 53/2004, de 18 de Março, e alterado pelo Decreto-Lei n.º 200/2004, de 18 de Agosto, que o republicou.* Coimbra: Coimbra Editora.

Leitão, L. M. (2007). *Arrendamento Urbano* (3.ª ed.). Coimbra: Almedina, p.16

Leitão, L. M. (2015). A (in)admissibilidade da insolvência como fundamento de resolução de contratos. *In* Serra, Catarina (coord.), *III Congresso de Direito da Insolvência.* Coimbra: Almedina.

Leitão, L. M. (2015). *Código da Insolvência e da Recuperação de Empresas anotado* (8.ª ed.). Coimbra: Almedina.

Leitão, L. M. (2017). *Direito da Insolvência* (7.ª ed.). Coimbra: Almedina.

LUSA. (2019). *DECO defende que Lei de Bases da Habitação deve proteger casas de morada de família.* Disponível em https://www.dn.pt/lusa/interior/deco-defende-que-lei-de-bases-da-habitacao-deve-proteger-casas-de-morada-de-familia-10623068.html

LUSA. (2020). *Proprietários dizem que Lei de Bases da Habitação ainda não resolveu praticamente nada.* Disponível em https://www.idealista.pt/news/imobiliario/habitacao/2020/10/19/44962-proprietarios-e-inquilinos-dizem-que-lei-de-bases-da-habitacao-ainda-nao-resolveu

Macedo, P. S. (1968). *Manual de Direito das Falências* (Vol. II). Coimbra: Almedina.

Maldonado, S. (2016). *Direito à habitação como direito fundamental no contexto da etnia cigana.* Dissertação de Mestrado (Ciências Jurídico-Forenses), Faculdade de Direito da Universidade de Coimbra, Coimbra. Disponível em https://eg.uc.pt/bitstream/10316/35026/1/Direito%20a%20Habitacao%20como%20Direito%20Fundamental%20no%20contexto%20da%20etnia%20cigana.pdf

Marques, L. (2013). O regime especial da insolvência de pessoas singulares. *In Revista da Faculdade de Direito e Ciência Política da Universidade Lusófona do Porto, n.º 2* (Vol. 2, pp. 135-164). Porto. Disponível em http://revistas.ulusofona.pt/index.php/rfdulp/article/view/3260

Martins, A. (2014). A protecção da casa de morada de família. *In Revista JULGAR, n.º 23.* Disponível em http://julgar.pt/a-proteccao-da-casa-de-morada-de-familia/

Martins, A. S. (2017). *Um curso de Direito da Insolvência* (2.ª ed.). Coimbra: Almedina.

Martins, L. M. (2013). *Processo de insolvência* (3.ª ed.). Coimbra: Almedina.

Matos, F. A. (2017). Os efeitos da declaração de insolvência sobre os negócios em curso. *In* Serra, C. (coord.), *IV Congresso de Direito da Insolvência*. Coimbra: Almedina.

Miranda, J., & Medeiros, R. (2018). *Constituição Portuguesa anotada* (Tomo I, 2.ª ed.). Coimbra: Coimbra Editora.

Mondlane, C. P. (2014). *Código de Processo Civil – Anotado e comentado*. Maputo: Escolar Editora.

Mouta, F. P. (s.d.). *Penhora de habitação própria e permanente*. Disponível em https://www.advogadosinsolvencia.pt/penhora/de-habitacao-propria-e-permanente

Nações Unidas. (s.d.). *O Direito Humano a uma habitação condigna – Ficha Informativa n.º 21*. Disponível em http://gddc.ministeriopublico.pt/sites/default/files/documentos/pdf/ficha_informativa_21_direito_habitacao_condigna.pdf

Neto, A. (1999). *Código Civil anotado* (12.ª ed.). Lisboa: EDIFORUM.

Neto, A. (2004). *Código Civil anotado* (14.ª ed.). Lisboa: EDIFORUM.

Neto, M. (1993). *Dicionário de Direito Civil*. Porto: E.L.C.L.A.

Observatório de Endividamento de Consumidores (2002). *Endividamento e sobreendividamento das Famílias – Conceitos e estatísticas para a sua avaliação*. Centro de Estudos Sociais da Faculdade de Economia da Universidade de Coimbra. Disponível em http://oec.ces.uc.pt/biblioteca/pdf/pdf_estudos_realizados/estudo_parte2%20cap_1.pdf

Oliveira, A. D. (2019). Os efeitos processuais da declaração de insolvência – Acções executivas e acções declarativas pendentes. *In* AAVV, *Processos Especiais dos Juízos de Comércio* (1.ª ed.). Lisboa: Centro de Estudos Judiciários. Disponível em http://www.cej.mj.pt/cej/recursos/ebooks/civil/eb_juizoscomercio2019.pdf

Oliveira, G. (1987). A família. *In Enciclopédia Legal* (p. 20). Lisboa: Selecções do Reader's Digest.

Oliveira, G. (2001). Observações sobre os regimes de bens. *In* AAVV, *Temas de Direito da Família* (2.ª ed.). Coimbra: Coimbra Editora.

Oliveira, G. (2001). Sobre a verdade e a ficção no Direito da Família. *In* AAVV, *Temas de Direito da Família* (2.ª ed.). Coimbra: Coimbra Editora.

OLIVEIRA, G. (2004). Transformações do Direito da Família. *In* AAVV, *Comemorações dos 35 anos do Código Civil e dos 25 anos da Reforma de 1977* (Vol. I, pp. 763-779). Coimbra: Coimbra Editora.

ORDEM DOS ADVOGADOS. (2011). Crédito à habitação – Tribunais decidem que entrega da casa extingue a dívida. *In Boletim da Ordem dos Advogados, n.º 79, (junho/julho 2011)*. Disponível em http://www.inverbis.pt/2012/ficheiros/doc/boa79_p13.pdf

PAUMIER-BIANCO, M. (1992). *Família e imposto – A tributação da casa de morada de família*. Coimbra: Coimbra Editora.

PINHEIRO, J. D. (2013). *O Direito da Família contemporâneo – Lições* (4.ª ed.). Lisboa: AAFDL.

PINTO, C. M. (2005). *Teoria geral do Direito Civil* (4.ª ed.). Coimbra: Coimbra Editora.

PITÃO, J. F. (2005). *A posição do cônjuge sobrevivo no actual Direito Sucessório Português* (4.ª ed.). Coimbra: Almedina.

PRATA, A. (2006). *Dicionário jurídico* (4.ª ed., Vol. I). Coimbra: Almedina.

REIS, J. A. (1985). *Processo de execução* (Vol. II). Coimbra: Coimbra Editora.

RIBEIRO, V., & REBELO, S. (2015). *A ação executiva anotada e comentada*. Coimbra: Almedina.

ROCHA, A. (2017). *Os limites da penhorabilidade e os meios de defesa legalmente previstos quando violados*. Dissertação de Mestrado (Solicitadoria), Instituto Superior de Contabilidade e Administração de Coimbra, Coimbra. Disponível em https://comum.rcaap.pt/bitstream/10400.26/18532/1/Ana_Rocha.pdf

SERRA, C. (1998). Efeitos da declaração de falência sobre o falido. *In Scientia Ivridica* (Tomo XLVII, números 274/276)

SILVA, N. G. (1981). Posição sucessória do cônjuge sobrevivo. *In Reforma do Código Civil* (pp. 55-89). Lisboa: Ordem dos Advogados.

SILVA, P. C. (2005). A liquidação da massa insolvente. *In Revista da Ordem dos Advogados* (ano 65, III). Disponível em https://portal.oa.pt/publicacoes/revista/ano-2005/ano-65-vol-iii-dez-2005/doutrina/paula-costa-e-silva-a-liquidacao-da-massa-insolvente/

SOUSA, M. T. (2018). *Pode o executado exercer o direito de remição?* Disponível em https://blogippc.blogspot.com/2018/05/pode-o-executado-exercer-o-direito-de.html

SOUSA, R. C. (1993). *Lições de Direito das Sucessões* (2.ª ed., Vol. II). Coimbra: Coimbra Editora.

VIEIRA, S. (2018). *A insolvência de pessoa singular: breve análise à insolvência de pessoa singular e à insolvência de ambos os cônjuges.* Dissertação de Mestrado (Solicitadoria de Empresa), Instituto Superior de Contabilidade e Administração do Instituto Politécnico de Coimbra, Coimbra. Disponível em https://comum.rcaap.pt/bitstream/10400.26/27850/1/Sara_Vieira.pdf

YÁÑEZ VIVERO, F. (2016). Vivienda familiar y endeudamiento del consumidor en las experiencias jurídicas de distintos ordenamentos. *In Revista crítica de Derecho Inmobiliario* (año 92, n.º 755)

JURISPRUDÊNCIA

Supremo Tribunal Administrativo

Acórdão do Supremo Tribunal Administrativo, de 02-03-2004, (São Pedro), Proc. n.º 01598/02, disponível em www.dgsi.pt

Acórdão do Supremo Tribunal Administrativo, de 08-09-2010, (Dulce Neto) Proc. n.º 0634/10, disponível em www.dgsi.pt

Supremo Tribunal de Justiça

Acórdão do Supremo Tribunal de Justiça, de 13-03-1997, (Pereira da Graça), Proc. n.º 970/96, com sumário disponível em www.stj.pt

Acórdão do Supremo Tribunal de Justiça, de 29-04-1998, (Miranda Gusmão), Proc. n.º 198/98, com sumário disponível em www.stj.pt

Acórdão do Supremo Tribunal de Justiça, de 27-03-2007, (Moreira Alves), Proc. n.º 404/07, sumário disponível em www.stj.pt

Acórdão do Supremo Tribunal de Justiça, de 15-11-2007, (Pereira da Silva), Proc. n.º 07B3456, disponível em www.dgsi.pt

Acórdão do Supremo Tribunal de Justiça, de 05-02-2009, (João Bernardo), Proc. n.º 08B4087, disponível em www.dgsi.pt

Acórdão do Supremo Tribunal de Justiça, de 27-05-2010, (Álvaro Rodrigues), Proc. n.º 5425/03.7TBSXL.S1, disponível em www.dgsi.pt

Acórdão do Supremo Tribunal de Justiça, de 02-11-2010, (Azevedo Ramos), Proc. n.º 617/09.8T2ETR.S1, disponível em www.dgsi.pt

Acórdão do Supremo Tribunal de Justiça, de 20-10-2011, (Salreta Pereira), Proc. n.º 824/06.5TBMGL-E.C1.S1, sumário disponível em www.stj.pt

Acórdão do Supremo Tribunal de Justiça, de 24-01-2012, (Fonseca Ramos), Proc. n.º 152/10.1TBBRG-E.G1.S1, disponível em www.dgsi.pt

Acórdão do Supremo Tribunal de Justiça, de 13-09-2012, (Abílio Vasconcelos), Proc. n.º 4595/10.2TBBRG.G1.S1, disponível em www.dgsi.pt

Acórdão do Supremo Tribunal de Justiça, de 15-01-2013, (Sebastião Póvoas), Proc. n.º 6735/09.5YIPRT-B.G1.S1, disponível em www.dgsi.pt
Acórdão do Supremo Tribunal de Justiça, de 17-01-2013, (Abrantes Geraldes), Proc. n.º 2324/07.7TBVCD.P1.S1, disponível em www.dgsi.pt
Acórdão do Supremo Tribunal de Justiça, de 08-05-2013, (Fernandes da Silva), Proc. n.º 170/08.0TTALM.L1.S1, disponível em www.dgsi.pt
Acórdão do Supremo Tribunal de Justiça, de 08-05-2013, (Nuno Cameira), Proc. n.º 1064/11.7TBSYM.P1.S1, www.dgsi.pt
Acórdão do Supremo Tribunal de Justiça, de 14-01-2014, (Gregório Silva Jesus), Proc. n.º 7244/04.4TBCSC.L1.S1, disponível www.dgsi.pt
Acórdão do Supremo Tribunal de Justiça, de 21-01-2014, (Paulo Sá), Proc. n.º 497/13.9TBSTR-E.E1.S1, disponível em www.dgsi.pt
Acórdão do Supremo Tribunal de Justiça, de 09-07-2014, (João Bernardo), Proc. n.º 3076/11.1TBLLE.E1.S1, disponível em www.dgsi.pt
Acórdão do Supremo Tribunal de Justiça de 05-03-2015, (João Trindade), Proc. n.º 3762/12.9TBCSC-B.L1.S1, disponível em www.dgsi.pt
Acórdão do Supremo Tribunal de Justiça, de 03-05-2016, (Júlio Gomes), Proc. n.º 1560/11.6TVLSB.L1.S1, disponível em www.dgsi.pt
Acórdão do Supremo Tribunal de Justiça, de 04-04-2017, (Fonseca Ramos), Proc. n.º 1182/14.0T2AVR-H.P1, disponível em www.dgsi.pt
Acórdão do Supremo Tribunal de Justiça, de 11-05-2017, (Pinto de Almeida), Proc. n.º 1560/11.6TVLSB.L1.S1-A, disponível em www.dgsi.pt
Acórdão do Supremo Tribunal de Justiça, de 15-02-2018, (Henrique Araújo), Proc. n.º 4488/11.6TBLRA-M.C1.S1, disponível em www.dgsi.pt
Acórdão do Supremo Tribunal de Justiça, de 15-02-2018, (José Rainho), Proc. n.º 7353/15.4T8VNG-A.P1.S1, disponível em www.dgsi.pt
Acórdão do Supremo Tribunal de Justiça, de 15-02-2018, (Roque Nogueira), Proc. n.º 851/10.8TBLSDA-D.S1, sumário disponível em www.stj.pt
Acórdão do Supremo Tribunal de Justiça, de 05-06-2018, (Olindo Geraldes), Proc. n.º 1281/13.5TBTMR.E1.S1, disponível em www.dgsi.pt
Acórdão do Supremo Tribunal de Justiça, de 23-10-2018, (Catarina Serra), Proc. n.º 8074/16.6T8CBR-D.C1.S2, disponível em www.dgsi.pt
Acórdão do Supremo Tribunal de Justiça, de 05-02-2019, (Fátima Gomes), Proc. n.º 122/16.6 T8FAR.E1.S1, disponível em www.dgsi.pt
Acórdão do Supremo Tribunal de Justiça, de 25-09-2019, (Vinício Ribeiro), Proc. n.º 150/17.4JASTB.L1.S1, disponível em www.dgsi.pt

Tribunal Central Administrativo Sul

Acórdão do Tribunal Central Administrativo Sul, de 21-06-2018, (Jorge Cortês), Proc. n.º 214/18.7BESNT, disponível em www.dgsi.pt

Acórdão do Tribunal Central Administrativo Sul, de 05-03-2020, (Tânia Meireles da Cunha), Proc. n.º 350/19.2BECTB, disponível em www.dgsi.pt

Tribunal Constitucional

Acórdão do Tribunal Constitucional n.º 359/91, de 09-07-1991, (Cons. Monteiro Diniz), Proc. n.º 36/90, disponível em www.tribunalconstitucional.pt

Acórdão do Tribunal Constitucional n.º 131/92, de 01-04-1992, (Cons. Alves Correia), Proc. n.º 122/90, disponível em www.tribunalconstitucional.pt

Acórdão do Tribunal Constitucional, n.º 1221/96, de 04-12-1996, (Cons. Tavares da Costa), Proc. n.º 278/94, disponível em www.tribunalconstitucional.pt

Acórdão do Tribunal Constitucional, n.º 649/99, de 24-11-1999, (Cons. Bravo Serra), Proc. n.º 155/99, disponível em www.tribunalconstitucional.pt

Acórdão do Tribunal Constitucional, n.º 127/13, de 27-02-2013, (Cons. Vítor Gomes), Proc. n.º 672/2012, disponível em www.tribunalconstitucional.pt

Acórdão do Tribunal Constitucional n.º 616/2018, de 21-11-2018, (Cons. Teles Pereira), Proc. n.º 251/2018, disponível em www.tribunalconstitucional.pt

Acórdão do Tribunal Constitucional, n.º 612/2019, de 22-10-2019, (Cons. Pedro Machete), Proc. n.º 431/18, disponível em www.tribunalconstitucional.pt

Tribunal da Relação de Coimbra

Acórdão do Tribunal da Relação de Coimbra, de 01-03-2005, (Jaime Ferreira), Proc. n.º 4220/04, disponível em www.dgsi.pt

Acórdão do Tribunal da Relação de Coimbra, de 21-10-2008, (Hélder Roque), Proc. n.º 699/06.4TBAND-A.C1, disponível em www.dgsi.pt

Acórdão do Tribunal da Relação de Coimbra, de 20-01-2009, (Jorge Arcanjo), Proc. n.º 877/2002.C1, disponível em www.dgsi.pt

Acórdão do Tribunal da Relação de Coimbra, de 26-06-2012, (Arlindo Oliveira), Proc. n.º 366-C/2002.C1, disponível em www.dgsi.pt

Acórdão do Tribunal da Relação de Coimbra, de 09-10-2012, (Albertina Pedroso), Proc. n.º 1734/10.7TBFIG, disponível em www.dgsi.pt

Acórdão do Tribunal da Relação de Coimbra, de 11-10-2012, (Pedro Martins), Proc. n.º 1417/08.8TCSNT.L1-2, disponível em www.dgsi.pt

Acórdão do Tribunal da Relação de Coimbra, de 16-04-2013, (Albertina Pedroso), Proc. n.º 1642/10.1TBVIS-Y.C1, disponível em www.dgsi.pt

Acórdão do Tribunal da Relação de Coimbra, de 14-07-2014, (Henrique Antunes), Proc. n.º 2741/11.8TBPBL-I.C1, disponível em www.dgsi.pt

Acórdão do Tribunal da Relação de Coimbra, de 26-06-2015, (Fernando Monteiro), Proc. n.º 1622/10.7TBACB-H.C1, disponível em www.dgsi.pt

Acórdão do Tribunal da Relação de Coimbra, de 01-03-2016, (Falcão de Magalhães), Proc. n.º 133/14.6TBPCV.C1, disponível em www.dgsi.pt

Acórdão do Tribunal da Relação de Coimbra, de 12-03-2013, (Sílvia Pires), Proc. n.º 1254/12.5TBLRA-F.C1, disponível em www.dgsi.pt

Acórdão do Tribunal da Relação de Coimbra, de 08-11-2016, (Fernando Monteiro), Proc. n.º 1622/10.7TBACB-H.C2, disponível em www.dgsi.pt

Acórdão do Tribunal da Relação de Coimbra, de 07-03-2017, (Jorge Manuel Loureiro), Proc. n.º 2891/16.4T8VIS.C1, disponível em www.dgsi.pt

Acórdão do Tribunal da Relação de Coimbra, de 27-04-2017, (António Robalo), Proc. n.º 3067/16.6T8CBR.C1, disponível em www.dgsi.pt

Acórdão do Tribunal da Relação de Coimbra, de 27-04-2017, (Sílvia Pires), Proc. n.º 3175/16.3T8VIS.C1, disponível em www.dgsi.pt

Acórdão do Tribunal da Relação de Coimbra, de 20-06-2017, (Maria Domingas Simões), Proc. n.º 1747/14.0T8LRA.C1, disponível em www.dgsi.pt

Acórdão do Tribunal da Relação de Coimbra, de 12-07-2017, (Fernando Monteiro), Proc. n.º 422/13.7TBLMG-C.C1, disponível em www.dgsi.pt

Acórdão do Tribunal da Relação de Coimbra, de 09-01-2018, (Luís Cravo), Proc. n.º 238/13.0TMCBR-B.C1, disponível em www.dgsi.pt

Acórdão do Tribunal da Relação de Coimbra, de 22-10-2019, (Fonte Ramos), Proc. n.º 806/18.4T8PBL.C1, disponível em www.dgsi.pt

Acórdão do Tribunal da Relação de Coimbra, de 13-11-2019, (Emídio Santos), Proc. n.º 108/17.3T8LRA-N.C1, disponível em www.dgsi.pt

Acórdão do Tribunal da Relação de Coimbra, de 21-01-2020, (Maria João Areias), Proc. n.º 49/15.9T8SEI.C1, disponível em www.gde.mj.pt

Acórdão do Tribunal da Relação de Coimbra, de 18-05-2020, (Barateiro Martins), Proc. n.º 2510/19.7T8CBR-C.C1, disponível em www.dgsi.pt

Tribunal da Relação de Évora

Acórdão do Tribunal da Relação de Évora, de 16-12-2010, (Silva Rato), Proc. n.º 1743/09.9TBCTX, disponível em www.dgsi.pt

Acórdão do Tribunal da Relação de Évora, de 30-11-2011, (Maria João Brás), Proc. n.º 230/11.0-E, disponível em www.dgsi.pt

Acórdão do Tribunal da Relação de Évora, de 10-01-2013, (Canela Brás), Proc. n.º 3740/11.5, disponível em www.dgsi.pt

Acórdão do Tribunal da Relação de Évora, de 05-02-2014, (Acácio Neves), Proc. n.º 722/12.3TBBJA-A.E1, disponível em www.dgsi.pt

Acórdão do Tribunal da Relação de Évora, de 21-04-2016, (Rui Machado e Moura), Proc. n.º 1911/12.6TBLGS-F.E1, disponível em www.dgsi.pt

Acórdão do Tribunal da Relação de Évora, de 05-05-2016, (Elisabete Valente), Proc. n.º 2367/14.4T8STB-B.E1, disponível em www.dgsi.pt

Acórdão do Tribunal da Relação de Évora, de 22-09-2016, (Francisco Matos), Proc. n.º 96/16.3T8ORM.E1, disponível em www.dgsi.pt

Acórdão do Tribunal da Relação de Évora, de 08-06-2017, (Tomé Ramião), Proc. n.º 639/15.0T8ELV-A.E1, disponível em www.dgsi.pt

Acórdão do Tribunal da Relação de Évora, de 08-03-2018, (Albertina Pedroso), Proc. n.º 2378/17.8T8LLE.E1, disponível em www.dgsi.pt

Acórdão do Tribunal da Relação de Évora, de 08-03-2018, (Conceição Ferreira), Proc. n.º 358/16.0TBOLH.E1, disponível em www.dgsi.pt

Acórdão do Tribunal da Relação de Évora, de 26-03-2018, (Florbela Moreira Lança), Proc. n.º 348/15.0T8OLH.E1, disponível em www.dgsi.pt

Acórdão do Tribunal da Relação de Évora, de 12-04-2018, (Paulo Amaral), Proc. n.º 686/16.4T8OLH.E1, disponível em www.dgsi.pt

Acórdão do Tribunal da Relação de Évora, de 10-05-2018, (Francisco Xavier), Proc. n.º 989/15.5T8STB-B.E1, disponível em www.dgsi.pt

Acórdão do Tribunal da Relação de Évora, de 13-09-2018, (Tomé Ramião), Proc. n.º 43/16.2T8FAL-F.E1, disponível em www.dgsi.pt

Acórdão do Tribunal da Relação de Évora, de 18-10-2018, (Francisco Xavier), Proc. n.º 466/16.7T8OLH-E.E1, disponível em www.dgsi.pt

Acórdão do Tribunal da Relação de Évora, de 31-01-2019, (Ana Margarida Leite), Proc. n.º 191/18.4T8EVR-B.E1, disponível em www.dgsi.pt

Acórdão do Tribunal da Relação de Évora, de 31-01-2019, (Conceição Ferreira), Proc. n.º 1319/17.7T8FAR.E1, disponível em www.dgsi.pt

Acórdão do Tribunal da Relação de Évora, de 30-05-2019, (Tomé Ramião), Proc. n.º 402/18.6T8MMN.E1, disponível em www.dgsi.pt

Acórdão do Tribunal da Relação de Évora, de 11-07-2019, (Francisco Xavier), Proc. n.º 238/17.1T8ETZ-I.E1, disponível em www.dgsi.pt

Acórdão do Tribunal da Relação de Évora, de 11-07-2019, (Maria Domingas), Proc. n.º 25/16.4 T8PTG-A.E1, disponível em www.dgsi.pt

Acórdão do Tribunal da Relação de Évora, de 19-12-2019, (Albertina Pedroso), Proc. n.º 1965/18.1T8PTM-A.E1, disponível em www.dgsi.pt

Acórdão do Tribunal da Relação de Évora, de 25-06-2020, (Conceição Ferreira), Proc. n.º 1242/12.1TBSLV-F.E1, disponível em www.dgsi.pt

Acórdão do Tribunal da Relação de Évora, de 05-11-2020, (Tomé de Carvalho), Proc. n.º 820/19.2T8BJA-A.E1, disponível em www.dgsi.pt

Acórdão do Tribunal de Évora, de 14-01-2021, (Conceição Ferreira), Proc. n.º 260/14.0TBTVR-J.E1, disponível em www.dgsi.pt

Tribunal da Relação de Guimarães

Acórdão do Tribunal da Relação de Guimarães, de 07-05-2003, (Manso Rainho), Proc. n.º 1267/06-1, disponível em www.dgsi.pt

Acórdão do Tribunal da Relação de Guimarães, de 14-05-2009, (António Sobrinho), Proc. n.º 683/03.0TCGMR-D.G1, disponível em www.dgsi.pt

Acórdão do Tribunal da Relação de Guimarães, de 25-03-2010, (António Ribeiro), Proc. n.º 1880/08.7TBFLG-B.G1, disponível em www.dgsi.pt

Acórdão do Tribunal da Relação de Guimarães, de 19-01-2012, (Helena Melo), Proc. n.º 17/10.7TBVNC.G1, disponível em www.dgsi.pt

Acórdão do Tribunal da Relação de Guimarães, de 07-05-2013, (Manso Rainho), Proc. n.º 1267/06-1, disponível em www.dgsi.pt

Acórdão do Tribunal da Relação de Guimarães, de 29-01-2015, (Helena Melo), Proc. n.º 482/14.3YLPRT.G1, disponível em www.dgsi.pt

Acórdão do Tribunal da Relação de Guimarães, de 26-03-2015, (Conceição Bucho), Proc. n.º 101/12.2TMBRG.G1, disponível em www.dgsi.pt

Acórdão do Tribunal da Relação de Guimarães, de 19-05-2016, (Conceição Bucho), Proc. n.º 3686/11.7TBVCT-B.G1, disponível em www.dgsi.pt

Acórdão do Tribunal da Relação de Guimarães, de 13-10-2016, (Ana Cristina Duarte), Proc. n.º 170/09.2TBEPS- AI.G1, disponível em www.dgsi.pt

Acórdão do Tribunal da Relação de Guimarães, de 03-11-2016, (Isabel Silva), Proc. n.º 141/14.7TBGMR-E.G1, disponível em www.dgsi.pt

Acórdão do Tribunal da Relação de Guimarães, de 20-04-2017, (Maria João Pinto de Matos), Proc. n.º 2979/15.9T8PBL-B.G1, disponível em www.dgsi.pt

Acórdão do Tribunal da Relação de Guimarães, de 25-01-2018, (Alcides Rodrigues), Proc. n.º 83/16.1T8VRL-E.G1, disponível em www.dgsi.pt

Acórdão do Tribunal da Relação de Guimarães, de 08-02-2018, (José Cravo), Proc. n.º 164/13.3TBCBT-E.G1, disponível em www.dgsi.pt

Acórdão do Tribunal da Relação de Guimarães, de 01-03-2018, (Eugénia Cunha), Proc. n.º 26/15.0T8VNF-E.G1, disponível em www.dgsi.pt

Acórdão do Tribunal da Relação de Guimarães, de 10-07-2018, (António Barroca Penha), Proc. n.º 4843/13.7TBBRG-E.G1, disponível em www.dgsi.pt

Acórdão do Tribunal da Relação de Guimarães, de 10-07-2018, (Raquel Tavares), Proc. n.º 93/16.9T8MNC.G1, disponível em www.dgsi.pt

Acórdão do Tribunal da Relação de Guimarães, de 11-10-2018, (Maria Cristina Cerdeira), Proc. n.º 5778/14.1T8VNF-C.G1, disponível em www.dgsi.pt

Acórdão do Tribunal da Relação de Guimarães, de 15-11-2018, (Jorge Teixeira), Proc. n.º 1448/17.7T8BRG.G1, disponível www.dgsi.pt

Acórdão do Tribunal da Relação de Guimarães, de 17-12-2018, (José Flores), Proc. n.º 1163/13.0TBPTL-G.G2, disponível em www.dgsi.pt

Acórdão do Tribunal da Relação de Guimarães, de 07-03-2019, (José Amaral), Proc. n.º 1267/18.3T8GMR.G2, disponível em www.dgsi.pt

Acórdão do Tribunal da Relação de Guimarães, de 23-05-2019, (Fernanda Proença Fernandes), Proc. n.º 2132/17.7T8VCT-B.G1, disponível em www.dgsi.pt

Acórdão do Tribunal da Relação de Guimarães, de 23-05-2019, (José Amaral), Proc. n.º 2468/18.0T8BRG.G1, disponível em www.dgsi.pt

Acórdão do Tribunal da Relação de Guimarães, de 06-06-2019, (António Penha), Proc. n.º 5608/17.2T8VNF-E.G1, disponível em www.dgsi.pt

Acórdão do Tribunal da Relação de Guimarães, de 06-06-2019, (José Dias), Proc. n.º 1562/17.9T8VNF-G.G1, disponível em www.dgsi.pt

Acórdão do Tribunal da Relação de Guimarães, de 27-06-2019, (Alexandra Rolim Mendes), Proc. n.º 330/12.9TBCMN-J.G1, disponível em www.dgsi.pt

Acórdão do Tribunal da Relação de Guimarães, de 30-04-2020, (Paulo Reis), Proc. n.º 5310/19.0T8GMR.G1, disponível em www.dgsi.pt

Acórdão do Tribunal da Relação de Guimarães, de 18-06-2020, (Alexandra Lopes), Proc. n.º 808/18.0T8VLN-H.G1, disponível em www.dgsi.pt

Acórdão do Tribunal da Relação de Guimarães, de 18-06-2020, (José Amaral), Proc. n.º 890/19.3T8VLR-D.G1, disponível em www.dgsi.pt

Acórdão do Tribunal da Relação de Guimarães, de 03-10-2020, (Eva Almeida), Proc. n.º 2149/13.0TBGMR-B.G1, disponível em www.dgsi.pt

Acórdão do Tribunal da Relação de Guimarães, de 22-10-2020, (António Barroca Penha), Proc. n.º 1942/19.5T8GMR-F.G1, disponível em www.dgsi.pt

Acórdão do Tribunal da Relação de Guimarães, de 03-12-2020, (Anizabel Pereira), Proc. n.º 335/17.3T8CHV-D.G1, disponível em www.dgsi.pt

Acórdão do Tribunal da Relação de Guimarães, de 17-12-2020, (José Flores), Proc. n.º 1258/19.7T8VCT-H.G1, disponível em www.dgsi.pt

Tribunal da Relação de Lisboa

Acórdão do Tribunal da Relação de Lisboa, de 08-02-2001, (Fernanda Isabel Pereira), Proc. n.º 0062486, sumário disponível em www.dgsi.pt

Acórdão do Tribunal da Relação de Lisboa, de 28-06-2006, (Maria do Rosário Morgado), Proc. n.º 3462/2006-7, disponível em www.dgsi.pt

Acórdão do Tribunal da Relação de Lisboa, de 17-10-2006, (Pimentel Marcos), Proc. n.º 4866/2006-7, disponível em www.dgsi.pt

Acórdão do Tribunal da Relação de Lisboa, de 29-01-2008, (Graça Amaral), Proc. n.º 532/2008-7, disponível em www.dgsi.pt

Acórdão do Tribunal da Relação de Lisboa, de 23-09-2008, (Rijo Ferreira), Proc. n.º 5505/2008-1, disponível em www.dgsi.pt

Acórdão do Tribunal da Relação de Lisboa, de 13-07-2010, (Aguiar Pereira), Proc. n.º 403/09.5T2AMD.L1-6, disponível em www.dgsi.pt

Acórdão do Tribunal da Relação de Lisboa, de 04-10-2011, (Luís Espírito Santo), Proc. n.º 4867/08.6TBOER-H.L1-7, disponível em www.dgsi.pt

Acórdão do Tribunal da Relação de Lisboa, de 24-04-2012, (Pimentel Marcos), Proc. n.º 2249/09.1TBCSC-B.L1-7, disponível em www.dgsi.pt

Acórdão do Tribunal da Relação de Lisboa, de 08-05-2012, (Dina Monteiro), Proc. n.º 17663/10.1YYLSB-A.L1-7, disponível em www.dgsi.pt

Acórdão do Tribunal da Relação de Lisboa, de 28-06-2012, (Maria José Mouro), Proc. n.º 4109/11.7TBFUN.L1-2, disponível em www.dgsi.pt

Acórdão do Tribunal da Relação de Lisboa, de 11-10-2012, (Pedro Martins), Proc. n.º 1417/08.8TCSNT.L1-2, disponível em www.dgsi.pt

Acórdão do Tribunal da Relação de Lisboa, de 28-05-2013, (Isabel Fonseca), Proc. n.º 208/10.0TBTVD-AX.L1-1, disponível em www.dgsi.pt

Acórdão do Tribunal da Relação de Lisboa, de 18-06-2013, (Dina Monteiro), Proc. n.º 2384/11.6TBPDL-C.L1-7, disponível em www.dgsi.pt

Acórdão do Tribunal da Relação de Lisboa, de 11-07-2013, (Farinha Alves), Proc. n.º 9779/12.6YYLSB.L1-2, disponível em www.dgsi.pt

Acórdão do Tribunal da Relação de Lisboa, de 12-12-2013, (Maria de Deus Correia), Proc. n.º 23703/09.0T2SNT-B.L1-6, disponível em www.dgsi.pt

Acórdão do Tribunal da Relação de Lisboa, de 11-10-2016, (Carla Câmara), Proc. n.º 1855/14.7TCLRS-B.L1-7, disponível em www.dgsi.pt

Acórdão do Tribunal da Relação de Lisboa, de 06-04-2017, (Ondina Carmo Alves), Proc. n.º 29/16.7T8PST.L1-2, disponível em www.dgsi.pt

Acórdão do Tribunal da Relação de Lisboa, de 02-11-2017, (Jorge Leal), Proc. n.º 17451/15.9T8SNT-D.L1, disponível em www.pgdlisboa.pt

Acórdão do Tribunal da Relação de Lisboa, de 22-02-2018, (Manuel Rodrigues), Proc. n.º 1.224/14.9T8SNT-D.L1-6, disponível em www.dgsi.pt

Acórdão do Tribunal da Relação de Lisboa, de 17-05-2018, (Maria de Deus Correia), Proc. n.º 5273/16.4T8FNC.L1, disponível em www.dgsi.pt

Acórdão do Tribunal da Relação de Lisboa, de 30-04-2019, (Rijo Ferreira), Proc. n.º 1357/17.0T8LSB-C.L1-1, disponível em www.dgsi.pt

Acórdão do Tribunal da Relação de Lisboa, de 23-05-2019, (Arlindo Crua), Proc. n.º 1094/11.9TYLSB-R.L1-2, disponível em www.dgsi.pt

Acórdão do Tribunal da Relação de Lisboa, de 21-05-2020, (Carlos Castelo Branco), Proc. n.º 1425/07.6TCSNT-C.L1-2, disponível em www.dgsi.pt

Acórdão do Tribunal da Relação de Lisboa, de 22-10-2020, (Jorge Leal), Proc. n.º 5729/19.7T8LRS-A.L1-2, disponível www.dgsi.pt

Acórdão do Tribunal da Relação de Lisboa, de 17-02-2022, (Adeodato Brotas), Proc. n.º 3220/17.5T8FNC-C.L1-6, disponível em www.dgsi.pt

Acórdão do Tribunal da Relação de Lisboa, de 24-03-2022, (Nelson Borges Carneiro), Proc. n.º 1320/11.4TBMTA-C.L1-2, disponível www.gde.mj.pt

Acórdão do Tribunal da Relação de Lisboa, de 13-10-2022, (António Santos), Proc. n.º 17696/21.2T8LSB.L1-6, disponível em www.dgsi.pt

Acórdão do Tribunal da Relação de Lisboa, de 22-11-2022, (Amélia Alves Ribeiro), Proc. n.º 2012/22.4T8LSB.L1-7, disponível em www.dgsi.pt

Acórdão do Tribunal da Relação de Lisboa, de 06-12-2022, (Cristina Silva Maximiano), Proc. n.º 843/21.1T8TVD.L1-7, disponível em www.dgsi.pt

Tribunal da Relação do Porto

Acórdão do Tribunal da Relação do Porto, de 13-11-2000, (Ribeiro de Almeida), Proc. n.º 0051088, sumário disponível em www.dgsi.pt

Acórdão do Tribunal da Relação do Porto, de 11-09-2006, (Abílio Costa), Proc. n.º 0653650, disponível em www.dgsi.pt

Acórdão do Tribunal da Relação do Porto, de 21-11-2006, (Vieira e Cunha), Proc. n.º 0523508, disponível em www.dgsi.pt

Acórdão do Tribunal da Relação do Porto, de 14-01-2008, (Abílio Costa), Proc. n.º 0756532, disponível em www.dgsi.pt

Acórdão do Tribunal da Relação do Porto, de 18-06-2009, (Maria Catarina), Proc. n.º 269/07.0TYVNG-O.P1, disponível em www.dgsi.pt

Acórdão do Tribunal da Relação do Porto, de 06-10-2009, (Sílvia Pires), Proc. n.º 286/09.5TBPRD-C.P1, disponível em www.dgsi.pt

Acórdão do Tribunal da Relação do Porto, de 03-12-2009, (Teles de Menezes), Proc. n.º 826/09.0TJPRT.P1, disponível em www.dgsi.pt

Acórdão do Tribunal da Relação do Porto, de 16-03-2010, (Sílvia Pires), Proc. n.º 2384/08.3TBSTS-AA.P1, disponível em www.dgsi.pt

Acórdão do Tribunal da Relação do Porto, de 08-04-2010, (Teles de Menezes), Proc. n.º 2715/08.6TBVCD.P1, disponível em www.dgsi.pt

Acórdão do Tribunal da Relação do Porto de 03-05-2011 (Ana Lucinda Cabral), Proc. n.º 2158/07.9TJPRT-B.P1, disponível em www.dgsi.pt

Acórdão do Tribunal da Relação do Porto, de 07-12-2011, (Pedro Lima Costa), Proc. n.º 10814/09.0TBVNG.P1, disponível em www.dgsi.pt

Acórdão do Tribunal da Relação do Porto de 28-03-2012 (Soares de Oliveira), Proc. n.º 1483/10.6TBBGC-H.P1, disponível em www.dgsi.pt

Acórdão do Tribunal da Relação do Porto, de 21-06-2012, (Deolinda Varão), Proc. n.º 3023/09.0TBPVZ-B.P1, disponível em www.dgsi.pt

Acórdão do Tribunal da Relação do Porto, de 23-09-2013, (Manuel Domingos Fernandes), Proc. n.º 812/13.5TBMTS-B.P1, disponível em www.dgsi.pt

Acórdão do Tribunal da Relação do Porto, de 11-03-2014, (Maria João Areias), Proc. n.º 3471/13.1TBVNG-C.P1, disponível em www.dgsi.pt

Acórdão do Tribunal da Relação do Porto, de 13-05-2014, (Rui Moreira), Proc. n.º 6371/07.0TBMTS-J.P1, disponível em www.dgsi.pt

Acórdão do Tribunal da Relação do Porto, de 23-06-2015, (Aristides Almeida), Proc. n.º 4666/11.8TBMAI-AA.P1, disponível em www.dgsi.pt

Acórdão do Tribunal da Relação do Porto, de 17-03-2016, (Pedro Martins), Proc. n.º 819/15.8T8VFR, disponível em www.outrosacordaostrp.com

Acórdão do Tribunal da Relação do Porto de 07-07-2016, (João Proença), Proc. n.º 7153/13.6TBMAI-D.P1, disponível em www.dgsi.pt

Acórdão do Tribunal da Relação do Porto, de 28-03-2017, (Maria de Jesus Pereira), Proc. n.º 3718/15.0T8PRT.P1, disponível em www.dgsi.pt
Acórdão do Tribunal da Relação do Porto, de 26-10-2017, (Aristides Rodrigues de Almeida), Proc. n.º 6993/10.2TBMTS-K.P1, disponível em www.dgsi.pt
Acórdão do Tribunal da Relação do Porto, de 09-10-2018, (Maria Cecília Agante), Proc. n.º 1363/08.5TBMCN.P1, disponível em www.dgsi.pt
Acórdão do Tribunal da Relação do Porto, de 08-03-2019, (Anabela Dias da Silva), Proc. n.º 11128/11.1TBVNG-C.P1, disponível em www.dgsi.pt
Acórdão do Tribunal da Relação do Porto, de 07-11-2019, (Carlos Portela), Proc. n.º 6784/17.0T8VNG-C.P1, disponível em www.dgsi.pt
Acórdão do Tribunal da Relação do Porto, de 10-02-2020, (Ana Paula Amorim), Proc. n.º 664/17.6T8LOU.P1, disponível em www.dgsi.pt
Acórdão do Tribunal da Relação do Porto, de 25-10-2022, (Artur Dionísio de Oliveira), Proc. n.º 18281/21.0T8PRT.P1, disponível em www.gde.mj.pt

Jurisprudência Italiana

Decisão do Tribunal de Pescara, de 03-06-2016, (Anna Fortieri), disponível em http://www.ilcaso.it/giurisprudenza/archivio/16021.pdf
Decisão do Tribunal de Reggio Emilia, de 26-10-2013, (Giovanni Fanticini), disponível em http://www.ilcaso.it/giurisprudenza/archivio/9663.pdf
Decisão do Tribunal de Mantova, de 09-02-2011, (Luigi Bettini), disponível em http://www.ilcaso.it/giurisprudenza/archivio/3398.pdf
Decisão da *Corte Suprema di Cassazione*, de 27-04-2020, (Luca Solaini), n.º 8201, disponível em https://www.expartecreditoris.it/wp-content/uploads/2020/05/cass-civ-ord-n.-8201-del-27.04.2020.pdf

Jurisprudência Espanhola

Auto Civil n.º 111/2010, Audiencia Provincial de Navarra, Sección 2, Rec 74/2010, de 17/12/2010, disponível em www.iberley.es/jurisprudencia/auto-civil-n-111-2010-ap-navarra-sec-2-rec-74-2010-17-12-2010-2763581;
Decisão do Tribunal de Barcelona n.º 10, de 15-04-2015, (Juan Manuel de Castro Aragonés), n.º 138/2015, disponível em https://www.poderjudicial.es/search/AN/openDocument/f8b4e733ef19853b/20170320

ÍNDICE